红刊

穿透纸背的力量

牛贯杰 秦天骄 王启睿 著

中国工人出版社

序 言

2021年是中国共产党成立100周年。历史雄辩地证明，中国共产党领导的革命与建设事业取得了史无前例的伟大成就。如果将历史作为现在与过去的对话，那本书中所介绍的近现代革命刊物在不同历史时期呈现多样的面貌，为苦难中行进的中国人民注入了无穷的力量。它们时而是马克思列宁主义的传播者，时而是旧制度的鞭挞者，时而是革命前途的探路者，时而又是革命大众的良师益友；有时化身为民族解放事业的英勇斗士，有时化身为关心民生民意的建设者，一路前行，终将入海，为中华人民共和国的诞生立下不朽功勋。

报纸和杂志等纸质媒体是晚清以降出现的新事物，在中国近代化的过程中扮演着重要角色。1914年，列宁提出科学帝国主义理论，标志着无产阶级革命理论进入新的阶段。与此同时，马克思列宁主义也开始在中国落地生根。本书精选的百份刊物都与中国共产党的革命历程息息相关，尽管一些刊物并非党所创办，但也在当时复杂的历史环境中支持中国革命，传播了马克思主义和革命思想，因此一并选入。

在梳理全书百份革命刊物的过程中，我们的第一个感受是这些红色刊物所处的革命环境的艰苦和恶劣。与现代主流刊物形成鲜明对照的是，很多革命刊物的历史非常短暂，它们或遭禁查封，或转移他处，或受经费所限，或编辑变动频繁。不过，这种种困难曲折更能显出革命者砥砺磨坚的可贵。第二个感受是革命者的坚毅与智慧。为了革命理想，一群有志于党的宣传事业的文化人，凛然于白色恐怖和枪林弹雨中，不屈不挠地周旋与斗争，甚至献出宝贵的生命，值得仰望与纪念。他们对革命理想的坚定信念，刊物中多有体现。第三个感受是几乎所有革命刊物都有明确的定位和办刊方针，同时非常重视与读者交流，体现出高度的革命自觉意识。最后也是最重要的一点，中国共产党自成立以来，就十分重视报刊在宣传工作中的阵地作用，党在革命年代的办刊历程，是最终领导全国人民走向胜利的重要保证和成功之道。

本书写作的目的，在于总结1949年中华人民共和国成立前诞生的革命刊物一路走来的宝贵经验，传承中国共产党人的红色基因和精神族谱，从而发掘出激励我们奋勇前进的精神力量。如果本书有助于此目的之实现，那对作者来说，将是一份望外的喜悦。

谨以本书百份红刊，向中国共产党成立100周年献礼！

牛贯杰

2021年5月

目录

第一章　发蒙（1914—1920）

20世纪初期，伴随着新文化运动的蓬兴，一批以宣传反帝反封建思潮为内容的刊物应运而生，它们有力地传播了马克思主义，宣传了民主和科学的理念，启蒙了急欲挽救民族危机的广大爱国学生、工人、农民和知识分子群体，并为中国共产党的成立奠定了理论基础、创造了组织条件。

目录

第二章 开辟（1921—1927）

1921年7月，中国共产党成立，这是中华民族发展史上开天辟地的大事变。唤醒国民的自觉，推动工农运动的发展，成为这一时期党的宣传工作的重点。宣传从理论走向实践，一批革命刊物和进步刊物应运而生，在更广阔的范围内播种下革命的种子，生根、发芽，赤满神州。

目录

第三章　利刃（1927—1937）

大革命失败后，白色恐怖笼罩大地，中国革命陷入低谷。然而中国共产党人并未放弃革命的理想，他们在血与火中继续前行。放眼望去，无论在红区还是在白区，红刊闪烁，恰如燎原的星星之火，在黑暗中指引人民大众英勇抗争。

目录

第四章　血字（1937—1945）

全国抗战期间的时代主题是救亡图存、民族解放。中国共产党致力于维护与巩固抗日民族统一战线，充分利用媒介工具进行抗战动员工作，团结一切可以团结的力量，在辽阔的中华大地上掀起一浪高过一浪的抗日救国浪潮。

目录

目录

第五章 鼓声（1945—1949）

1945年抗战硝烟刚刚散去，中国又面临着两个前途、两种命运的决战。中国共产党一手拿“枪杆子”，一手拿“笔杆子”，军事战场炮声隆隆，文化战场鼓声铿锵，“我们现在除了打仗还要打笔墨官司”（刘伯承）。最终，解放战争的伟大胜利属于党和人民。五星红旗迎风飘扬，中国从此走向繁荣和富强。

目录

第一章　发蒙

（1914—1920）

20 世纪初期，伴随着新文化运动的蓬兴，一批以宣传反帝反封建思潮为内容的刊物应运而生，它们有力地传播了马克思主义，宣传了民主和科学理念，启蒙了急欲挽救民族危机的广大爱国学生、工人、农民和知识分子群体，并为中国共产党的成立奠定了理论基础、创造了组织条件。

《敬业》以青年为斯

相逢萍水亦前缘，负笈津门岂偶然。

扪虱倾谈惊四座，持螯下酒话当年。

险夷不变应尝胆，道义争担敢息肩。

待得归农功满日，他年预卜买邻钱。

——周恩来：《送蓬仙兄返里有感》

“中原方逐鹿，博浪踵相踪。”1914 年，16 岁的周恩来写下了这首名为《春日偶成》的小诗，那年的他还只是南开中学的一名普通学生。这两句记录春游的随感，却在日后和一份重要的刊物产生了关联，那就是《敬业》。

1914 年 3 月，一个名叫“敬业乐群会”的组织在南开中学诞生了，周恩来便是它的创立者之一。10 月 15 日，《敬业》作为该组织的会刊出版，自第二期起更名为《敬业学报》。作为一份由学生所主办的刊物，它的核心宗旨也充满了浓浓的校园书卷气息，“辨难析疑，佚出于课程之外，研究各种学识”“补教科书之不足”。自古英雄出少年，这群年轻人并未止步于此，正如周恩来在办刊宗旨中补充所言的那样：“值学道将绝之国，大厦将倾之邦，欲尽此重大责任，舍在学时代极力锻炼身心增进智能而奚求。”

1914年9月29日，中国近代著名教育家严修在家中迎来了一位特殊的访客。那一天，16岁的周恩来带着一份尚未拥有封面的杂志来到他面前，请求他题写了“敬业”二字。严修在当晚的日记中写道：“周恩来来，求写《敬业》杂志封面，周去即书之。”这句简短的记录，如今也成为珍贵的史料，镌刻下《敬业》诞生的过程。

自1914年创刊开始，每期内容丰富，共有五类，有一两百页，从通论学识到艺林记事，无所不包。《敬业》属于学生，而他们所关心的问题正是那个时代所发出的铮铮强音：进步、觉醒、救亡图存、破旧立新。以南开为中心，辐射清华、东吴、震旦，也得到了同样清脆的回音。但从某种意义上来说，《敬业》又不仅仅属于学生，如蔡元培及严修一类的文化名流都曾为它题写刊名，以最灼热的目光期待着青年们的成长。

而周恩来无疑是《敬业》最重要的主编。有趣的是，他同时也是刊物最积极的撰稿人之一，甚至披上了好几件“外衣”，化名“飞飞”“翔宇”“恩来”发表作品，诗歌散文、小说时评，全都蕴含着对社会的观察与思考。目前，能考证出的周恩来最早诗作便发表于《敬业》之上，即开篇所提到的《春日偶成》。

对周恩来而言，《敬业》是他个人成长的重要记录。许多人不知道的是，周恩来还曾是一位“连载作家”，他在《敬业》上连载过一篇名为《巾帼英雄》的小说，借女侠之口，抒发自己的心声，表达着对旧社会的严厉批判。那时的他还会在杂志上给好友写诗，《敬业》第四期上刊登的《送蓬仙兄返里有感》就是写给同窗张蓬仙的。寥寥数语，怀念着他们共同创办“敬业乐群会”的豪言壮志。不仅如此，周恩来还记录了蔡元培的两篇演讲，并把它们也刊登在了《敬业》之上。

南开大学

就如同他自己提到的那样，“记者于六年前即获读先生著作，今日始得一瞻风采”。那时年轻的他或许还不知道，未来他也将成为中国近现代史上最璀璨的星星之一。

除周恩来之外，《敬业》的背后还站立着无数满怀热忱的青年人。《敬业》付印后短短三天，第一期 500 份就售卖一空，随后第二期便加印到了 1000 份，刊物最多时曾卖出 2000 余份。正如当时南开学生所回忆的那样：“全校师生均乐于参与，勇于投稿，为一时各校办刊物之冠。”

在办刊过程中，周恩来一直号召把改造思想和改造中国相结合，要把报刊当作改造社会的工具，也要在办刊的过程中改造自己。

《敬业》至 1917 年 6 月停刊，共办了 6 期。一份《敬业》，既见证了伟人少年时代的悠悠过往，又铭刻了一代青年学生的热血岁月，这一切，似乎都印证了这份刊物最开始写下的那句——“青年为斯世将来之主”。

红刊档案

周恩来（1898—1976），伟大的马克思主义者，中国无产阶级革命家、政治家、军事家、外交家，党和国家领导人之一，中华人民共和国开国元勋，是以毛泽东同志为核心的党的第一代中央领导集体的重要成员，中国人民解放军主要创建人之一。

《新青年》唤醒新青年

准斯以谈，吾国之社会，其隆盛耶？抑将亡耶？非予之所忍言者。彼陈腐朽败之分子，一听其天然之淘汰，惟不愿以如流之岁月，与之说短道长，希冀其脱胎换骨也。予所欲涕泣陈词者，惟属望于新鲜活泼之青年，有以自觉而奋斗耳！

——陈独秀：《敬告青年》

悠悠历史长河，浪花无数，星辰璀璨，倘若要在中国近代史的历程之中选择一本最具代表性的杂志，《新青年》必然会成为大多数人的首选。这本以“民主”与“科学”作为旗帜，开启了新文化运动的杂志，不仅被印在教科书上，也同时投射进了一代又一代中国人的心中。那些我们耳熟能详的话语历经百年，依然铿锵有力：“德先生”与“赛先生”，终于来到了我们身边。

作为近代中国最重要的期刊之一，《新青年》经历了漫长的发展过程。1915 年最初创立时，它还不过是一本局限于皖籍文化圈的地方

陈独秀

刊物，名为《青年杂志》。从1916年的第二卷开始，《青年杂志》才正式更名为《新青年》，作者也突破了皖籍的限制，但依旧集中于创始人陈独秀的交际圈内。更有意思的是，在《新青年》诞生之时，“民主”与“科学”也并非它最初始的口号。相较于“德”“赛”两位先生，这本杂志明显更加关注“青年”本身的问题。据不完全统计，1915年到1921年期间，杂志上涉及青年问题的文章将近40篇，其中不乏诸多名篇。同样地，这些对于青年群体的关注也得到了青年学生们的积极反馈，正如北大学生杨振声所回忆的那样：“更重要的是，像春雷初动一般，《新青年》杂志惊醒了整个时代的青年，他们首先发现了自己是青年，又粗略地认识了自己的时代，再来看旧道德、旧文学，心中就生出了叛逆的种子。”

“新旧”始终是《新青年》舞台上最引人注目的话题之一。1917年1月，胡适在《新青年》上发表了著名的《文学改良刍议》，发出了改革文学的呼声，阐述着他心中文学的真正意义，所谓“文学者，随时代而变迁者也，一时代有一时代之文学”。随后，陈独秀将“改良”更进一步，文学“革命”由此开启。鲁迅和《新青年》也有着密不可分的关联，他从第四期开始为其撰稿，我们所熟悉的《狂人日记》《孔乙己》《药》都曾刊载于《新青年》之上，以坚定的态度与旧有的一切决裂，以求崭新的思潮涌起，涤荡社会的尘埃。

《新青年》真正的影响力彰显于五四运动之后，在此之前，它曾经历了与《东方杂志》等刊物的一系列论战，逐渐成长为以北大同人为核心、影响辐射极广的全国性刊物。彼时，第一次世界大战爆发，一批仰慕西方的中国知识分子开始重新反思向西方学习的意义，《东方杂志》便成为保守派知识分子的大本营，杜亚泉、辜鸿铭、刘师培等人都曾在上面发表文章，抨击《新青年》。以陈独秀、李大钊为首的一群知识分子积极回应，展开论战，李大钊更撰文对比两种文化之弊病，表明“中国文明之疾病，已达炎热最高之度，中华民族之运命，已臻奄奄垂死之期……竭力以受西洋文明之特长，以济吾静止文明之穷”。历史的浪潮不断向前，而浪潮拍岸，真正选择了《新青年》。与此同时，《每周评论》与《新潮》相继创刊，《新青年》得到最为有力的盟友支撑，影响力发挥到了极致。值得注意的是，《新青年》的高光时刻也同时是新文化运动的惊涛骇浪之时。五四运动后，全国增添了四百余种白话报刊。而在《新

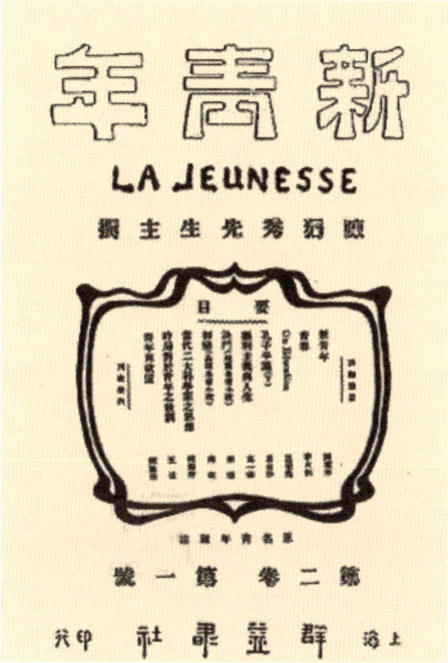
新青年
LA JEUNESSE
陳獨秀先生主撰
第二卷第一號
上海群益書社印行

《新青年》第二卷　第一期封面

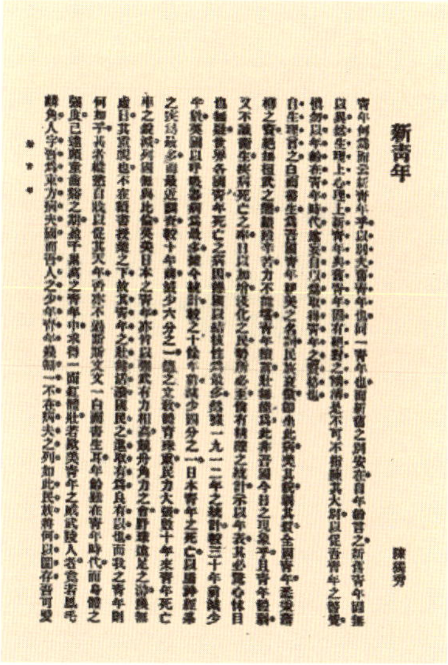
新青年
陳獨秀

陈独秀文章

青年》发展后期，五四新文化的浪潮退去，杂志内部也发生了分化，这既是个人命运的走向，也是时代的抉择。

其中，李大钊在《新青年》上对于马克思主义的宣传也显得尤为重要。《法俄革命之比较观》《庶民的胜利》《布尔什维主义的胜利》《我的马克思主义观》等系列重要文章相继发表，详细地阐述了俄国十月革命的经过，成为中国宣传马克思主义的先声号角。

1918 年 10 月，李大钊开始在《新青年》上宣传马克思主义思想。五四运动后，《新青年》逐渐成为宣传马克思主义的阵地。从第八卷起，《新青年》迁至上海，成为中国共产党上海发起组的机关刊物。1926 年 7 月，《新青年》出版第五期后终刊。

时至今日，《新青年》所留下的种子依然种在我们每个人的心中。《新青年》并非一日所造就，正如“德先生”与“赛先生”的旅程也是那样的漫长。但无论如何，《新青年》都是那颗最亮的星星，高悬书页之上，点亮一个崭新时代，熠熠闪光。

红 刊 档 案

陈独秀（1879—1942），新文化运动的精神领袖，五四运动的总司令，马克思主义的主要传播者，中国共产党的主要创始人，中国共产党早期的主要领导人。1942 年 5 月 27 日逝世。

《学灯》闪亮

本栏目特别欢迎关于（一）社会问题、（二）劳动问题、（三）产业组合、（四）妇女问题以及关于其他社会改良诸问题之著作与译稿……

——《学灯》启示　1919年6月17日

1918年3月4日，张东荪用满怀忧虑的笔触写道："方今社会为嫖赌之风所掩，政治为私欲之毒所中，吾辈几无一席之地可以容身，与其与人角逐，毋宁自辟天地。"自此，新文化运动时期最重要的副刊之一——《学灯》诞生了。

作为上海《时事新报》的综合性学术副刊，《学灯》创刊于新文化运动的高峰时期，是中国最早传播新文化的报纸副刊，与《觉悟》《晨报副镌》《京报副刊》并称为民国"四大副刊"。

说起副刊，就不得不聊一聊它和正刊之间的"爱恨情仇"。一般来说，正刊为主，副刊为次，和正刊相比，副刊更加轻松活泼，且带有文艺与商业的色彩，赫赫有名的《点石斋画报》便是《申报》的副

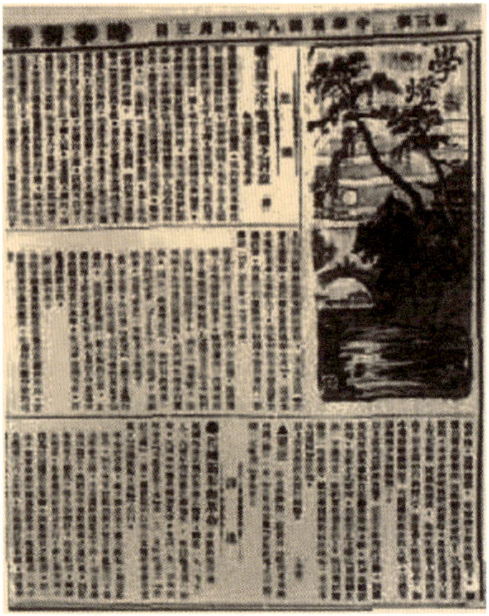

《学灯》

刊。但好的副刊甚至能取代正刊，《北华捷报周刊》与它的副刊《字林西报》就是最好的例子。而中国副刊的改革，恰恰由《学灯》开启。

“促进教育，灌输文化”是《学灯》最核心的宗旨，即“借着这学术的灯，做我们积极的、基础的、稳固的、建设的新文化运动”。这改变了副刊先前一味的娱乐状况，掀起一场轰轰烈烈的改革，情形之盛，四方响应。

五四运动前，《学灯》以积极的姿态推动新文化运动，之后则渐趋保守，直至 1920 年，更转而抨击新文化运动思想浅薄的弊病。在这一过程中，《学灯》的主编变动较为频繁，最短不过两三月便有一换，张东荪、李石岑、宗白华、柯一岑都曾任此职。

民国时期，主编对报纸风格的影响极大，《学灯》也不例外。宗白华擅长文艺，李石岑则热衷哲学，刊物的内容便也随之变化。但是，从文化名流到进步青年，《学灯》的主编都是同龄知识分子中的佼佼者，因此，他们才能引领思潮，造就《学灯》在整个新文化运动中的持续影响力。“流量”并非当今的专利，正如张东荪在卸任主编时所言的，要提高《学灯》的质量和吸引力，必须要“专聘名人担任编辑”。

《学灯》在新文化运动的发展进程中起到了至关重要的作用。它以坚定的姿态支撑着新文化报刊宣传中的一隅，开风气之先。在波涛激荡的新浪潮中，《学灯》始终强调对新文化的建设，而非一味破坏与否定传统文化，并与《觉悟》等刊物形成互补，共同探寻着文化的来处与出路。

時事新報 ☆ 星期學燈
歡迎蕭伯納氏來華紀念專號

《星期学灯》萧伯纳来华特刊

不仅如此，《学灯》也对马克思主义进行了一定的宣传。1918 年 8 月，《学灯》在“译述·名著”一栏上刊登了日本著名马克思主义者河上肇所翻译的马克思《雇佣劳动与资本》一文，为中国人了解马克思主义打开了一扇窗。随后，《学灯》还相继刊载了河上肇的其他翻译，如《马克思的唯物史观》《社会主义之进化》与《社会主义两大派之研究》等。

当然，《学灯》也不可避免地存在着局限性。过于频繁的主编更替使得刊物风格难以统一。不仅如此，《学灯》对于文化的温和态度一方面调和了新文化运动的激进色彩，另一方面却也无法引领潮流。

但无论如何，正如它的名字一样，《学灯》恰似一盏明灯，镶嵌在新文化运动发展的历史之上，照亮一方，感染一代知识分子思变求索，朝前望，终将天光大亮。

红 刊 档 案

宗白华（1897—1986），中国现代美学的先行者和开拓者。先后任教于南京大学、北京大学，曾任中华美学学会顾问与中国哲学学会理事。

李石岑（1892—1934），著名哲学家，新文化运动倡导者。曾主编《教育杂志》《时事新报》《学灯》。先后任教于复旦大学、暨南大学、中山大学等多所高校。

郭一岑（1895—1977），笔名柯一岑，中国现代心理学家，新文化运动倡导者。曾任教于暨南大学、中山大学、北京师范大学等。

张东荪（1886—1973），现代哲学家、政治家、报人。主笔《时事新报》《学灯》《解放与改造》等，曾任中国民盟中央常委。

《京报》铁肩担道义

必使政府听命于正当民意之前，是即本报之所作为也……必从政治教育入手，树不拔之基，乃百年大计治本之策。

——邵飘萍：《本报因何而出世乎》

民国初年，无数期刊与报纸如雨后春笋般出现于中国大地之上。但彼时的北京报界却出现了大部分报纸为政治所把持的现象，较为重要的 35 家报纸中，约有三分之二拥有着政治背景。正是在这一前提下，1918 年 10 月 5 日，北京前门外三眼井，《京报》犹如一道惊雷，劈开了尚且混沌的天空，降生于纷乱的世尘。

追求新闻独立、不为政治裹挟是《京报》的创刊目的。说起这一理念，就必须提到《京报》的创始人邵飘萍。在那个风雨飘摇的年代，邵飘萍以一己之力创办《京报》，希望这份报纸能够独立于军阀之外，利用自身的影响力，“供改良我国新闻事业之试验，为社会发表意见之机关”。

邵飘萍的愿望并未落空，这位以“铁肩辣手”自勉的报人，在

邵飘萍

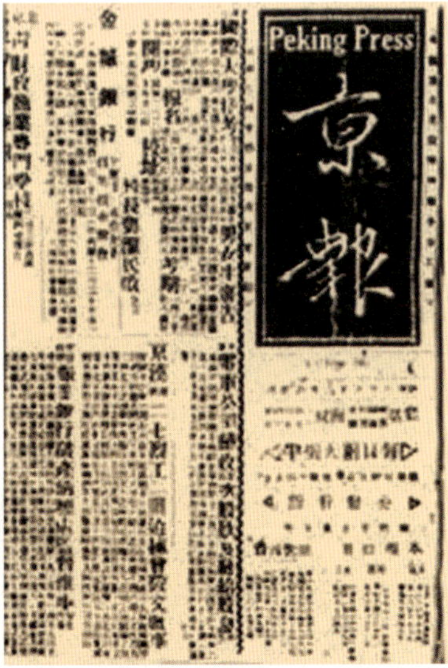

Peking Press

京報

《京报》

《京报》的几尺纸墨中奋力耕耘，使《京报》在五四运动中以至在反对反动军阀政府中发挥了极为重要的作用。五四运动期间，《京报》设置了多个版块，着重报道国内外的政局与战事，揭露军阀统治的黑暗与无能，动员了学生，唤醒了国民。这是一份在学生群体中颇具人气的报纸，《京报》问世 1 个月，销量就从原本的 300 份暴涨至 4000 份，影响力巨大。为了吸引更多的年轻读者，邵飘萍有意调整文风，向梁启超靠拢，在学生们之中形成了“偶像效应”，引得他们纷纷模仿，竞相传阅。

不仅如此，《京报》还特别注意与其他同类型的杂志配合，如《国民》等。《京报》积极声援与转载《国民》中对于国货的倡导，两者共同发力，引导时代潮流。与此同时，为了在乱世中获得经济上的独立，《京报》也想了不少办法来吸引读者。《京报》的内容偏向于严肃，因此邵飘萍便在标题拟定、排版设计和字号等方面下足了功夫。

1919 年 8 月，《京报》惨遭军阀查封，邵飘萍在被通缉的途中远渡日本。他学习日本新闻业的办报经验。1920 年春，邵飘萍归国，《京报》得以复刊。此后，《京报》以崭新的面目，成为北方地区最令人瞩目的革命舆论阵地之一。

“要做一新闻记者”是邵飘萍在年少时写下的心愿。在创办《京报》之前，他曾先后编辑《汉民日报》《浙江军政府公报》《申报》《时事新报》等，成为中国新闻史上第一个享有“特派员”称号的新闻记者。邵飘萍的光环远不止于此，他既是新闻编译社的创始人，又是中国新闻教育的先行者。但万千归流，初心不改，所有的辉煌成就都归向最初的起点：年轻的邵飘萍翻开《新民丛报》，在上面看见了梁启超撰写的多篇文章，从此和新闻结下了不解之缘。正是这位新闻记者，为中国新闻学推开了崭新的大门。

《京报》的历史如同它的创始人一样，几经沉浮，备受坎坷。1926 年 3 月 18 日，北京各界在天安门举行了抗议日本军队炮击大沽口的集会，被段祺瑞反动政府镇压，造成了三一八惨案。《京报》闻讯后迅速介入，12 天时间里就发表了揭露事件真相和抨击段祺瑞反动政府的各类文章一百余篇。为此，冯玉祥将军曾赞到：“飘萍一支笔，胜抵十万军。”而《京报》也成为反动军阀的眼中钉，邵飘萍与李大钊、鲁迅等人都被段祺瑞反动政府列入通缉的黑名单。

1926 年 4 月 26 日凌晨，邵飘萍被反动军阀杀害，年仅 40 岁。《京报》也随之被封。1928 年，邵飘萍夫人汤修惠千方百计将《京报》复刊。这位中国报业的女中豪杰，与邵飘萍具有同样的风骨，1931 年 9 月 20 日，她不惜以死为价，率先报道了九一八事变。《京报》最终在抗战爆发、北平沦陷前的 1937 年 7 月 28 日出版了最后一期，走完了它 19 年不凡的风雨历程，但它在中国新闻史上树立了一座不朽的丰碑。

回首过往，立足今日，邵飘萍之语仍在耳畔——“余百无一嗜，惟对新闻事业乃有非常兴趣，愿以终身以之”。而与这位“具有热情理想和优良品质的人”一起永恒的，还有那份勇敢无比的《京报》。

红刊档案

邵飘萍（1884—1926），中共秘密党员，民国时期著名报人，中国传播马列主义、介绍俄国十月革命先驱者之一，中国新闻理论的开拓者、奠基人。1926 年 4 月 26 日牺牲。

《每周评论》直面现实

我们在这黑暗的中国，死寂的北京，也仿佛分得那曙光的一线，好比在沉沉深夜中得一个小小的明星，照见新人生的道路。

——李大钊：《新纪元》

说起近代中国最著名的刊物，许多人第一时间便会想到《新青年》。然而，在它创办约三年后，创办者们却渐渐发现了它无法适应时代的部分，于是《每周评论》应运而生。

这是一本从诞生开始就和《新青年》有着千丝万缕联系的刊物。1918 年 11 月，陈独秀、李大钊等人再度聚首北京大学文科学长室，他们忧心忡忡地讨论着《新青年》作为不谈政治的月刊，在风云变幻的时代中已经受到了越来越多的局限。创办一本比《新青年》“更迅速、刊期更短、与现实更直接”的刊物由此提上日程。1918 年 12 月 22 日，这本刊物拥有了自己的名字——《每周评论》。

《新青年》不谈政治，《每周评论》专谈政治，前者阐述学理，

李大钊

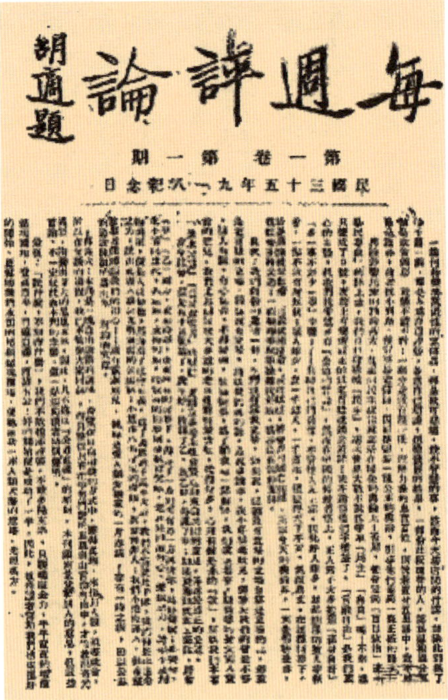

每週評論

胡適題

第一卷第一期

民國三十五年九一次紀念日

《每周评论》第一卷 第一期

后者批判现实，相辅相成，彼此映照。最有意思的是，为了宣传《每周评论》，当时已负盛名的《新青年》还特意在第五卷第六期上打出了广告，13个字掷地有声：看《新青年》的，不可不看《每周评论》！洋洋洒洒四点，一言以蔽之，一本之中没有的，必然能在另一本中找到。

作为一本政治色彩极强的刊物，陈独秀在发刊词中鲜明地表达出《每周评论》的核心宗旨，即“主张公理，反对强权”。这句口号脱胎于德国“一战”战败后的“公理战胜强权”，落在中国的土壤之上，更是振聋发聩的呐喊与呼号。《每周评论》短短一年后就被北洋政府查禁，似乎正是用刊物的生命来印证了这八字箴言。

不仅刊物本身命运坎坷，它的主编们也多遭劫难。1919年6月，陈独秀被捕，改由李大钊与胡适担任主编。在胡适担任主编期间，《每周评论》的政治性大大削弱，开办国内外大事述评专栏，宣传胡适一向推崇的实用主义。这种转变恰恰反映了《每周评论》编辑群体思想的复杂与冲突，而这些赫赫有名的编辑恰恰是中国近代各类思想激烈碰撞的缩影。在救亡图存的同一命题之下，究竟该选择哪条道路，是时人逃脱不开的历史命题。

陈独秀曾化名“只眼”，在《每周评论》上发表了150多篇文章，如《我的国内和平意见》《为什么要南北分裂》《山东问题与国民觉悟》等，篇篇切中要害，直面现实。而李大钊的笔名就更多了，无论是“守常”还是“明明”，都是李大钊的化身。他在《每周评论》上论述新思想的解放，发表《新纪元》等文章宣传马克思主义。而胡适却与他们有所不同，他接手《每周评论》后，并不赞同宣传马克思主义的主张，而是转而宣扬实用主义，著名的“问题与主义”争论便由此而来。

尽管问题重重，但时至今日，当我们再回首《每周评论》发刊词中的最后一句话时，依然会有热泪盈眶的冲动，时代的云烟掠过眼前，追求的使命从未改变，所谓“只希望以后强权不战胜公理，便是人类万岁！本报万岁！”

红刊档案

李大钊（1889—1927），中国共产主义运动先驱，伟大的马克思主义者，杰出的无产阶级革命家，中国共产党主要创始人之一，曾任中共中央委员。1927年4月28日被反动军阀杀害于北京。

《觉悟》的理想

我们现在要把社会改造，就不能不先把种种可疑的古训，教各人都能够用新思想去观察，那真理越发明白，社会就越发进步，真正的“德摩克拉西”也就越发有了希望。

——邵力子：《古训怀疑录》

1918年，《学灯》创刊，中国近代副刊变革由此开启。次年6月16日，被后人列为民国“四大副刊”之一的《觉悟》创立，思潮涌动，步履向前，又一个重要的名字被历史选中。

《觉悟》是《民国日报》的副刊，但实际上，它并非《民国日报》的第一份文艺副刊。早在《觉悟》创刊前，《民国日报》已先后有过九种不同的文艺副刊，其中后四份已经逐渐开始关注社会与新文学问题。层层铺垫之下，《觉悟》出世，正式迈入学术与启蒙行列。作为副刊，《觉悟》却一直先声夺人，敢于同正刊呛声，发表激进言论，以更加决绝的态度宣传新文化与新思想，一时间风头超越正刊，受人追捧。

除此之外，《觉悟》的诞生还有着极具戏剧性的一点，它既受《学灯》副刊改革的影响，又为反驳《学灯》而存在。作为一本宣传新文化思想的刊物，《学灯》提倡“新文化阵营不必向旧文化挑战”，温和性十足。但《觉悟》恰如其名，要求完全的开化，质疑过往。正如主编邵力子在《古训怀疑录》中坚定地指出：“我国学问的不能进步，就因为一般人对着古训不敢怀疑的缘故。”这种激进的态度，恰恰与《学灯》形成了鲜明的对比。

《觉悟》的激进不仅体现于此，1920 年扩刊之前，它几乎删去了全部的文艺栏目，直到扩刊改版后，才增加了较为明确的分栏，使纯粹的文学作品重新有了一席之地。不过值得注意的是，“兼容并包”与“集思广益”也是《觉悟》激进期的重要特点，前者旨在吸纳各种社会思潮，马克思主义就是其中最为重要的一种；而后者则更为有趣，面向读者群体，希望摆脱单向灌输，与读者共同打造包容而多样的舆论空间。

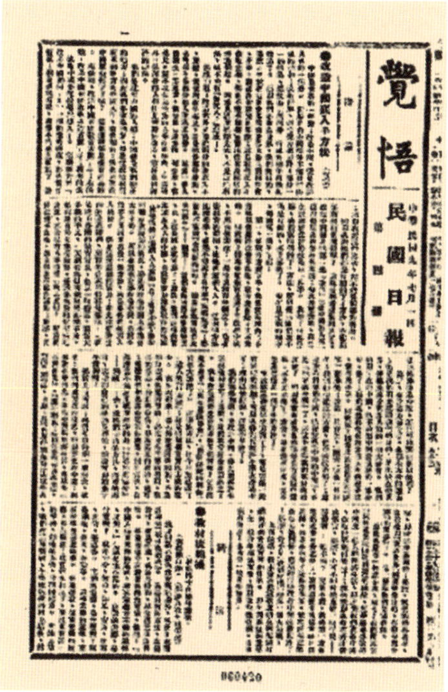

覺悟

民國日報

《觉悟》

单身男女要不要结婚？要和什么样的人结婚？多少岁结婚最合适？出轨了能不能被原谅？这些五花八门的问题可不是现代人的专利，民国时期的人早在百年前就热火朝天地讨论开了，《觉悟》

便是承载这些有趣话题的刊物之一。虽然《觉悟》的通信栏开设得较晚，但影响力却丝毫不减，以主编大名命名的“邵力子信箱”便是近代中国报刊三大信箱之一。在这里，邵力子和众多青年一起探讨问题，百无禁忌，就连他本人的许多观点也经常被读者毫不客气地质疑，所有的思想都能在这里找到栖身之地。这种百家争鸣般的互动，恰恰是《觉悟》不同于同时代刊物，而最具魅力的地方。

1920 年后，《觉悟》的风格渐趋平和，开始兼顾不同读者面，同时也延续了前一时期对马克思主义的介绍与宣传，这方面文章的数量明显增多，译载经典作家的原著，向广大读者介绍苏俄的政治制度和社会生活。时人孙伏园在《三十年前副刊回忆》一文中指出，从 1920 年 5 月到 1924 年 1 月，《觉悟》发表的有关马克思主义的宣传文章超过 50 篇，成为在上海宣传马克思主义的又一阵地。

“到近来，我国和欧美通商，外国的新潮流，跟着我们的失败，一点一点地输进来，我们也就一点一点地觉悟起来。”但无论转变前后，《觉悟》始终怀揣着救国的理想与启蒙的使命，在激荡与温和之间，寻觅着通往未来的真正方向。

红刊档案

邵力子（1882—1967），近代教育家、政治家、革新文学倡导者。曾任上海《民国日报》总编辑。中华人民共和国成立后，曾任多届全国人大常委、政协常委、民革常委。

《湘江评论》怒吼湘江

国家坏到了极处，人类苦到了极处，社会黑暗到了极处。补救的方法，改造的方法，教育，兴业，努力，猛进，破坏，建设，固然是不错，有为这几样根本的一个方法，就是民众的大联合。

——毛泽东：《民众的大联合》

“时机到了！世界的大潮卷得更急了！洞庭湖的闸门动了，且开了！浩浩荡荡的新思潮业已奔腾澎湃于湘江两岸了！顺他的生，逆他的死！”

这段耳熟能详的宣言出自毛泽东之手，但很多人并不知道，它还是中国近代史上一本重要刊物的创刊宣言，那便是 1919 年 7 月 14 日诞生于长沙的《湘江评论》。这本刊物颇具传奇色彩，从发刊到停刊不过一月有余，却在历史上留下了浓墨重彩的辉煌篇章。

作为一本由湖南学生联合会发行的学生刊物，《湘江评论》借鉴《每周评论》的排版与栏目设置，评述中西方大事，另开“湘江杂

湘江評論
The Shian Kian Weekly Review
中華民國八年七月十四日
創刊宣言
西方大事述評

《湘江评论》

评”与“湘江大事述评”专栏，具有鲜明的地方特点。尽管它只是一份地方性刊物，影响却遍及全国，李大钊与胡适等人都给予了极大的肯定与鼓励，不仅称它是“全国最有分量、见解最深的刊物之一”，还欣喜地指出，“能产出我们这样的一个好兄弟，真是我们意外的欢喜”。

《湘江评论》何以产生如此巨大的能量？那便要将全部的目光聚焦于它的主编毛泽东身上。实际上，毛泽东还是《湘江评论》最重要的主笔，他发表的 40 余篇文章占到了总发文量的一半，能量之巨大，不难想见。除了五四运动时期公认的民主与科学思想外，毛泽东在《湘江评论》中根据俄国十月革命，明确呼喊出了“民众大联合”的口号：“世界什么问题最大？吃饭问题最大。什么力量最强？民众联合的力量最强！”

这份颇具传奇色彩的刊物究竟是如何创办的？或许还需要将时间回溯至 1918 年 8 月。在炎炎夏日之中，北京大学图书馆迎来了一位新职员，他就是刚从湖南第一师范毕业的毛泽东。对于毛泽东来说，这份图书馆的工作可谓再合适不过了。工作闲暇之余，他在书海中尽情遨游，接触到了许多新知识与新思想。不仅如此，他还报名参加了北

湖南学联旧址

京大学新闻学研究会，学习了许多办报的基本常识，大名鼎鼎的办报人邵飘萍就曾来研究会中做演讲，《湘江评论》的种子也由此播下。直到五四运动期间，为了配合运动，湖南学联接受毛泽东的建议，创办了《湘江评论》。

作为中国共产党未来最重要的领导人，毛泽东青年时期的才干在这份刊物中显露无遗。这是挑战，更是锻炼，革命的雏形在毛泽东心中越发清晰。

彼时，年轻的毛泽东如同每一个渴望救亡图存的青年一样，正经受着近代以来种种思潮的冲击与洗礼，探寻着那条最适合中国的道路。轨迹并非一时明晰，上下求索间方显真章。但当马克思主义与布尔什维克被烙上“过激”的印记时，无畏的青年依旧大胆发声：“过激党这么厉害！各位也要研究研究，到底是个什么东西！”

1919 年 8 月，《湘江评论》还未来得及发行第五号便被扼杀于摇篮之中，但这份生命如此短暂的刊物却在许多青年学生心中深埋下革命的火种，并以另一种方式延续。指点江山，激扬文字，“湘江的怒吼”亦是它的别名，恰同学少年，湘江北去橘子洲头，那些挥斥方遒的书生意气，铭刻了不变赤诚，封存于此，历久弥新。

红刊档案

毛泽东（1893—1976），伟大的马克思主义者，伟大的无产阶级革命家、战略家、理论家，马克思主义中国化的伟大开拓者，近代以来中国伟大的爱国者和民族英雄，中国共产党第一代中央领导集体的核心，领导中国人民彻底改变自己命运和国家面貌的一代伟人。

《少年中国》进行式

山之崖，海之湄，

与我少年中国短别离；

短别离，长相忆！

愿我青春之中华，永无老大之一日！

惟我少年，努力努力！

——王光祈：《去国辞》

少年中国，一个在近代被频繁提及的词汇，从梁启超到王光祈，五四运动、新文化运动的浪潮中总有代代新出的少年，书写着他们与近代中国的热血篇章。1919 年 7 月 1 日，“少年中国学会”在北京成立；7 月 15 日，会刊《少年中国》诞生。

既然是学会的会刊，《少年中国》与学会本身便有着不可分割的联系，就连宗旨也仅仅相差两字，所谓“本科学的精神，为文化运动，以创造少年中国”。仅仅将学会宗旨中的“社会”二字改动为“文化”，

王光祈

这本刊物便踏上了自己的征程。作为一本月刊，《少年中国》承担着定期向会员汇报学会消息的重要责任，同时也是维系会员关系的重要纽带。除此之外，这也是一本与“文化”息息相关的刊物，涉猎范围极为广泛，无论是抽象的文史哲理论，还是对现实社会和人生的探讨，均在字里行间有所体现。

而这种宽泛的综合性恰恰与少年中国学会的特性相连，自由讨论与畅所欲言是学会与刊物最核心的灵魂所在，只因“少年中国”的概念是模糊的，每个人心中都有着自己所定义的“少年中国”。浪潮激荡，时代变换，这是一场浪漫主义与理想主义双重作用下的集体想象。而《少年中国》月刊，便是承载了这场瑰丽梦境的最好土壤。

与一般刊物不同，除了第一、二期由王光祈负责编辑外，《少年中国》从第三期开始启用了编辑部合议制，分组讨论，轮流编辑。它不仅根据会员们讨论的问题创立专号，同时按地域分类，一方面便于编辑收集稿件，另一方面也期望激发会员们的投稿热情。

作为学会的重要刊物，《少年中国》的发行方式主要有两种，一种是给指定的人或机构送阅；另一种则是设立月刊代派处进行销售。在当时，这是一本颇受欢迎的刊物，代派处分布全国，甚至还延伸至西欧、日本、越南等地。究其原因，这是因为它与新文化运动有着千丝万缕的联系，且得到了北京大学出版部的正式认可。不仅如此，主要负责刊物印刷的是亚东图书馆与中华书局，这种固定的搭配组合在当时十分常见，杂志的编写、出版与销售连成一线，相互帮扶。

1924 年 5 月，《少年中国》最后一期出版，一年后，历时 7 年的少年中国学会解散，梦境落下帷幕，旅程却仍在继续。毛泽东、李大钊、恽代英等人都曾是“少年中国学会”中的一员，会员间对于未来中国该如何建设的巨大分歧是学会走向结束的重要原因，而这种分歧背后，正预示着近代中国走向关键的转折节点。但无论如何，学会中共度的悠悠岁月依然成为这群青年人生命中最宝贵的财富之一，而《少年中国》也以一本期刊的姿态，将这些热血与努力全数记录，当我们翻开书页，依旧能寻觅零星片语，李大钊曾这样写下：

> 向光明方面走，那光明里一定有我们的“少年中国”

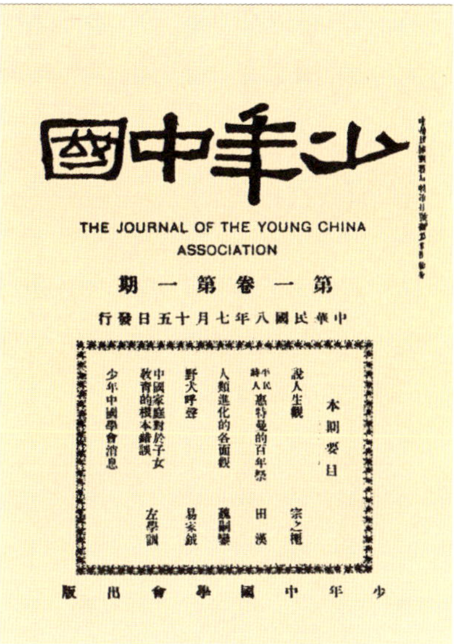

少年中國

THE JOURNAL OF THE YOUNG CHINA ASSOCIATION

第一卷第一期

中華民國八年七月十五日發行

本期要目

說人生觀　宗之櫆

平民詩人惠特曼的百年祭　田漢

人類進化的各面觀　魏嗣鑾

野犬呼聲　易家鉞

中國家庭對於子女教育的根本錯誤　左學訓

少年中國學會消息

少年中國學會出版

《少年中国》第一卷第一期

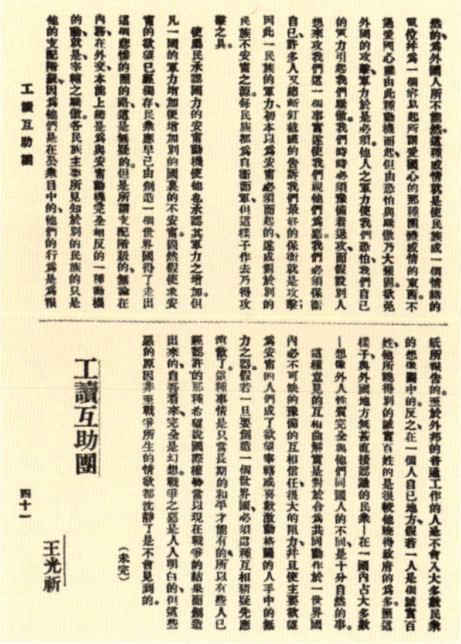

然的爲外國人所不能然。這種感情就是使民族成一個情緒的單位並爲一個將致引起所謂愛國心的那種團體感情的東西。不過愛國心雖由此種動機而起、但由恐怕與嫉妒乃大鞏固。欲免外國的攻擊、軍力於是必須。他人之軍力使我們恐怕、我們自己的實力引起我們嫉妒。我們時時必須預備着退攻、而假設別人想來攻我們這一個事實遂使我們視他們爲惡。我們必須保衛自己、許多人又總斷釘截鐵的告訴我們最好的保衛就是攻擊；因此一民族的軍力、初本以爲安寧必須而起的、遂成對於別的民族不安寧之源。每民族都爲自衛而軍、但這樣子作去乃得攻擊之具。

使愚民承認國力的安寧動機使他也承認其軍力之增加。但凡一國的軍力增加使增加別的國裏的不安寧。固然假使求安寧的欲望已經獨存、民衆應早已由創造一個世界國得了走出這個悲慘的圈的路。這是無疑的。但是所謂支配階級的、無論在內務、在外交、本能上總是爲與安寧動機完全相反的一種動機的驅使、就是宰轄之驕傲。各民族主要所見知於別的民族的只是他的支配階級、因爲他們是在公衆目中的、他們的行爲是爲報紙所報告的。至於外邦的普通工作的人是不會入大多數民衆的想像圈中的。反之、在一個人自己地方、假若一人是個誠實百姓、他所曉得別的誠實百姓的是很較他曉得政府的爲多。照這樣子、與外國地方無甚直接認識的民衆—在一國內占大多數—想像外人性質完全與他們同國人的不同、是十分自然的事。

這種意見的互相曲解實是對於合爲共同動作於一世界國內必不可缺的豫備的互相信任、很大的阻力、並且使主要欲望爲安寧的人們成了欲望宰轄或喜歡激動將圖的人手中的無力之器。假若一旦要創造一個世界國、必須設法互相猜疑先應消散了。這種事情是只當長期的和平才能有的、所以有些人已經認許的那種希望說國際權勢當以現在戰爭的結果而創造出來的、自吾看來、完全是幻想。戰爭之惡是人人明白的、但這些惡的原因非至戰爭所生的情欲都沉靜了是不會見到的。

（未完）

工讀互助團　王光祈

四十一

王光祈：《工读互助团》，《少年中国》第一卷第七期在。我们各个不同的“少年中国”的理想，一定都集中在那光明里成一个结晶，那就是我们共同创造的“少年中国”。

红刊档案

王光祈（1892—1936），著名音乐学家、社会活动家。在东方民族音乐的研究上有着极为杰出的贡献，曾任德国波恩大学讲师。

《天津学生联合会报》

自我塑造

群众运动的发动力，第一是学生应当鼓动各种分子快快成立各种组织、各种工会、同业公会，尤其要紧；第二是男女学生天天出外演讲内政外交的黑暗，国人当求根本的改造；第三是公民大会，应当看着时机聚会，好让国人对于国事知道真相。

——《讨安福派的办法》

提起南开，我们必然会想到周恩来。1919 年春，远在日本的周恩来在得知南开学校即将创办大学部的消息后毅然回国。彼时恰逢五四运动，学生办报活动也在如火如荼地展开，《天津学生联合会报》由此而生。在谌志笃与马骏的邀请之下，周恩来出任主编。

同年 7 月 21 日，一篇名为《革心！革新！》的社论划破历史夜空，将这一份刊物呈现于世人眼前。早前，周恩来率先在《南开日刊》上发表了《〈天津学生联合会报〉发刊旨趣》一文，最早提出“革心”与“革新”的概念，为《天津学生联合会报》的发行预热、造势。所谓“革心”，便是改造思想。而“革新”二字，则情牵社会，改造思想由学生开启，涓涓细流汇海，最终将成为撼动旧社会的强大能量。而这次预热毫无疑问取得了成功，《天津学生联合会报》正式发行前一天，已拥有了将近两万的订阅量，颇受追捧。

在周恩来看来，“我们学生联合会在求社会同情的时候，不能不有两个利器：一个是演讲，一个是报纸”。作为“利器”而存在的《天津学生联合会报》在五四运动中也发挥了它应有的战斗作用。一方面，它以迅速的行动揭发了皖系军阀马良逮捕进步学生的恶行，利用舆论造势，保护学生。另一方面，《天津学生联合会报》虽然由学生创立，却对社会舆论有莫大的影响，有效动员了天津各界进行罢工与罢市的示威活动。《讨安福派的办法》一文从具体方法出发，指导群众进行斗争。《天津学生联合会报》本身的坎坷命运也印证了时代的痕迹。9 月 21 日，北洋军阀警察厅出面干涉出版，《天津学生联合会报》发行至第 62 号后被迫停刊。10 月 7 日一度短暂复刊，1920 年正式终刊。

在五四运动时期，周恩来不仅创办了《天津学生联合会报》，还同时领导与创建了革命团体觉悟社。而觉悟社的宗旨正是“革新”与“革心”，这与报刊的期待不谋而合。纵观五四运动时期，我们可以发现学生办报尤为兴盛，这是因为内忧外患的历史环境给了青年们极大的动力与决心。不仅如此，《新青年》等一批具有影响力的刊物的出现，也引领了青年学生为社会发声。时势造英雄，英雄也能影响时势，毛泽东与周恩来等一批未来的中共领导人，正是在这一时期逐渐成长起来，完成了革命者的自我塑造。

倘若用一个词来形容五四运动时期的学生报刊，那么“群星闪耀”再合适不过。五四运动后，全国涌现了四百余种学生主办的白话报刊。

南开大学周恩来纪念碑

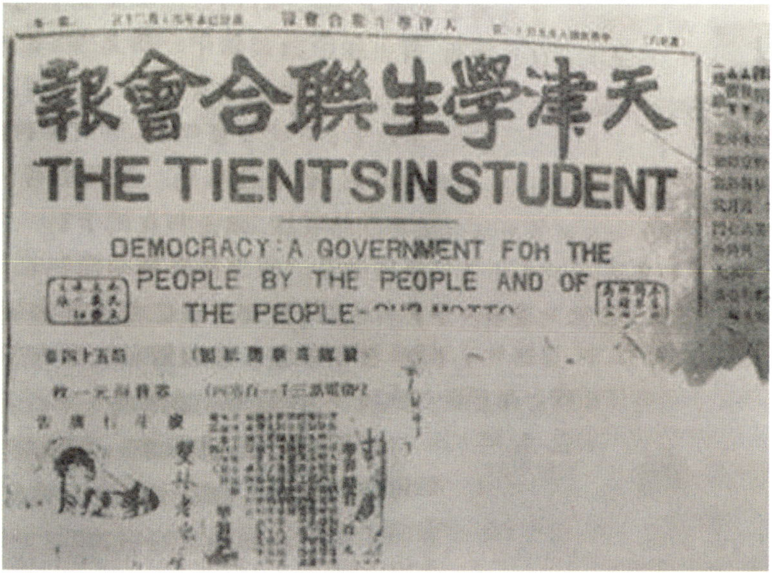

天津學生聯合會報

THE TIENTSIN STUDENT

DEMOCRACY: A GOVERNMENT FOR THE PEOPLE BY THE PEOPLE AND OF THE PEOPLE-

《天津学生联合会报》

星空浩渺，总有分外明亮者脱颖而出，《天津学生联合会报》与《湘江评论》等报刊便是其中的翘楚，一北一南，相互映照。而这闪耀的群星背后，有着正在成长与酝酿的一代伟人，从学堂走来，观社会万象，待星星落幕，便有日月登场。

《劳动界》做工人的灵魂

将来的社会，要使他变个工人的社会；将来的中国，要使他变个工人的中国；将来的世界，要使他变个工人的世界。

——《劳动界》刊发，李中：《一个工人的宣言》

历史长河奔涌，时间指向20世纪20年代，故事从南湖嘉兴的一条小船上开始书写。而早在中国共产党正式诞生之前，一批与工人阶级有关的刊物就已如雨后春笋般崭露头角。新篇章的号角，由上海的《劳动界》周刊吹响。

1920年8月，上海共产党早期组织成立，与此同时，陈独秀、李汉俊、李达等人决定创办《劳动界》周刊。8月15日，中国共产党历史上第一份工人刊物登上了风云变幻的时代舞台。不同于此前众多知识分子所创办的启蒙刊物，《劳动界》明显要“接地气”许多，它将自己定位为一本通俗读物，而“工人”二字，便是它灵魂的缩写。

天天顶少也要做上十五六点钟的工，睡觉顶多也不过五六个钟头。他们就是这样苦，这样做得多，他们还是住

李汉俊

的没有得好的住，吃的没有得好的吃，穿的没有得好的穿……我们再看看那做东家、有钱的人，一天到黑一点事情也不做，天天睡到多时候才起来……他们虽然一天到黑一点事不做，他们反有大房子住，好东西吃，好衣服穿。

李汉俊在《为什么要印这个报？》中以极为清晰直白的语言描述了中国工人生存的现状，呈现与改变这种状态，便是《劳动界》一直所追求的目标。

“要我们中国工人晓得他们应该晓得的事情。”《劳动界》用通俗易懂的描述消解了工人与马克思主义之间本就不该存在的壁垒，“演说”“本埠劳动界”“国内劳动界”“国外时事”与“工人投稿”等栏目也让劳动者的最真实生活得以显现。

作为党创办的第一份工人刊物，《劳动界》承载了更多的使命与担当，燎原星火从这里点燃，很快便蔓延全国各地。而社会主义究竟是什么，这份满怀马克思主义热忱的刊物这样描述：

社会主义，是各人尽各人所能够尽到的能力，做出有益于人类的东西来，各人得到各自需要的均等的享用；多余

的，拿来供给大家底老
年人，小孩子，生病的。

周刊文字简单，意蕴深厚，方寸之间，为全国工人打开了崭新的世界，苏州、杭州、芜湖、广州、南昌各地的罢工情况被一一呈现，各地女工的生存状态也得到了关注，做到了鼓舞与教育并行。尽管《劳动界》只发行了一年不到，却产生了极为深远的影响。革命的火种就此播下，工人的力量蓄势待发。

如何能让工人阶级彻底觉醒？这是《劳动界》始终需要思考的问题。它以平易近人的口吻与笔触，在“闲谈”栏目中描绘了许多当时工人的生存现状，如今读来也依然是触目惊心，如人价不及猪价，人命不及狗命等。不仅如此，它还教会了工人们什么是真正的“人格”。咱们现在所熟悉的八小时工作制在当时也初现端倪，《劳动界》上就有文章曾提议，“每天只做八点钟工”，“每月工钱加上三元五元”。

《劳动界》之后，更有无数

《劳动界》

工人投稿

●一個工人的宣言

海軍造船所工人李中

我們少數同聲同類的工人，再聯絡多數同聲同類的工人，成一個大團體。由我們大團體，再聯絡他一大團體，以成中國一大團體。由中國的大團體，再聯絡他國的大團體，以成世界一大團體。世界團體呀！中國團體呀！我們團體呀！發端就在我們少數工人呢。但是我們少數工人，也有三個要件。

第一要認定我們的地位。我可愛可親的工人呀！到了這個時候，甚麼昏霧黑氣都要開了，甚麼地獄監牢都要破了，甚麼階級束縛都要除了。這個潮流，比天上流來的黃河水，還要利害，還要迅速。任他甚麼人，不會能擋住這個黃河水，不會能塞住他，使他從地下倒流上天去。工人的運動，就是比黃河水還利害還迅速的一種潮流。將來的社會，要使他變個工人的社會；將來的中國，要使他變個工人的中國；將來的世界，要使他變個工人的世界。不是工人，就不能站在工人的社會裏——工人中國裏——工人的世界裏。我們會要趕他離開地面，到天上去討生活。我可愛可親的工人呀！俄國已經是工人的俄國，意國將是工人的意國了，英國將是工人的英國了。這個潮流，快到中國來了。我們工人就是這個潮流的主人翁，這個潮流的主人翁，就要產生工人的中國。我們可是要這點了解

李中文章

强音回响，它是20世纪20年代的崭新起点，以工人的名义发声，面向未来呼喊，革命在此孕育，风云即将变幻。

红 刊 档 案

李汉俊（1890—1927），中国最早的马克思主义启蒙者之一，中国共产党与中国社会主义青年团创始人之一，曾任上海共产党代理书记。1927年12月17日在武汉遇害。

李中（1893—1951），中国共产党第一位工人党员，参与组织筹建党领导下的第一个产业工会。在《劳动界》发表《一个工人的宣言》，被称为“工人阶级觉醒的先声”。

《劳动音》嘹亮

我们相信“劳动”是人类生存在世界上第一个要件，因为人类是进化的，一天比一天不同，天天变动，天天进步，由旧的变为新的，由不完善的进为完善的，所以能达到这新的完善的，就是由人类“劳动”的结果。那末，我们就明白，劳动就是进化的原动力，劳动就是世界文明的根源，劳动就是增进人生的幸福，故我们出版这个《劳动音》，来提倡那神圣的“劳动主义”，以促世界文明的进步，增进人生的幸福。

——心美（邓中夏）：《我们为什么出版这个〈劳动音〉呢？》

继上海《劳动界》创刊之后，北京共产党早期组织于 1920 年 11 月 7 日创办《劳动音》，这两份刊物不仅名称相似，连栏目设计与宗旨主张也多有延续，同为五四运动后第一批工人阶级报刊代表。而《劳

邓中夏

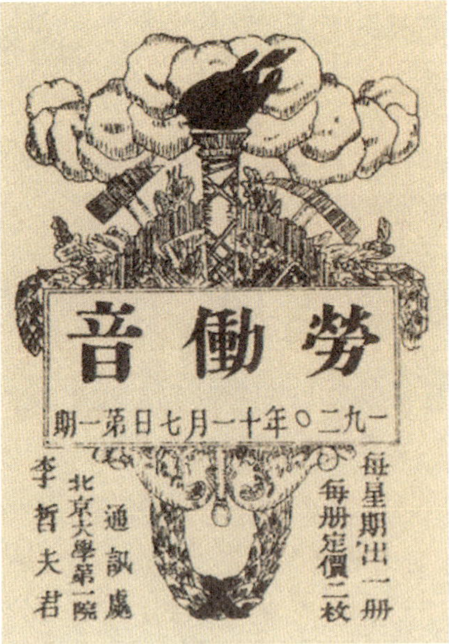

《劳动音》

动音》的创立过程，可谓一波三折。

1920 年 10 月，李大钊、张国焘、张申府等人在北京成立共产党早期组织，决定创办一份面向工人阶级的通俗刊物。彼时，身为无政府主义者的黄凌霜与陈德荣同样秉持着社会革命的信念，也加入其中，负责刊物的编辑工作。11 月 7 日，正值俄国十月革命三周年之际，《劳动音》横空出世，为北京的共产主义事业带来了崭新气象。但就在一个月不到的时间里，编辑群体内部发生了严重分裂，无政府主义者与共产主义者的矛盾无法调和，黄、陈二人退出，刊物也由罗章龙与邓中夏等人接手。至此，《劳动音》的运作才算走上正轨。

与一般注重学理宣传的刊物不同，《劳动音》格外注重实践。在第一期中，它就聚焦于唐山煤矿瓦斯爆炸事件，登载多篇文章还原事实真相。不仅如此，南京织机工人痛打议员案件也是它关注的焦点。从血淋淋的现实中发现不公，呐喊出声，是《劳动音》从未忘却的使命与追求。正如刊名所希冀的那样，劳动者的声音越发嘹亮，才能最终挣脱锁链，找到方向。

当第一期《劳动音》来到众人面前时，邓中夏曾化名“心美”，亲笔写下一篇名为《我们为什么出版这个〈劳动音〉呢？》的发刊词。在这篇短文的末尾，他指出，出版《劳动音》的本意是追寻劳动的真相，文化的进步，世界的和平与人类的幸福。“我最喜爱的劳动同胞呀，”他满怀欣喜与期待地写道，“你们既然明白了，我们是你们最好的朋友了，请了，第二期再见吧！祝你们努力！前进！”而《劳动音》每期多达 2000 册的销量印证了它的成功，北方多地的工人开始阅读这份刊物。

《劳动音》有力促进了马克思主义在北方工人阶级当中的传播，促进了工人阶级的觉醒。《劳动音》出版 5 期后被查禁停刊，后又更名《仁声》继续出版。遗憾的是，出版 3 期后由于经费不足再度停刊。与《劳动界》类似，《劳动音》作为一本刊物的生命也十分短暂，这一方面说明了当时办刊条件的艰难，另一方面也同样展现了中国共产党人越挫越勇的坚定信念。

红刊档案

邓中夏（1894—1933），马克思主义理论家，工人运动领袖，历任中华全国总工会秘书长兼宣传部部长、全国赤色互济会总会主任兼党团书记，中央临时政治局候补委员等职。1933 年 9 月 21 日被国民党反动派杀害。

石破天惊的《共产党》

中国有实行共产主义的必要，我已于本志第一号详说过，现在不必多说。至于中国有实行共产主义的可能性，等到有空工夫再说罢。

热心改造社会的朋友呀！你们不要只向空想方向走呵！你就空想出一个天国，一个黄金世界，社会上实际受着苦的人，不能受你们丝毫的益处！你们总要脚踏实地，向着实现方面实行去！实行！实行！这就是我们的口号。

——无懈：《我们为什么主张共产主义？》

当我们翻开这本 16 开的月刊时，首先映入眼帘的是一堆奇怪而又陌生的名字：胡炎、江春、汉、均、Ts、CT、P. 生、无懈……实际上，这些稀奇古怪的代号背后，是很多我们耳熟能详的名字：李达、李汉俊、陈独秀、施存统、沈雁冰等。这本看似“神秘”的刊物，就

李达

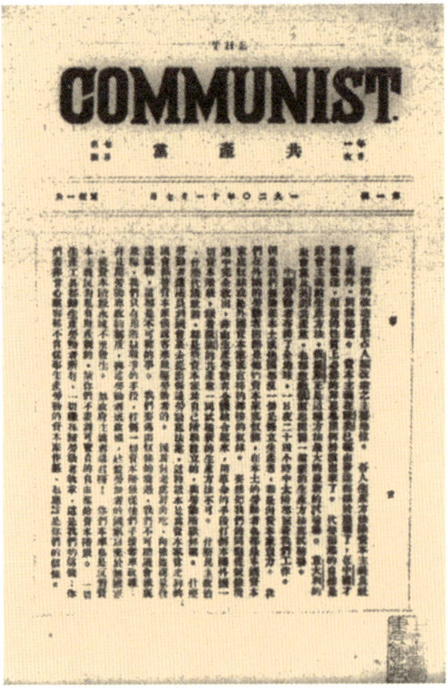

《共产党》

是1920年11月7日创刊的《共产党》月刊。

从某种意义上来说，这是一本彻头彻尾的“内部刊物”，它由上海共产党早期组织统筹创办，是中共第一份党内理论刊物。20世纪20年代的中国正处于黑暗的军阀统治时期，这就为刊物镀上了“神秘”的色彩，为了保护作者，月刊上大部分文章的作者都不署真名，而采用笔名。据研究统计，目前《共产党》月刊发表的47篇文章中，仍有十几篇至今无法确认作者的真实姓名。不仅如此，它的发行也十分隐蔽，要么随《新青年》附赠，要么直接寄送给各地的共产党早期组织。当时，远在长沙的毛泽东就曾收到过这份月刊。

和同时代的诸多刊物一样，《共产党》月刊历时9个月，一共出版了6期，于1921年7月停刊。虽然是月刊，但由于经费限制，只能裁剪掉3个月的内容。李达担任主编时，曾为了补贴刊物出版费用而去商务印书馆兼职，个中艰辛，不难想象。出版完两期之后，《共产党》月刊就面临了经费不足的问题。为此，李达制定了“开源节流”措施。除了去商务印书馆兼职之外，他还亲自承担起了写稿、编辑、发行等全部工作。为了节省人力，编辑部也就设置在他只有 6 平方米的住所中。但是，在短短的 6 期刊物中，《共产党》月刊却留下了极为宝贵的革命理论财富。

无论是“短言”里的即时政论，还是“正文”中的学理阐述，抑或“消息”一栏的风云百态，都使马克思主义的诸多观点得到广泛的传播，越来越多的人开始透过俄国革命的胜利经验了解马克思主义的本质，再由此出发，重新确立中国视野。这一切，得益于《共产党》月刊中许多高质量的宣传文章。上海共产主义小组的成员不仅信念坚定，而且视野开阔，学识深厚。有支持，必然就有反驳，他们以笔为剑，言辞锋利，一一驳斥了无政府主义与改良主义思潮，捍卫了自己心中对马克思主义的崇高信仰。

理论就绪，实践在前，《共产党》月刊在宣传与组织中建构了未来的雏形，成为中国共产党建党道路上最重要的见证者之一。

红刊档案

李达（1890—1966），马克思主义理论家，中国共产党的主要创始人和早期领导人之一，曾任中国劳动组合书记部委员。中华人民共和国成立后，历任武汉大学校长、中国哲学学会会长等职。

第二章　开辟

（1921—1927）

1921年7月，中国共产党成立，这是中华民族发展史上开天辟地的大事变。唤醒国民的自觉，推动工农运动的发展，成为这一时期党的宣传工作的重点。宣传从理论走向实践，一批革命刊物和进步刊物应运而生，在更广阔的范围内播种下革命的种子，生根、发芽，倔挺神州。

《工人周刊》做工运急先锋

我们如果由各地的同业工人，共同的组织一个总工会，各分工会所发生的重要事体，都由总工会办理；一切的调度，都由总工会指挥，那么我们对内对外，都是很有力量的，所谓“表里山河”，永无他患。更由一个职业的总工会，跟其他的各总工会联合，组成一全国总工会，假若是办到了这步，那现在压迫我们的人们，将来定被我们压服，我们工人的真正幸福，才能够达到。

——玉敏：《为什么要组织总工会》

工人阶级是中国近代革命的新生领导力量。1921 年 7 月在上海召开中共一大确立了党成立后的中心工作是领导、组织和推进工人运动。在这样的大背景下，《工人周刊》应运而生。

这份中国共产党早期指导工人运动的重要刊物究竟何时创立，有

罗章龙

工人週刊
第二十八號

《工人周刊》

着不同的说法。由于时代久远、刊物本身散落等原因，相关当事人的回忆多有偏差。不过，可以肯定的是，这份刊物的出版时间大致在中国共产党成立前后，出刊时间历经 5 年，于 1926 年停刊。

《工人周刊》在宣传词中写道：这是“工人阶级第一份自己的新刊物”“为工人阶级的喉舌，为工人阶级呼吁”。从罢工宣传到理论指导，由马克思主义的深入讨论到“陇海路罢工”的全景记录，《工人周刊》都起到了极为关键的作用，它如同一面鲜红的旗帜，引领着工人阶级在革命的征途中前行。

> 这次陇海全路工友罢工的举动，是为铁路工人争人格、争生存的最大关头……大家努力捐输罢！这个关头，以后的好处正多着呢！
>
> 《工人周刊》第 19 号　1921 年 11 月 27 日

这份刊物的印刷与发行充满了艰辛。为了节约成本，主编罗章龙等人不仅亲自设计刊头版面，还要承担捡字与排印的工作。

这些工作全部由编辑们带领着工人在业余时间完成，为的是在出版的同时不耽误工作，而《工人周刊》的经费主要是依靠民众自筹，所以十分拮据。这种捉襟见肘的情况在当时十分普遍，广州共产党早期组织就曾在报告中写道：“最遗憾的是我们非常需要钱，《劳动者》已停刊，两个工人工会也得停办。”

每到《工人周刊》出版的日子，编辑们都会聚在一起参与刊物的邮寄，将新出版的刊物送往各代发点，确保能在当日寄出。编辑们的辛勤付出得到了回报，在出版的几年时间里，《工人周刊》的读者群不断扩大，由最初的销售 1500 份增加到 6000 份，发行的地域也越来越广阔。这份诞生于上海的刊物不但走向全国，更远销到东南亚、远东赤塔和海参崴，甚至发往欧洲的法国等地，受到众多华侨和华工的喜爱。

罗章龙回忆道，因为《工人周刊》售价较低，普通工人都能买得起，因此拥有了如此巨大的影响力。刘少奇写信给罗章龙，鼓励他继续把周刊办下去，延续不涨价的优良传统，确保这份属于工人的周刊，能够真正地落在工人手中。

《工人周刊》是早期革命刊物的经典，其重要性不言而喻。这份“办得很有精神”的刊物，背后凝聚着无数报人的辛勤努力，是“劳动界的一颗明星”。这些都是对《工人周刊》的最好评价。

红刊档案

罗章龙（1896—1995），老一辈无产阶级革命家、政治家，中共早期领导人之一。历任中共中央工委书记，中华全国总工会委员长、党团书记等职。中华人民共和国成立后，被选为多届全国政协委员。

《劳动周刊》话团结

我们这个周刊是不比得有产阶级的报纸。有产阶级的报纸，是只记得金钱，哪里记得什么公道正义呢！我们的周刊不是营业的性质，是专门本着中国劳动组合书记部的宗旨为劳动者说话，并鼓吹劳动组合主义。

——《劳动周刊》发刊词

1921年8月20日，《劳动周刊》在上海创刊。它是“中国共产党第一次直接领导创办”的刊物，属于中国劳动组合书记部的机关报，同时也是一份全国性的工人报刊。周刊辟有评论、通讯、社会调查、工会消息、劳动界消息、小说等栏目。

《劳动周刊》是一份不以营利为目的的报刊。为了印证“不营利”的读者期待，《劳动周刊》前6期都免费赠阅，直到第7期才每份收取象征性的一枚铜元。如果读者参与派发《劳动周刊》的活动，还能给予“对折收费”的优惠。种种努力，都是为了扩大发行规模，让更

李启汉

勞動週刊

《劳动周刊》

多劳动者阅读到这份属于他们自己的刊物。每期刊物中缝的位置上，都会刊登《劳动周刊代派简章》的宣传资料。久而久之，这成为刊物的特色之一。

与众多工人阶级刊物关心的问题一样，《劳动周刊》将宣传教育工人、传播马克思主义作为主要任务。然而，杂志并非一味地歌颂和赞美工人，而是经常结合社会现实进行分析与教育。例如，李启汉在第14期发表名为《工友们，我们为什么要分帮》的文章，以直白通俗的语言指出了当时工人中间普遍存在拉帮结派的不良现象，这无疑破坏了工人阶级的整体团结。

工友们非自己结合团体不足以保护自己，反足以害自己害同类的。工友们要结合团体来保护自己，非用产业的结合到全体的结合不可……我们都是受痛苦的兄弟，都是没有产业的被压迫同胞。无论他是宁波、湖北或本地，应该大家联合起来。

这种实事求是的态度使《劳动周刊》与现实紧密相连，切实解决了工人生活中存在的问题，发现工人运动中偏离的方向，及时纠正，找到了正确的斗争路径。

作为中国劳动组合书记部干事与杂志主编，李启汉为《劳动周刊》几乎付出了所有的心血。除了指出工人阶级存在的问题外，他还勇于揭露假借工会名义袒护资产阶级利益的地痞流氓。1922 年年初，香港海员大罢工爆发，李启汉在上海积极奔走，发动当地工人予以支援。1922 年 6 月，《劳动周刊》在出版第 41 期后，被上海公共租界工部局勒令停办。6 月 9 日，李启汉受到了监禁三月、驱逐出境的不公判决，他先是被巡捕房逮捕，随后又被交给军阀监禁，直到 1924 年 10 月才被释放出狱。出狱后的李启汉也没有停下为革命奔忙的脚步，他直奔广州，继续推动工人运动的发展，最终于 1927 年壮烈牺牲，年仅 29 岁。

《共产党》月刊曾评价说，《劳动周刊》是“教育训练劳工们一个最好的机关报”。这恰恰是因为有许多像李启汉一样的共产党人，为劳动者发声，替工人阶级谋福，热血丹心，赤诚不变。

红刊档案

李启汉（1898—1927），中国共产党创建时期最早的党员，著名的工人运动领袖。曾任中国劳动组合书记部干事、中华全国总工会执行委员兼组织部部长等职。1927 年 4 月被国民党反动派杀害。

《妇女声》为妇女发声

我们既然知道我们不应该永远为弱者，为什么屈从环境，甘受他人支配，不起来打破呢？我们既然知道我们不应该永远是贫者，为什么忍饥挨饿，甘受他人掠夺，不起来反抗呢？

人类的历史指示我们说，女子是最初的劳动者，在初民性的分工时代，男女两性享受平等的幸福和自由，并无支配和服从的实事……人类的历史又指示我们说，女子是人类社会的一分子，有应尽的义务和应享的权利，应当自己支配自己的生活……

——《〈妇女声〉宣言》

民国时期，两性话题始终是社会不可回避的焦点之一，两性如何相处，尤其是女性如何独立，如何争取自身权益等问题日益受到社会的关注。当时有许多专门为女性问题而创办的报纸与杂志。其中，《妇女声》是中国共产党领导创办的第一份女性刊物。

1921年12月10日，《妇女声》创刊，为半月刊，以中华女界联合会的名义发行。这份4开4版的刊物内容多样，辟有杂谈、通讯、诗歌等多个栏目，从不同的维度聚焦于妇女解放这一牵系社会根本的时代主题。值得注意的是，尽管名义上该刊由中华女界联合会负责，但实际的创办人却是来自中共中央宣传部的李达，从筹备创建到正式发刊，处处都有他奔走忙碌的身影。

由女性为女性发声，是《妇女声》的鲜明特点之一。李达的夫人王会悟与瞿秋白的妻子王剑虹是这份刊物的主要编辑。作为受过新式教育的时代女性，她们亲自撰写了许多重要文章，为无数身处底层的女性发出了振聋发聩的呐喊。在当时的中国，受教育的女性仍是少数。为了满足刊物的发行与宣传需求，王会悟与王剑虹积极对外约稿，呼吁更多的知识分子在《妇女声》上讨论有关女性解放的重要话题。

与同时代的其他刊物不同，《妇女声》的第二个特点是具有强烈的无产阶级色彩，格外关注底层女性问题。《妇女声》刊载的稿件语言通俗，表意直白，为的就是让更多女性读懂，从而投身到自我解放的行列。《妇女声》十分重视女性教育，刊载关于女性教育的文章占到很大的比例。刊物本身与中华女界联合会以及平民女校都有密切不可分的关系。该杂志以中华女界联合会为中心，共同推动着女性的近

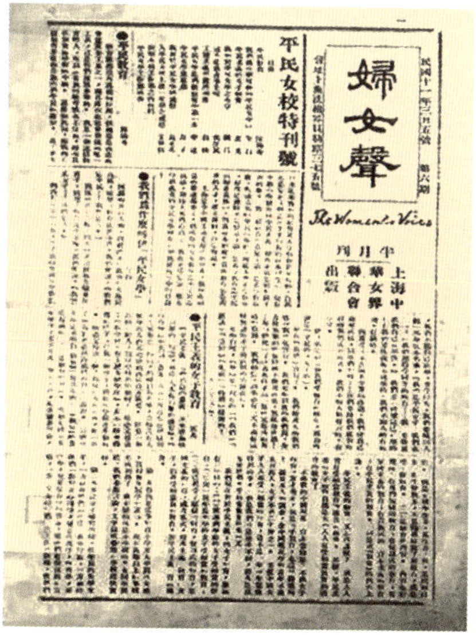
婦女聲
The Women's Voice
平民女校特刊號
半月刊
上海中華女界聯合會出版

《妇女声》

瞿秋白　王剑虹

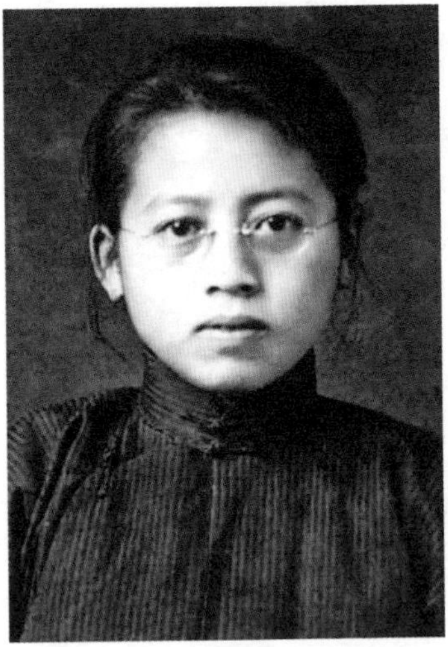

王会悟

代觉醒事业。

1922 年 6 月，《妇女声》出版第 10 期后停刊。尽管出刊时间短暂，但它“专以宣传被压迫阶级的解放，促醒女子加入劳动运动”的时代呐喊，成为独领风骚的女性解放旗帜。如今，有关女性早已有了许多崭新的话题，回头望，它们的起点并不遥远，《妇女声》憧憬与期待的一切，已逐渐地实现。

红刊档案

王剑虹（1901—1924），马克思主义者，瞿秋白夫人，曾任中华女界联合会改组筹备委员会委员，创办编辑《妇女声》。

王会悟（1898—1993），中国共产党主要创始人之一李达的夫人。在中共一大筹备期间，做了很多有益的工作，是一大唯一的女性参与者。

《先驱》醒世

本刊的任务是努力唤醒国民的自觉，打破因袭、奴性、偷惰和依赖的习惯而代以反抗的创造的精神，使将来各种事业，都受着这种精神的支配而改变。我们的政治，以后就不至于这样黑暗，我们达到理想的社会——共产主义的社会——的道路，也就容易多了。

——《先驱》发刊词

倘若我们翻开词典，查询“先驱”二字，能得到许多关于这个词汇的解释，它们各有不同，却汇往同一个方向：开路，先锋，前奏。实际上，这一古老的汉语词汇，身上流着《楚辞》浪漫的血液：前望舒使先驱兮，后飞廉使奔属。在近代中国，恰有一份同样饱含浪漫色彩的杂志以“先驱”命名，那便是 1922 年 1 月 5 日诞生的《先驱》。

《先驱》是半月刊，它的创刊要追溯到 1921 年 8 月中国社会主

张太雷

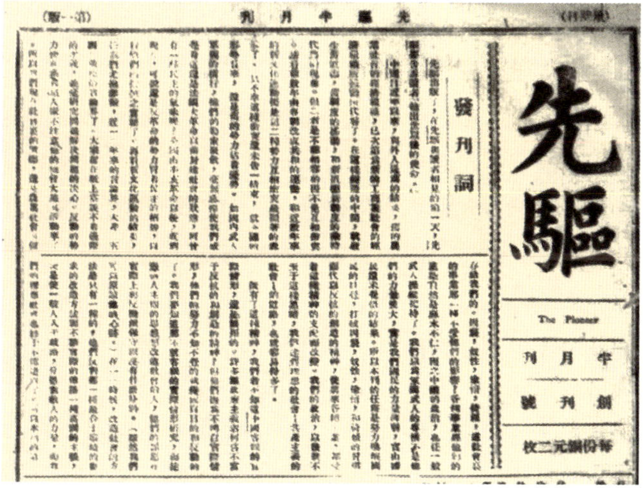

先驅半月刊

先驅

The Pioneer

半月刊

創刊號

每份銅元二枚

發刊詞

《先驱》

义青年团的诞生。当时，张太雷正踏上由苏联回到上海的归途，此刻他的内心并不平静，因为他刚刚参加了共产国际第三次代表大会和少年共产国际第二次代表大会。尤其是后者，给他留下了极为深刻的印象。共产主义该如何在中国落地生根，青年必然是不可忽略的中坚力量。不久之后，他正式承担了中国共产党在全国各地组建青年团的工作。《先驱》杂志应运而生，成为中国社会主义青年团的机关刊物。

评论、杂感、通讯、转载……一个个栏目相继出现于《先驱》之上，如何引领青年是其面临的挑战。它在发刊词中旗帜鲜明地指出："努力研究中国的客观的实际情形，而求得一最合宜的、实际的解决中国问题的方案。"国民自觉亟须唤醒，各国有关社会主义运动的宝贵经验值得借鉴，这一切都是为了找到中国自身的革命出路。也许就像它自己所说的那样：《先驱》出版了，在《先驱》与读者相见的第一天，《先驱》要告诉读者它出世以后的使命。同时，《先驱》也发挥了作为机关刊物的重要功能，探讨了诸多关于中国社会主义青年团建设的工作事宜。此外，《先驱》也刊载了包括《中国共产党对于时局的主张》等许多重要文件，成为研究早期中国共产党人思想的重要阵地。

遗憾的是，这份半月刊只出版了 25 期，1923 年 8 月 15 日宣告停刊。关于《先驱》为何停刊，一直以来学界有不同的看法。除了经济窘迫、北洋军阀查禁等内外因素外，它与《新青年》的竞争失败也是不可忽略的原因之一。《先驱》所讨论的问题集中于理论、政论与青年运动，而这些话题并不是当时青年们所关注的重点，相对于更接地气、内容更丰富的《新青年》而言，自然就失去了竞争的优势。一旦失去了读者，那么刊物的销量必然会受到影响，也会导致办报经费拮据。同时碍于秘密发行的需要，《先驱》很难立刻在广大青年中占据主导地位。无论是对青年问题的探讨还是发行量，

《先驱》都比不上《新青年》当时的影响力。但正如其名字一样，它为后来出现的《中国青年》打下了重要的基础，使后者拥有了持续而恒久的活力。

红刊档案

张太雷（1898—1927），杰出的无产阶级革命家、著名的政治活动家、宣传家，中国共产党早期重要领导人之一，中国共产主义青年团的创始人之一和青年运动的卓越领导人，广州起义的主要领导人。1927 年 12 月 12 日在广州起义战斗中牺牲。

《少年》与《赤光》

……但我们这种鼓吹，也绝不是武断的主张。我们是要以科学的方法，综合而条理出各种事实来证明我们的主张无误。本此，便是我们改理论《少年》为实际《赤光》的始意，同时也就是《赤光》的新使命了。

——周恩来：《赤光的宣言》

回首近代中国，任何一份刊物的产生与发展都自有其重要意义，人们也总是津津乐道刊物自身的流变，但能如《少年》与《赤光》这两份刊物一样清晰呈现转变过程的并不多见。两份杂志的刊名都充满了朝气和阳光。

《少年》杂志的缘起，需追溯至1922年6月周恩来等人在巴黎建立的“旅欧中国少年共产党”这个组织。随着“少共”组织的不断发展和壮大，对组织刊物的需求提上议事日程。在这种背景之下，1922年8月，《少年》杂志创刊，成为该组织和中共旅欧支部的机关刊物。

《少年》与《赤光》

这份杂志初为月刊，后改为不定期出版。主要面向身处他乡而无法阅读外文刊物的留学生与华工，以简单凝练的语言传播马克思主义思想。1924 年 2 月，国共第一次合作展开，为了更好地契合时代主题，《少年》完成了它的历史使命。接力棒向后传递，当月在周恩来等人的领导下，《赤光》创刊。

从《少年》到《赤光》，“我们所认定的唯一目标便是：反军阀政府的国民联合，反帝国主义的国际联合”。两个联合之间，不仅道出了刊物变化的实质，更倾听了时代迎面吹拂而来的风声。它们既是时代的先行之音，又是历史的记录之笔，风起云涌间，唯有精神不变，随姓名流转。

相比于注重革命理论的《少年》，《赤光》更偏重于实践。周恩来在这份刊物中发挥了极为重要的作用，整份刊物记录了他思想的成熟与发展。周恩来的《革命救国论》等 30 多篇署名文章都发表在《赤光》上。邓小平也以“希贤”或其他化名发表了许多充满激情的战斗檄文。《赤光》自我定位清晰，以时事评论为主，重点在于分析社会现象，具有高度的实用性。正如第二期“编辑室杂记”中所提到的那样，“我

中国社会主义青年团旅欧支部的部分成员在巴黎合影

们必须在此地声明：《赤光》仅是一个评论时事的刊物”。颇为有趣的是，面对读者要求刊登新闻的建议，《赤光》在表明立场之余，还顺手给华侨协社的《工人旬报》打了个广告。这种抓住每一个宣传时机的理念也体现在刊物本身的编辑上。例如，其对于刊物封面的重视，力求一眼抓住读者的目光，每期刊名之下，总有周恩来精心挑选的短文或诗歌，不失时机地播下马克思主义的种子。

《赤光》上的文章大多短小精巧，但意蕴深远，不仅现代的媒体需要抢占热点，近代的刊物也需要抓住先机。比如，1924 年 1 月列宁逝世，紧随其后，《赤光》便刊登了一首名为《我们的死者》的诗歌，用来悼念列宁。不仅如此，《赤光》还曾卡在国际共产党成立纪念日次日出版，如此便能顺理成章地引出介绍。

1930 年 3 月，《赤光》停刊，一共出版了 55 期。从《少年》到《赤光》，它们都因时代而生，也因时代的需要而改变或消失。然从诞生那天起，它们的名字就预示着中国共产党未来的使命。

《向导》成为革命向导

现在最大多数中国人民所要的是什么？我们敢说是要统一与和平……所谓近代政治，即民主政治、立宪政治，是怎样发生的呢？他的精髓是什么呢？老老实实地简单说来，只是市民对于国家所要的言论、集会、结社、出版、宗教信仰，这几项自由权利……现在的中国，军阀的内乱固然是和平统一与自由之最大障碍，而国际帝国主义的外患，在政治上在经济上，更是钳制我们中华民族不能自由发展的恶魔……

现在，本报同人依据以上全国真正的民意及政治经济的事实所要求，谨以统一、和平、自由、独立四个标语呼号于国民之前！

——《向导》发刊词

蔡和森

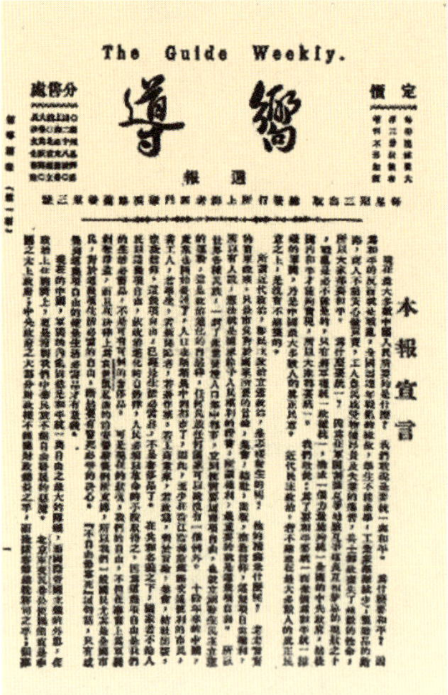

《向导》

提起《向导》周报，涌现在我们脑海中的是一系列被历史铭记、永不磨灭的标签：第一份中共中央创办的政治性机关报、10 万份发行量、中共初期发行时间最长的刊物。这些标签为我们勾勒出了《向导》的大致轮廓。毫无疑问，这是一份极为特殊与重要的刊物。那么，《向导》究竟是如何成为“向导”的呢？

故事要从 1922 年 7 月的中共二大讲起。中共二大有着极为深远的历史意义，正是这次大会，中国共产党的民主革命纲领得以确立，并制定通过了党的历史上第一部正式的党章——《中国共产党章程》。同年 8 月 17 日，为了贯彻共产国际的指示，中国共产党特别会议在杭州的西子湖畔召开。这次会议上，中国共产党决定创办一份宣传民主革命纲领的周报。9 月 13 日，《向导》在上海诞生，旅法归国的蔡和森受命担任《向导》的主编。

《向导》诞生于民主革命时期，字里行间都铭刻着时代的烙印。“统一”“和平”“自由”“独立”，是这份刊物最核心的宣言与灵魂。面对军阀割据、国家分裂的现状，《向导》以最辛辣的笔触揭露了被内忧外患夹攻的疮痍社会。只有革命，才能拯救中国。它不断发出革命的呼声，批判的利剑指向轮番涌起的错误思潮。

如果说民国时期的报纸也有“流量”，那《向导》必然可以算作其中一员。这份共出版了 201 期的报刊最初只发行 1000 份，但在办报的 4 年 10 个月里，销量不断攀升，最终稳定在 2 万～ 4 万份，最高甚至达到了 10 万份的惊人数字。它的发行范围之广，即便今日也足以令人称叹。《向导》起初只有上海、北京、广州、长沙四处发行点，到后来几乎辐射全国所有的大中城市，同时也向欧洲的巴黎与柏林发行。编辑部收到大量的国内外读者来信，今日重读，依旧能感受到它的革命激情与影响力。有读者写道：“笔底惊雷万鬼苦，天昏月黑一星赤！你们的声光的波浪，已飞渡重洋，传入我们的心灵，如梦初觉！”更有署名“LM”的长沙读者真诚致信：“我每读贵报，即滚滚地沸腾着革命的热血，红红地燃烧着爱民众的真心，我并认定贵报是中华民族的福音！”另一位来自湖北的读者李子芬更说：“《向导》周报出走后，我的心里旋起了相应的震动，数而共鸣了。黑暗旅行中胆子更壮了！你们所指导的方向，是万分正确而确切的！”1923 年 12 月，北京大学 25 周年纪念日曾做过民意测验，其中有一个问题是“中国的周刊，你最爱看哪件？”参与测验的 1007 人中，《向导》获得 224 票，名列周刊之首。

读者的话已尘封入历史的信笺，但文字所发出的光与热却长久留存。读其文，念其人，澎湃的革命豪情背后，正是那一份“指导中国革命理论和策略的独一无二的刊物”——《向导》。

红刊档案

蔡和森（1895—1931），杰出的无产阶级革命家、理论家、宣传家，中国共产党早期重要领导人之一，历任中共中央代理秘书长、宣传部部长和中共两广省委书记等职。1931 年牺牲于广州军政监狱。

《前锋》冲锋

第一是因为受不了外国帝国主义者的压迫，第二是因为受不了国内军阀的压迫，二重压迫逼得我们不得不做国民运动以自救……既然是国民运动，就应该依赖中国国民自己的势力，断然不能依赖外来势力……若妄想假藉友邦势力或利用一部分军阀势力来做国民运动……其结果必然是“王婆照应武大郎”。

——《前锋》第一期，陈独秀：《国民运动》

《向导》周报创刊之后，中国共产党的办报事业进入了崭新的阶段，除上海外，广州的红色报刊事业也开展得如火如荼。《前锋》月刊便是大革命时期的产物。尽管名义上在广州出版，但它实际上仍是属于上海中国共产党组织创办的刊物。从 1923 年 7 月 1 日创刊

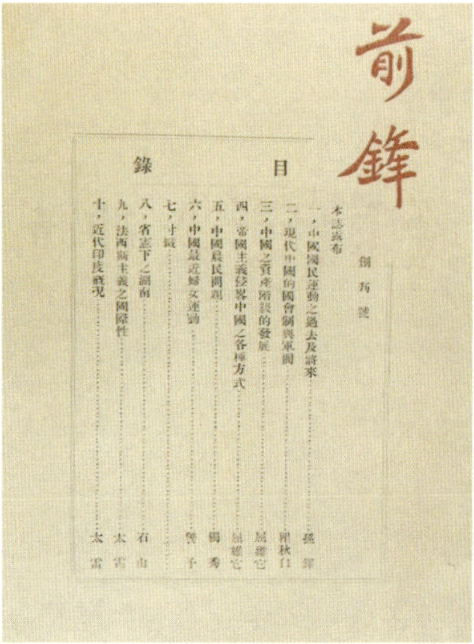

《前锋》创刊号

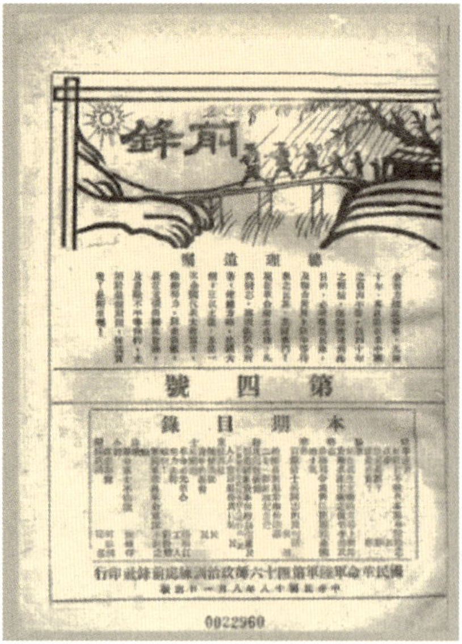

《前锋》第四期

到1924年2月，短短3期的《前锋》就留下了属于自己的故事。

国内外政治经济问题是《前锋》关注的核心，系统地分析与条理化地阐述配合着中共三大的统战政策。无论是苏联的政策评析，还是帝国主义侵略手段的阐释，都具有鲜明的时代斗争指向。

对这份杂志影响最大的人物是瞿秋白。作为《前锋》杂志的主编，瞿秋白开辟了一个名叫“寸铁”的专栏。在该栏目中，他本人撰写了多篇文章，以犀利的笔触撕开帝国主义侵略的虚伪面纱。同时，陈独秀等人也在该栏目发表时评与社论，不仅将目光落于中共三大对于国民革命运动的原理解析之上，还及时聚焦当时的社会热点，刊发了一系列反对军阀曹锟、吴佩孚的文章。“寸铁”二字，展现了该栏目短小精悍的特点，寥寥几字，刻画社会，便有千钧之力，掷地有声。除了《前锋》

外，瞿秋白还参与了广州《新青年》季刊的发行。这几份刊物互相声援，又各具特色。

除了瞿秋白和陈独秀之外，蔡和森与张太雷也是《前锋》的主要撰稿人。这几位知识分子不仅接受过系统的马克思主义理论学习，也是中国共产党早期的核心领导人物，在他们的努力下，《前锋》终不负使命，成为党的最重要的宣传喉舌。

由于《前锋》的主要撰稿人大多身兼数职，精力有限，因此这份刊物并未能长久地发展下去。不过，在1924年的中国共产党早期第一次扩大执行委员会上，大家一致同意今后的革命刊物“专刊专办”。作为《前锋》月刊中最亮眼的“寸铁”专栏，并入了《向导》之中。《前锋》以另一种形式，将革命的精神继续传递下去。

红刊档案

瞿秋白（1899—1935），伟大的马克思主义者，卓越的无产阶级革命家、理论家、宣传家，中国共产党早期主要领导人之一，中国革命文学事业的重要奠基者之一。曾当选为中央委员、中央局委员和中央政治局委员，任中华苏维埃共和国临时中央政府教育部部长等职。1935年6月被国民党反动派杀害。

《中国青年》百年正青春

政治太黑暗了，教育太腐败了，衰老沉寂的中国像是不可救药了。

但是我们常听见青年界的呼喊，常看见青年界的活动。

许多人都相信中国的唯一希望，便要靠这些还勃勃有生气的青年。

——恽代英：《中国青年》发刊词

无论何时，青年永远是革命者最关注的群体之一。1923 年 8 月，中国社会主义青年团第二次代表大会在南京召开。在这次重要的会议上，“教育青年”成为革命者最迫切的任务，而创办刊物无疑是施展教育的最有效途径之一。向前追溯，一本叫作《先驱》的杂志还历历在目，《中国青年》便循着它的脚步，在众人期待的目光里，于 1923 年 10 月创刊了。

与《先驱》相比，《中国青年》更加关心与“青年”有关的一切问题。从之前唤醒国民的自觉到如今倾听青年的呐喊，教育青年的工作更加细化。之所以说这是一本众人期待的杂志，是因为众人对它的办刊期待很高。翻开主编与撰稿者的名录，我们就能发现其中的奥秘。

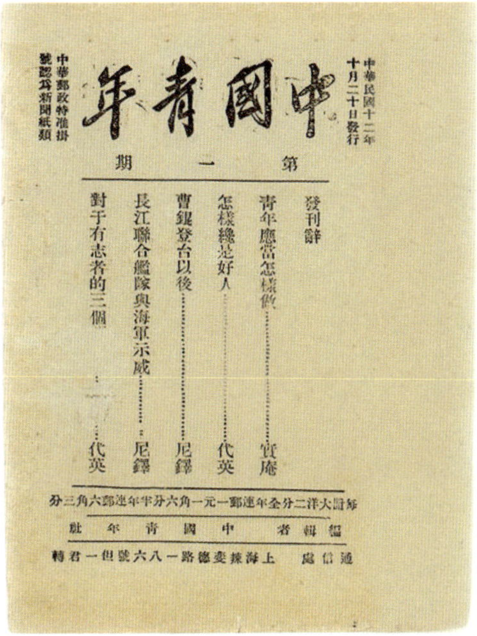
中華民國十二年十月二十日發行
中國青年
中華郵政特准掛號認爲新聞紙類
第一期
發刊辭
青年應當怎樣做……實庵
怎樣纔是好人……代英
曹錕登台以後……尼鐸
長江聯合艦隊與海軍示威……尼鐸
對于有志者的三個……代英
每份大洋二分全年連郵一元一角六分半年連郵六角三分
編輯者　中國青年社
通信處　上海辣斐德路一八六號但一君轉

《中国青年》

《中国青年》的第一期于1923年10月20日与读者见面。邓中夏题写了刊名，恽代英、萧楚女担任主编。与此同时，一批高质量的作者会聚于此。瞿秋白、蔡和森、毛泽东、陈潭秋、施存统等人都积极地为《中国青年》撰稿，陈独秀对这份刊物也投入了大量心血与支持。心怀天下的革命者们希望以《中国青年》打破藩篱，让它成为一本“为中国一般青年服务”的“忠实的、友谊的期刊”。

传播马克思主义是《中国青年》最重要的使命。为了宣传上的便利，《中国青年》采取了特刊形式分专题地宣传、介绍马克思主义。在出版的168期中，共有23期特刊，包括列宁特号、苏俄革命纪念特刊、国际妇女与巴黎公社特刊等具有鲜明共产主义色彩的主题。发起论战也是《中国青年》用来宣传自身主张的重要手段。在大革命时

恽代英

萧楚女

期，各类思潮涌动，《中国青年》抓住机会，对“戴季陶主义”和“国家主义”等反对马克思主义的声音进行了批驳。这种论战一方面表明了自己的观点，另一方面也扩大了马克思主义的影响，吸引了更多青年加入。1924年列宁逝世后，《中国青年》就推出了“列宁特号”，刊登年谱，讲述事迹，用来反驳《时事新报》对于列宁的负面评价。真理越辩越明，在激烈交锋的过程中，马克思主义仿佛插上了翅膀，飞进千家万户，正如他们期待的那样，来到了每个普通的“中国青年”身边。

尽管编辑们大多是政界要人，但他们对青年饱含着极大的尊重与期待。在第140期中，编辑部特意刊登《敬答读者》一文，耐心地回应了所汇总的青年读者对刊物的11点疑问，从家国大事到“中国青年”四字究竟应当横排还是竖排，无所不包。这种对待读者的细心程度，令人赞叹。

或许正因如此，《中国青年》才在无数青年心中留下深刻的烙印。青年是朝日，是希望，杂志始终与他们做朋友的态度使它受到了青年读者的广泛欢迎。

1927年四一二反革命政变后，《中国青年》曾先后改用《无产青年》《列宁青年》《青年实话》等名称秘密出版，直至同年10月停刊。抗日战争全面爆发后的1939年4月，《中国青年》在延安复刊，毛泽东亲笔为其题写刊名。1941年3月，因经费拮据，不得已休刊。7年后的1948年，《中国青年》再次复刊，历经坎坷的杂志，终于迎来了新中国的漫天彩霞。

如今，《中国青年》即将走过百年历程。关注青年生存状况、服务青年成功人生依旧是它不变的基本宗旨。一如它1923年发刊词中说的那样，“许多人都相信中国的唯一希望，便要靠这些还勃勃有生气的青年……”为了青年，《中国青年》百年不悔！

红刊档案

恽代英（1895—1931），无产阶级革命家，中国共产党早期青年运动领导人之一，《中国青年》创始人之一。曾任中国社会主义青年团中央执委会候补委员、宣传部主任等职。1931 年 4 月 29 日被国民党反动派杀害于南京。

萧楚女（1891—1927），无产阶级革命家，中国共产党早期青年运动领导人之一，《中国青年》创始人之一。曾任广州农民运动讲习所专职教员、黄埔军校政治教官等职。1927 年 4 月 22 日被国民党反动派杀害于南京。

《妇女日报》的柔光

《妇女日报》的纪元，是中国沉沉女界报晓的第一声。我借着这个消息异常欢喜，不能不说几句话。我前面已经说过，中国妇女最缺乏的是“政治的常识”和“社会的关心”。现在有了这个《妇女日报》，使妇女们常常与政治的社会的消息相接触，以养成其“政治的常识”和“社会的关心”，这是再好也没有的。

——向警予：《中国妇女宣传运动的新纪元》

1923 年，29 岁的刘清扬结束在欧洲勤工俭学的学习生涯，回到了阔别已久的家乡天津。看着正处于一片混乱的祖国，这个出生于回族家庭的普通女孩作出一个重大的决定：加入女星社，和同样思考现实的姐妹们创办一份专属女性的报纸。听闻这个消息后，刘清扬的三哥刘铁庵给予妹妹很大的鼓励和支持，而他当时正是天津进步报纸《新民意报》的主编。

刘清扬（前排右二）

天津女星第一补习学校

刘清扬的办报生活拉开帷幕，她的同行者中有不少我们至今耳熟能详的名字：邓颖超、周毅、李峙山、谌小岑等。这群接受过新式教育的女性们并肩携手，在 1924 年 1 月 1 日创办了属于她们和全体女性的第一份日报——《妇女日报》。

解放女性、启蒙社会是当时每一份妇女报刊所关注的核心问题。与此同时，如何办一份具有独特风格的报刊，也成为办报人无法回避的难题。针对这一问题，刘清扬等人几经思考，最终找到了属于自己的答案。倘若您有机会翻阅《妇女日报》的话，就会发现，这是一份流淌着温情与尊重的报纸。

这种温情蕴含于字里行间，充斥着女性与女性之间最纯粹的善意。作为一份面向全国发行的报纸，《妇女日报》非常关注地域的差异。办报人深知中国地域之广，各地女性的生存状况不可能一致，因此，无论是讨论传统家庭变革还是女性独立等话题，都不应当脱离具体的语境。《妇女日报》积极听取读者的意见，“不以推理式的文字和高深的理论来评论个人遇到的实际问题，而应该尊重每一个女性的生活意见”。

更难能可贵的是，《妇女日报》根据读者的不同身份和文化水平，内容尽量照顾到不同的女性群体。为了让更多无产阶级女性能够读懂报纸的内容，编辑们细心地增开具有猜谜性质的插画版面，一来借助图画传达思想；二来引起读者的兴趣。而对一部分生活较为安逸的知识阶级女性，她们则开辟了专门的学术交流栏目。《妇女日报》所做的一切，都是为了加强女性的团结与凝聚力，共同发声，追寻她们崭新的人生。与此同时，马克思主义也是《妇女日报》所关注的重点。在马克思诞辰 106 周年之际，《妇女日报》头版专门发表了文章进行纪念，文章中写道：“我们应该纪念他是一个最有力的社会主义者，因为他发明了阶级斗争说和劳工专政说，使全世界无产阶级都得了自救的方法。”无论是苏联共产党还是苏维埃活动，《妇女日报》都给予了积极的关注，成为天津地区传播马克思主义的重要力量之一。

传统与现代，趋新与守旧，是缠绕近代中国的时代话题。推新固然不易，但如何处理所谓的“旧”，一样极为困难。或许在这一点上，《妇女日报》给了我们最好的答案。

1924 年 10 月，《妇女日报》因报道北伐事宜而被直系军阀勒令停刊。虽然这份刊物的生命并不长，但却为后人留下了极为宝贵的财富。

红 刊 档 案

刘清扬（1894—1977），中国妇女运动先驱，中国共产党最早的女性党员之一。中华人民共和国成立后，历任全国政协常委、全国妇联副主席等职。

《中国工人》百年不改是初心

现在草约既无一实行，正约则置之不理，而劳方代表，于十五日之下午在社会局坐候资方代表，至万家灯火，仍阒无一人，工友痛苦加深，工友的希望已绝，愿全国同胞为我们工友设想，除了死里求生，尚有何路可走？我们此次罢工的苦衷，愿请全世界公评，望吾亲爱的同胞工友予以同情的援助。

——《上海法电车罢工记事》

《中国工人》应该成为教育工人、训练工人干部的学校，读《中国工人》的人就是这个学校的学生。工人中间应该教育出大批的干部，他们应该有知识，有能力，不务空名，会干实事。没有一大批这样的干部，工人阶级要求得解放是不可能的。

——毛泽东：《中国工人》发刊词 1940 年 2 月

20世纪20年代的中国，处于极为动荡与分裂的时期。与此同时，办报办刊的思想如潮水般跌宕翻涌，在历史浪潮中创办的各种刊物命运各不相同，有的留下极为详尽的资料，有的却如昙花一现般不留踪迹，更有几经沧桑却闪烁不变的初心，留下了思想的华光，《中国工人》便是其中之一。

《中国工人》创办于1924年10月，是中共中央创办的综合性工人刊物，罗章龙任主编。1925年5月，中华全国总工会成立，《中国工人》成为其机关刊物。中国共产党高度重视这份刊物，刘少奇、瞿秋白、任弼时、张太雷、李立三等重要领导人都曾为杂志撰文。1924年至1925年间，《中国工人》先后出版了5期。1926年5月，《中国工人》的出版由上海迁至武汉，1927年7月汪精卫叛变革命后被迫停刊。

不过，这份刊物有着常人难以想象的生命力。1928年12月，《中国工人》在上海秘密复刊，依旧是罗章龙担任主编，共出版了7期。白色恐怖使编辑工作受到很大影响，复刊后的《中国工人》改为间断性地出版。1929年，为了躲避检查，《中国工人》的5、6、7三期甚至利用其他书籍封面作为掩护，如《漫画集》《红拂夜奔》《爱情丛书》等，其艰难生存的情形可见一斑。接手《中国工人》后，罗章龙多次在该刊发表文章，关注现实生活中的工人运动状况。林育南也化名溪石，发表了《请看国民党破坏上海法商水电罢工之内幕》《国民党向邮务工人进攻》《全总工运报告》等文章。由此可见，《中国工人》具有强烈的现实感和斗争性。

1940年2月，《中国工人》在延安复刊，不仅由毛泽东题写刊名，并亲自撰写发刊词（这篇发刊词后收入《毛泽东选集》，成为中国共产党的重要文献），而且林伯渠、吴玉章、张闻天、王稼祥等中共中央领导人都撰文祝贺。朱德三次在《中国工人》发表文章。时任中共中央职工运动委员会正副书记的邓发、张浩不仅直接负责编辑工作，

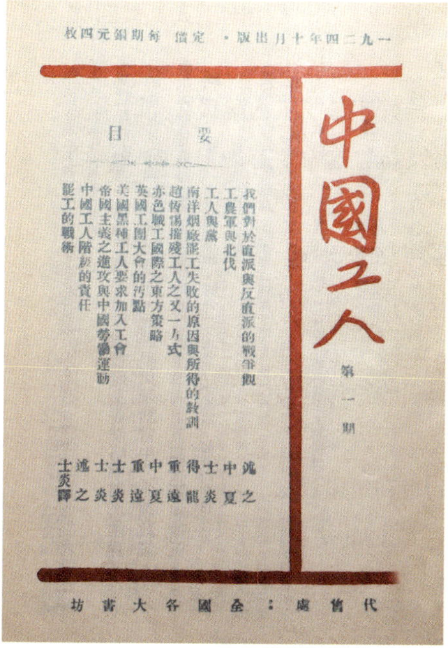

《中国工人》第一期

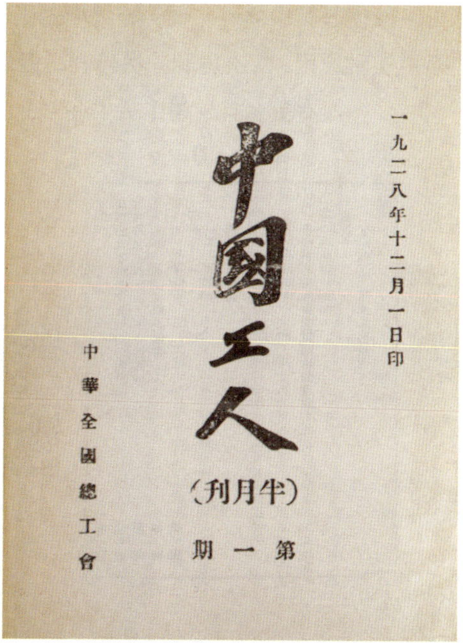

1928年副刊封面

而且多次撰写长文指导工人运动。1950 年以后，《中国工人》又四次出刊，均为中华全国总工会机关刊。

《中国工人》艰难办刊的历程，恰好印证了工人阶级在当时承受的巨大压迫。哪里有压迫，哪里就有反抗！这份杂志为工人阶级运动所提供的指导，弥足珍贵。

《中国工人》与党同行，始终坚持党的领导，执行党的决议，围绕党的中心工作指导工人运动和工会工作，内容面向职工群众，文字通俗易懂，不仅及时传达党中央、全总的指示，而且为工人介绍各地各国工人斗争经验；不仅用战斗性很强的短评启发工人觉悟，而且发动工人写自己的生活、感受。

中国共产党成立百年来，创办的报刊难以计数，但最初由党中央决定创办，由党的最高领袖亲自撰写发刊词的却屈指可数，《中国工人》便是其中之一。而今，《中国工人》即将走过百年历程，虽然由于种种原因，7 次出刊 6 次停刊，但始终与党同行，成为党领导下迄今唯一没有更名且延续出版了近一个世纪的工人读物。

扫一扫更精彩

《中国军人》思想之枪

中国妇女在男子们已冲锋陷阵肉搏于血泊中之关头……吾亲爱之姊妹诸姑，其速武装完成国民革命，以追取应得之平等自由，以洗女界之旧污，发扬女权，以追求人类最高之幸福！

——洪筠：《军人与妇女》

在民国历史上，军人是一个不能不说的特别群体。在人们的过往印象中，他们往往与纸刊杂志温文尔雅的气质格格不入，甚至还有站在对立面的情况。但大革命时期，曾出现过一份专为军人而办的杂志，这就是创刊于 1925 年 2 月 1 日的《中国军人》。

这份《中国军人》杂志，源于著名的黄埔军校。1925 年年初，黄埔军校的内部组织“青年军人社”日趋发展，逐步扩大到全国范围，后更名为“中国青年军人联合会”。这两个军人的组织都是中国共产党人悉心栽培的结果。“中国青年军人联合会”成立之后，成员们一致决定发行会刊，并以“中国军人”命名。

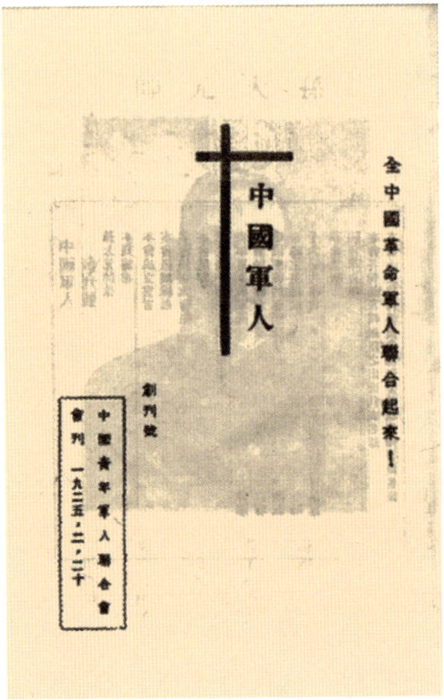
全中國革命軍人聯合起來！
中國軍人
創刊號
中國青年軍人聯合會會刊 一九二五·二·二十

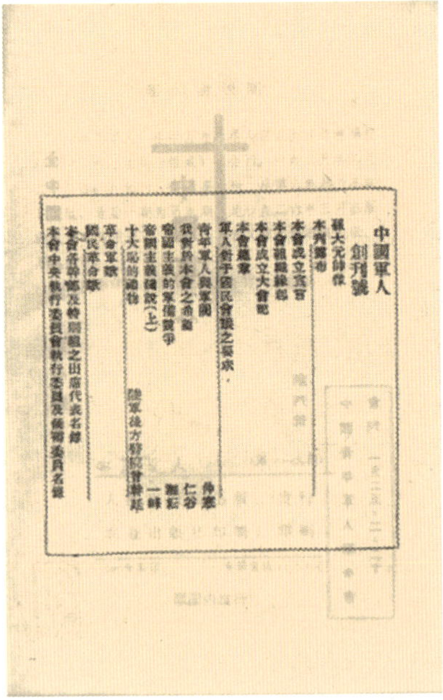
中國軍人
創刊號
蔣大元帥像
本刊宣布
本會成立宣言
本會組織綱要
本會成立大會紀
本會趣旨
軍人對于國民會議之要求
青年軍人與軍閥
我對於本會之希望
帝國主義的軍備競爭
帝國主義鐵蹄說(上)
十大恥的總結
革命軍歌
國民革命歌
本會各部部長及幹部組之出席代表名錄
本會中央執行委員會執行委員及候補委員名錄

《中国军人》创刊号

“团结革命军人，统一革命战线，拥护革命政府，宣传革命精神”是《中国军人》简短有力的办刊宗旨。王一飞、蒋先云、周逸群等中共党员承担了刊物的编辑出版工作。如何在军人当中传播马克思列宁主义，是编辑们思索的核心问题。他们大力宣传深受俄国革命影响的孙中山的思想，特别是孙中山“新三民主义”中倡导的“联俄、联共、扶助农工”三大政策。杂志在“创刊号”刊载了“列宁语录”，第三期又刊印了“马克思肖像”，在军人群体中不失时机地宣传马克思列宁主义。“身为军人，应当不齿于军阀行为”“扛枪卫国，而非偏安一隅，分裂疆土”，这些质朴直白的语言印刷在《中国军人》杂志上，传递到每一个军人读者手中。

除此之外，《中国军人》还有一大亮点，即首次提出倡导女子参军的建议，为渴望加入军队但又深受各方面阻碍的广大女性勇敢发声。20 世纪 20 年代，报刊上关于女性的议题越来越多，很多新式报刊都在为女性极力呐喊，要求男女平等。但在女性参军问题上，争论依然激烈，对女性军人的诋毁层出不穷。作为“中国青年军人联合会”的会刊，《中国军人》以坚定的姿态站在女性身后。正如李之龙在《陆军军官学校招收女生问题》一文中写道：“用侮辱男性或侮辱女性的言辞来反对军校招收女生，是为我们所不齿的。”对于女性参军的首次倡导，在社会上引起了极大的争议，许多女性更是立马奔赴广州，积极要求参军。1925 年 7 月 13 日，《广州民国日报》对此发表社论，称女同志军“以满足男子性的需求，这是万万不可能的”。不久，《中国军人》就对这些观点进行了猛烈的反驳，以实际证据说明了女子参军的可能，甚至让原本不赞同的廖仲恺都改变了想法。尽管当时女同志军的期望碍于现实并未成真，但仅仅一年之后，黄埔军校武汉分校便开始直接向全国招收女性学员。

1926 年年初，在蒋介石勒令下，“中国青年军人联合会”被迫解散，《中国军人》杂志也最终停刊。这说明这份刊物受到了时局的极大限制。

不过，中国军人的精神依然在延续，作为大革命时期重要象征的黄埔军校，培养了一代又一代中国军人，当中有无数满怀革命理想的年轻军人未来都跟随着中国共产党的步伐，走上了崭新的革命道路，伴随着中国共产党的发展与壮大，一支专属于人民的军队即将诞生。

红刊档案

王一飞（1898—1928），中国共产党早期优秀党员。曾任中国社会主义青年团旅莫支部负责人、中央军委秘书长、中共湖南省委书记等职。1928 年 1 月 18 日英勇就义。

蒋先云（1902—1927），中国共产党早期优秀党员，学生运动和工人运动领袖，发起成立中国青年军人联合会，黄埔军校“三杰”之一。1927 年 5 月 28 日在北伐中英勇牺牲。

周逸群（1896—1931），中国共产党军队早期缔造者之一，湘鄂西革命根据地和湘鄂西红军的创建者之一。1931 年 5 月 20 日英勇牺牲。

《莽原》的反抗

本报原有之《图画周刊》第五种，现在团体解散，不能继续出版，故另刊一种，是为《莽原》。闻其内容，大概是思想及文艺之类，文字则或撰述，或翻译，或稗贩，或窃取，来日之事，无从预知。但总期率性而言，凭心立论，忠于现世，望彼将来云。由鲁迅先生编辑，于本周星期五出版。以后每星期五随《京报》附送一张，即为《京报》第五种周刊。

——鲁迅：《〈莽原〉出版预告》

1925年4月11日晚，北京鲁迅先生家里的灯亮着，屋内笑声不断，酒香四溢。一群人围坐桌前，兴致勃勃地讨论着昨日所说的事情——《京报》主编邵飘萍想邀请鲁迅为《京报》主持一份副刊。众人谈笑之间，聊起了这份刊物的名字，连说几个大家都不满意。最后，向培良掏出字典，翻阅片刻，摊开后落在了这两个字上：莽原。几天之后，这一

鲁迅

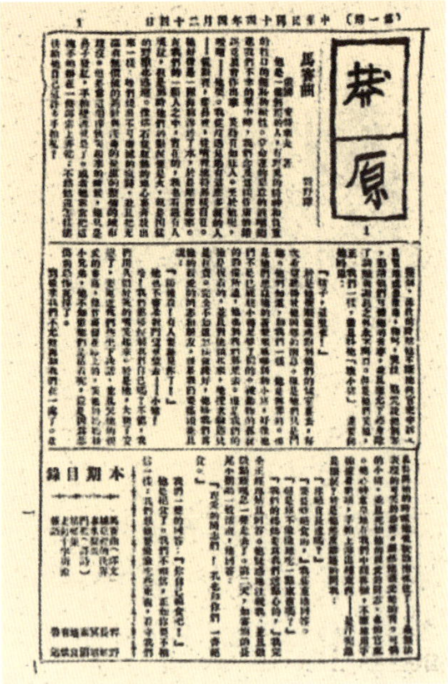

莽原

本期目錄

《莽原》

场景的记录者、鲁迅的一位“旧日学生”找到一个八岁的孩子，邀请他用稚嫩而天真的笔迹题写了报头。鲁迅看后，大为欣喜。4 月 24 日，《莽原》创刊，先为周刊，后于 1925 年 1 月改为半月刊。

说起《莽原》，不能不提到《语丝》。这两份杂志之间存在着诸多微妙的关联。《语丝》比《莽原》早创刊半年，且主编为鲁迅的弟弟周作人。这两份文学杂志都是五四新文化退潮后的产物。自从《新青年》分流之后，渴望发声的广大知识分子如同流离失所，急需寻觅新的平台发表作品。在这样的背景下，鲁迅毫不犹豫地答应了邵飘萍的请求。

与专注各种文艺和学术作品的《语丝》相比，《莽原》具有更强的斗争性，这也符合鲁迅一贯主张的态度。周作人在《语丝》发刊词中表示：“我们几个人发起这个周刊，并没有什么野心和奢望。”换言之，不过是想寻求一个说话的地方。鲁迅对此不以为然，在给许广平的信中评价《语丝》，说“虽总想有反抗精神，而时时有疲劳的颜色”，表达他要给新杂志赋予一种与众不同的全新思想。

的确如此，鲁迅在《莽原》中倾注了自己在 20 世纪 20 年代的文学理想。他极力避免《莽原》成为一个纯文学性质的刊物，而是主张“文明批评”与“社会批评”不断加深。在《灯下漫笔》中，他尖锐地批评当时的社会：“这文明，不但使外国人陶醉，也早使中国一切人们无不陶醉而且至于含笑。因为古代传来而至今还在的许多差别，使人们各各分离，遂不能再感到别人的痛苦；并且因为自己各有奴使别人，吃掉别人的希望，便也就忘却自己同有被奴使被吃掉的将来。于是大小无数的人肉的筵宴，即从有文明以来一直排到现在，人们就在这会场中吃人，被吃，以凶人的愚妄的欢呼，将悲惨的弱者的呼号遮掩，更不消说女人和小儿。这人肉的筵宴现在还排着，有许多人还想一直排下去。扫荡这些食人者，掀掉这筵席，毁坏这厨房，则是现在的青年的使命！”破坏、批判、打倒、重建，这是鲁迅一直以来秉持的文学理念。《莽原》不仅是他私人的精神领域，更是培养与教化青年的重要阵地。正如他自己所说：“我希望中国的青年站出来，对于中国的社会，文明，都毫无忌惮地加以批评，因此曾编印《莽原》周刊，作为发言之地。”但现状并不乐观，鲁迅对此不无失望地叹息道，“可惜来说话的竟很少”。

鲁迅一针见血的犀利文笔让当局感到恐慌，他们一直在打压这些进步刊物。1927 年 12 月，《莽原》半月刊出至第二卷第 24 期后被迫停刊。

《莽原》从诞生开始，便带着恣意生长的野性与力量。文坛巨匠鲁迅站立于《莽原》之后，意为破除旧中国的黑暗，唤起民智而呐喊！

红刊档案

鲁迅（1881—1936），中国著名文学家、思想家、民主战士，五四新文化运动的重要参与者，中国现代文学的奠基人。曾用名周樟寿，后改名周树人，字豫山，后改豫才，曾留学日本仙台医科专门学校（肄业）。“鲁迅”是他 1918 年发表《狂人日记》时所用的笔名，也是他影响最为广泛的笔名。

《热血日报》的呐喊

现在全上海市民的热血，已被外人的枪弹烧得沸腾到顶点了！民族自由的斗争是一个普遍的、长期的斗争，不但上海市民的热血要持续地沸腾着，并且空间上要用上海市民的热血，引起全国人民的热血；时间上要用现在人的热血，引起继起者的热血……现世界强者占有冷的铁，而我们弱者只有热的血；然而我们心中果然有热的血，不愁将来手中没有冷的铁，热的血一旦得着冷的铁，便是强者之末运。

——瞿秋白：《热血日报》发刊词

1925 年 2 月至 4 月，上海、青岛的日本纱厂工人，在中国共产党的领导下，组织数万工人罢工，斗争取得了重大胜利。5 月 15 日，上海日本纱厂工人为抗议日本资方无理开除工人再度罢工，日本资本家开枪打死工人顾正红（共产党员），打伤10余名工人，激起上海工人、学生和市民的愤怒。5月30日上午，上海两千余名学生在租界内散发传单，发表演说，被英国巡捕逮捕一百余人。下午，万余群众聚集在南京路老闸捕房门首，要求释放被捕学生。英国巡捕开枪射击，当场死亡十多人，造成震惊中外的五卅惨案。当晚，中共中央于深夜召开紧急会议，决定成立行动委员会，举行罢工、罢课、罢市，抗议英帝国主义的大屠杀。

五卅惨案发生后，上海各界处于激愤之中。自家门前，竟任人践踏，除死亡的十多人外，还有几十人受伤或被捕。然而此刻的上海新闻界却陷入了寂静和沉默。包括《申报》《民国日报》《时事新报》在内的九大报刊无一发声，令人倍感失望。与此同时，《字林西报》《上

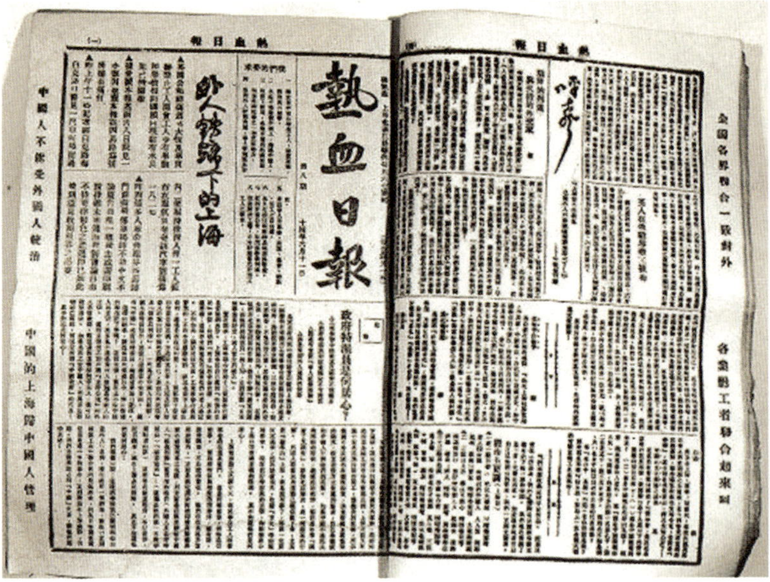

熱血日報

中國人不能受外國人統治

中國的上海歸中國人管理

外人鐵蹄下的上海

全國各界聯合一致對外

各業勞工者聯合起來呵

《热血日报》

海泰晤士报》《大陆报》等列强举办的报纸却极尽渲染，大肆报道错误信息。民众的真正声音被完全淹没，话语权丧失，斗争陷入了被动。

在这种情况下，中国共产党当机立断，决定创办一份新的报刊，引导舆论斗争，让更多民众的声音得以表达。此前党已经有了机关刊物《向导》，但《向导》为周刊，时效性不强，为了及时报道，《热血日报》应运而生。从 6 月 1 日决定办刊到 6 月 4 日出刊，这种速度迄今罕见。

作为中共创办的第一份日报，瞿秋白临危受命，担任《热血日报》的主编，还题写了报头。在短短的二十几天里，瞿秋白以笔为剑，以犀利的语言揭露了五卅惨案的真相，挨个列举帝国主义在中国犯下的罪行，斗争矛头直指帝国主义。北洋政府在五卅惨案中成为帝国主义的帮凶，也是他的批判对象。战斗性是《热血日报》的最大特征。

一石激起千层浪，《热血日报》就如同一颗滚烫的石头，重重地砸在每一个国人的心上。为了更好地领导人民进行斗争，《热血日报》专门开辟了“罢市罢工消息汇总”专栏，利用日报的高时效性，带领每一个怀揣愤怒与屈辱的中国人进行斗争。瞿秋白的努力没有白费，《热血日报》的发行量不断飙升，最多时达到了三万份。民众渴望斗争的迫切性，可见一斑。

《热血日报》立场鲜明，言辞激烈，很快便受到了帝国主义与军阀势力的仇视，6 月 27 日被租界巡捕房查封而停刊，存在不到一个月的时间里，共出版了 24 期。尽管存在的时间短暂，但《热血日报》在这场牵系民族尊严与命运的战斗中发挥了极为重要的作用，在那个特殊的时期，不仅忠实地记录了真实的历史情景，还鼓舞团结了许多有识之士进行坚定的斗争。它的背后，是中国共产党人无坚不摧的革命意志和革命必胜的坚定信念。

《政治周报》开始反攻

为什么出版《政治周报》？为了革命。为什么要革命？为了使中华民族得到解放，为了实现人民的统治，为了使人民得到经济的幸福。

——毛泽东：《政治周报》发刊理由

当我们回望20世纪20年代的中国，常常会感慨于历史本身的纷繁复杂。在那个风起云涌的时代中，国共第一次合作极为亮眼夺目。在这场历经波折的合作中，有一批刊物脱颖而出，反映着时代的气象与不同的追求，其中，《政治周报》便是重要的代表。

1925年12月5日，《政治周报》在广州创刊，国民党中央宣传部机关刊物的身份使它从诞生的那一刻就与“重要”二字画上了等号。值得注意的是，时任国民党中央宣传部代理部长的毛泽东成为该报的主编，这份由共产党人主持创办的国民党刊物，深深打上了国共合作统一战线的烙印。

想要知道《政治周报》在大革命时期的真正地位，必须回溯这份

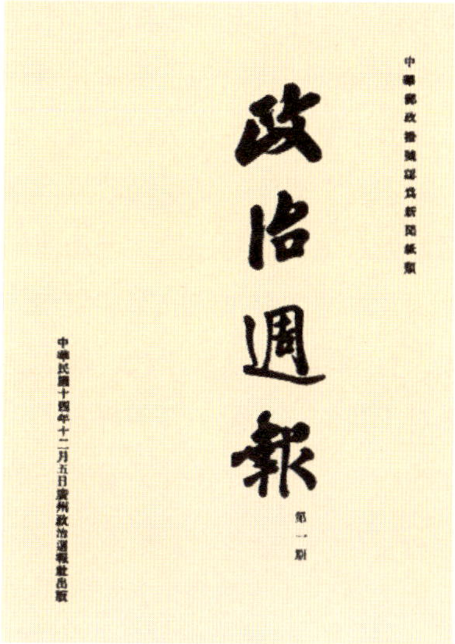

《政治周报》

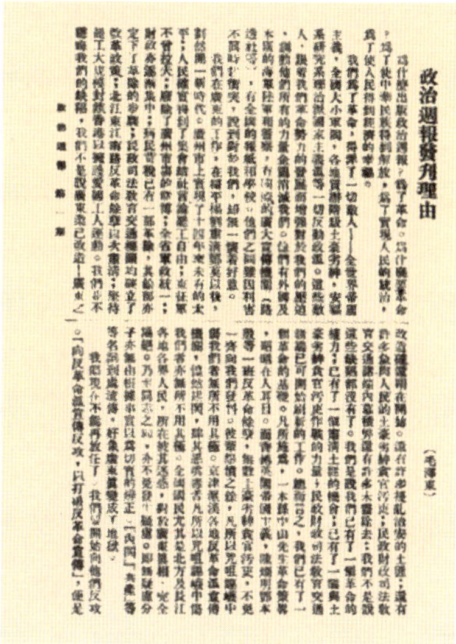

毛泽东文章

报刊创立的初始。1924 年，第一次国共合作确立。1925 年 3 月，孙中山于北京逝世，此后国共合作战线内部的矛盾日益显现，这种矛盾演化至同年 11 月，成为国民党右派“西山会议派”借机挑衅的由头。与此同时，“西山会议派”掌握着《醒狮周报》《民国日报》等多个舆论宣传阵地，使支持合作活动的国民党左派与中国共产党人失去了话语权。在这种情况下，《政治周报》横空而出，成为所有渴望维护国共合作统一战线的坚强阵地。

“用事实说话”是《政治周报》最核心的办报原则。不难发现，这和毛泽东后来主张的“实事求是”有着异曲同工之妙。在《政治周报》发行的 180 天里，毛泽东先后为其撰写了 21 篇文章，还化名为“润”及“子任”，在“反攻”等专栏上发表了十几篇短评。《三三一制》《如果讨赤志同仇仇亦吾良友》《革命派群起反对北京右派会议》《国民党右派分离的原因及其对于革命前途的影响》等一系列颇具影响力的文章都在此诞生。在这些犀利辛辣的短评之中，毛泽东揭露了国民党右派破坏革命统一战线的种种行径，他说：“我们为了革命，得罪了一切敌人——全世界帝国主义，全国大小军阀，各地买办阶级、土豪劣绅，安福系、研究系、联治派、国家主义派等一切反动政派。这些敌人，跟着我们革命势力的发展而增强对于我们的压迫，调动他们所有的力量企图消灭我们。他们有外国及本国的海军、陆军和警察，有国际的广大宣传机关（路透社等），有全国的报纸和学校。他们之间因利害关系不同，时起冲突，说到对于我们，却无一怀着好意。”从这里可见，毛泽东怀着焦虑与担忧的心情大声疾呼，捍卫着神圣的革命理想。

从 1925 年 12 月 5 日到 1926 年 6 月 5 日，《政治周报》走过了短短 14 期的生命。时间虽短，意蕴深远，在那段特殊而艰难的岁月中，《政治周报》完成了历史所赋予它的使命，发挥了极大的作用。它不仅打击了国民党右派的分裂活动，以一己之躯构筑起国共合作的钢铁长城，更是对“戴季陶主义”与“国家主义”进行了批驳，为马克思列宁主义的萌发提供了良好的土壤。不仅如此，有越来越多的群众因为《政治周报》而了解了革命的真正意义，民众的教育获得了极大成功。《政治周报》始终诉说着一代革命人的情怀与梦想，冲锋前线，战斗，前行，永不放弃。

《中国农民》研究中国农民

我们在中国袖着手不说革命则已，要革命除了农民运动之外，更向哪里去运动？我们不唤起民众则已，要唤起民众，除了唤起农民之外，更向哪里去唤起？

——《中国农民》发刊词

摊开这份16开本的薄薄月刊，一段尘封的历史重新展现在我们面前。每期20多页记载着的风云岁月，瞬间将我们带回到1925年的秋天。其时，国民革命的浪潮席卷神州大地，越来越多的目光聚焦在普通而又人口最多的群体——农民。

1925年10月，国民党中央召开了一场别具一格的会议：农民运动特派大会。在这场会议上，时人最熟悉而往往最容易忽略的“农民”成为议题焦点。重视农民，解放农民，动员农民成为革命者满怀热情达成的共识。正是在这次大会上，“刊行《中国农民》月刊决议案”获得通过。1926年1月1日，《中国农民》在广州创刊。

《中国农民》带有国共合作的时代印记。它由共产党与国民党左

《中国农民》

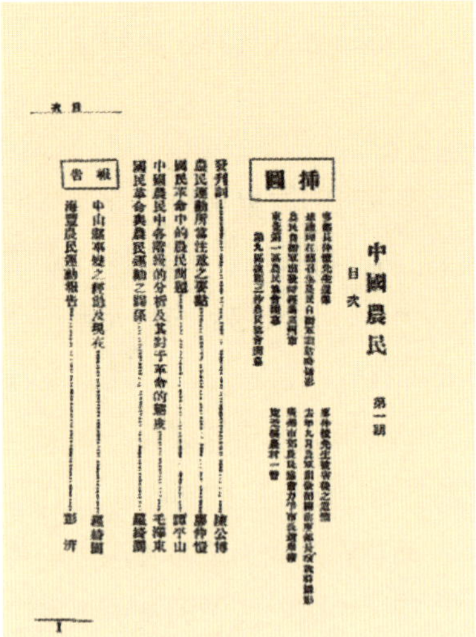

中國農民 第一期

目次

插圖

廖仲愷先生遺像　廖仲愷先生葬禮之盛況

[illegible]

廣東第一次農民代表大會攝影　廣東之農村一瞥

[illegible]

報告

1

目录

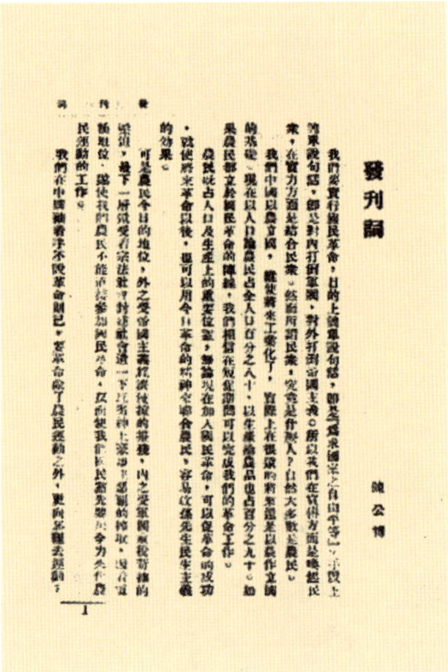

發刊詞

陳公博

我們要實行國民革命，目的上簡單說句話，即是「建設國家之自由平等」；手段上簡單說句話，即是對內打倒軍閥，對外打倒帝國主義。所以我們在實行方面是喚起民衆，在實力方面是結合民衆。然而所謂民衆，究竟是什麼人？自然大多數是農民。

我們中國以農立國，雖然將來工業化了，實際上在很遠的將來還是以農作立國的基礎。現在以人口論農民占全人口百分之八十，以生產論農品也占百分之九十。如果農民都立於國民革命的陣線，我們相信在短促期間可以完成我們的革命工作。

農民既占人口及生產上的重要位置，無論現在加入國民革命，可以促革命的成功，就使將來革命以後，還可以用今日革命的精神容納農民，容易收得先生民生主義的效果。

可是農民今日的地位，外之受帝國主義經濟侵掠的排擠，內之受軍閥苛稅苛捐的壓迫，最下一層還受着宗法社會封建社會遺下土豪劣紳的榨取，這種地位，總使我們農民不能直接參加國民革命，反而使我們農民需先要共同努力來作農民運動的工作。

我們在中國倘着手不從革命則已，要革命除了農民運動之外，更向那裏去提倡？

1

发刊词

派共同主持创办。不过，在其中起决定性作用的是共产党。《中国农民》随时局变化而不断迁移。最初在广州刊印，发行于民智书店、国光书店及丁卜书店等。1926 年年底，国民政府迁往武汉，时局动荡，杂志社亦迁往湖北，但还是影响到 1927 年上半年的出版。

这是一份完全研究农民问题的月刊。农民现状调查、农民经济的研究课题、农民政治的论文阐述及农民文艺的发扬培养，全都是《中国农民》关注的话题。毛泽东的《中国社会各阶级的分析及其对于革命的态度》一文就最早刊载于《中国农民》之上。廖仲恺、谭平山、李大钊、陈独秀、鲍罗廷等政学名人也曾为其撰稿。

在《中国农民》每期的封面上，都写有“中华邮政特准挂号新闻纸类”的字样，可见当时国共两党对这份杂志的特别重视。

在当时，《中国农民》对国民革命与农民运动都产生了一定的影响。它是国民革命的重要象征，不仅维护了国共统一战线，同时也代表着国民革命深入乡村的积极实践。而对于刚处于起步阶段的农民运动而言，《中国农民》更是给予了极大的指导，让更多的人关注农民问题，自上而下地实现农村社会变革。

1926 年 12 月，《中国农民》曾短暂停刊，次年 6 月复刊，出版“土地问题”专号，但这份刊物究竟何时真正停刊，多有争论，使之成为一个依旧待考的问题。

《犁头》耕耘农民运动

犁头的使命只是生的创造，恶的铲除，不知其他……我们的敌人是帝国主义、媚外军阀、买办地主、劣绅土豪、贪官污吏、骄兵悍将。凡此种种，同属仇敌，须广我宣传，严我组织，主张行动，合力同趋，一致革命，决不妥协，犹之莠草，势在铲除。使所犁之地，永属于持犁之人。

——《犁头》宣言

提起犁头，我们眼前第一时间浮现的便是泥土、汗水、农民。这份以“犁头”二字命名的周报，恰恰报如其名，它是广东省农民协会的机关报。1926 年 1 月 25 日，《犁头》下地，开始耕耘。

《犁头》的创刊需要追溯到 1925 年的 5 月。彼时，广东省农民协会正式成立。越来越多的农民摆脱“单打独斗”的状态，转而加入农协组织，团结前进。从 1925 年到 1926 年，广东省农协的工作卓有成效。1926 年夏，将近 60 万的当地农民加入了农协，同时成立了 50 多个县级农协。农协的发展决定了《犁头》诞生的必然性。新的斗争局势促使农民进一步觉醒，从经济到政治，从局部到整体，无数的声音呼唤，无数的视线注目，宣传与教育更进一步，以“犁头”之名，铸就农民之魂。

《犁头》

作为一本面向农民的刊物，《犁头》最大的特点便是表达清晰，观点鲜明，没有佶屈聱牙的义理阐述，只有深入浅出的事实叙述。从《犁头》的栏目设置中便可以看出这种关怀读者的倾向：评论、袖箭、尖串、农民俱乐部、问题答案等。其中，“农民俱乐部”一栏更是通过寓教于乐的方式来宣传国民革命思想与农民运动，不仅设有谜语及农歌，更结合了广东当地的特点，专设“粤讴”（流行于广东粤语地区的曲艺曲件）一档，让农民更具有亲切感。不仅如此，《犁头》更是向各地公开征稿，鼓励更多人参与有关农民问题的讨论。

宣传是《犁头》的重要任务之一，它在不断地改进中形成了自己独特的宣传风格，对广东的农民运动进行了详尽的报道。在第 17 期与第 18 期的合刊之中，《犁头》出版了“花县惨案专号”，以三万字长文叙述了花县民团局长江侠庵迫害农民的恶劣行径，从而揭露出更为深刻的阶级内涵：农民与地主的斗争背后，实际上是革命与反革命的战斗。通俗易懂的行文，生动活泼的讲述，使得宣传工作的作用发挥

《犁头》漫画，描绘了农民从被压迫到起来反抗，最后取得胜利的三部曲

到了极致，越来越多的农民由此觉醒。

刚开始，《犁头》是一份逢五出版的旬刊，但随着影响力的不断扩大，从第11期开始，《犁头》正式改为周刊，每周出版两次，时间为星期二与星期日。出版频率的增加也使得它的商业化程度大大加深，直到1926年12月，《犁头》的销售范围已经突破广州，转向汕头、长沙与武昌等地。到1927年1月7日停刊之前，共出版了23期，每期的销量稳定在一万份左右。阮啸仙、彭湃等人担任编辑与撰稿，陪伴着它一路成长。在近代报刊史上，《犁头》以其独特的关怀留下了浓墨重彩的一笔，不仅丰富与活跃了农民的日常生活，还起到了启迪农民的重要作用。而且那些由农民所提出的问题还经由编辑之手，反馈到了社会更多人的眼前，实现了城市与乡村的密切交流。

无论是国民革命的激昂奋进，还是农民运动的星星之火，都能够在《犁头》中寻找到踪迹。它来源于土地，也深耕于土地，从始至终，关怀的不仅仅是土地本身，还有那千千万万勤劳勇敢，生活在土地上的人们。

红 刊 档 案

彭湃（1896—1929），中国农民运动领袖之一。曾建立中国第一个农村苏维埃政权（海丰、陆丰县苏维埃政府）。1929 年 8 月 30 日在上海龙华英勇就义。

阮啸仙（1897—1935），中国共产党早期党员，广东青年运动先驱，大革命时期著名的农民运动领袖，第一任中央审计委员会主任，人民审计制度的创建者和奠基人。1935 年 3 月 6 日在战斗中英勇牺牲。

《人民周刊》举大旗

一、本报的使命是要给反帝国主义运动——民族运动——以理论上与策略上的指导。对于妨害反帝国主义运动的理论与政策，本报定驳正之，以免混淆人民的视听。

二、本报的使命是要唤起民众，特别是工农群众参加民族运动；并指导革命民众，特别是工农自己阶级的组织与发展。

三、本报的使命是要巩固革命基础的广东，以及扩大革命基础之意见，诚意地贡献于民众与国民政府之前。

——《人民周刊》“本刊宣言”

1926年，国民革命进入高潮。与此同时，伴随着孙中山的去世，新的危机也悄然浮现。国民党右派对于革命统一战线的抵触与破坏，

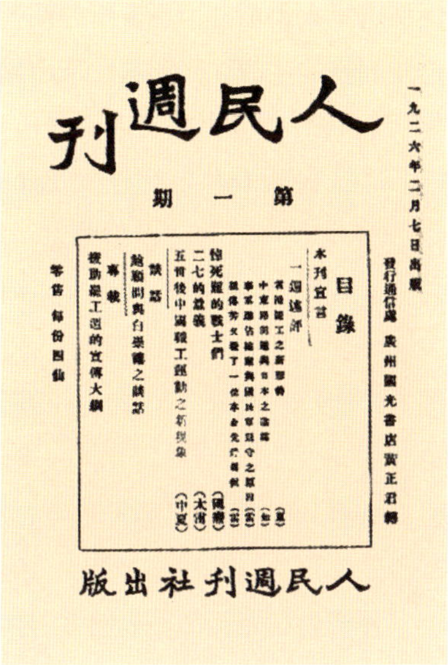

人民週刊

第一期

一九二六年二月七日出版

發行通信處　廣州國光書店黃正君轉

目錄

本刊宣言

一週述評

香港罷工之新形勢（述）

中東路問題與日本之出兵（知）

[illegible]

[illegible]

悼死難的戰士們

二七的意義（太雷）

五卅後中國職工運動之新現象（中夏）

談話

鮑顧問與白崇禧之談話

專載

援助罷工週的宣傳大綱

零售　每份四仙

人民週刊社出版

《人民周刊》

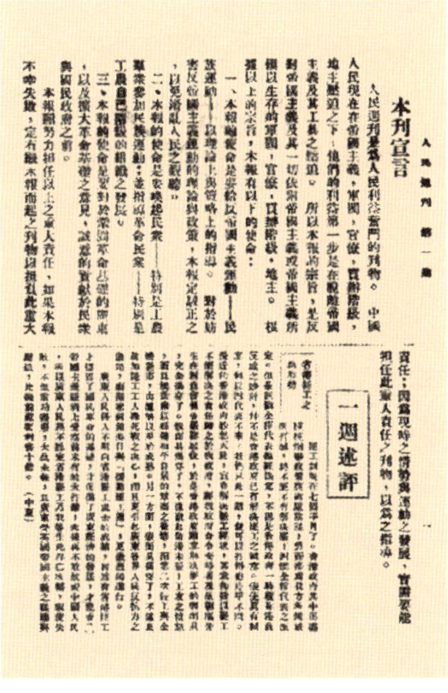

人民週刊　第一期

本刊宣言

人民週刊是爲人民利益奮鬥的刊物。中國人民現在在帝國主義，軍閥，官僚，買辦階級，地主壓迫之下，他們的利益第一步是在脫離帝國主義及其工具之壓迫。所以本報的宗旨，是反對帝國主義及其一切依附帝國主義或帝國主義所賴以生存的軍閥，官僚，買辦階級，地主。根據以上的宗旨，本報有以下的使命：

一、本報的使命是要給反帝國主義運動——民族運動——以理論上與策略上的指導。對於妨害反帝國主義運動的理論與政策，本報定要糾正之，以免淆亂人民之觀聽。

二、本報的使命是要喚起民衆——特別是工農群衆參加民族運動；並指導革命民衆——特別是工農自己階級的組織之發展。

三、本報的使命是要對於鞏固革命已經的聯絡，以及擴大革命聯合之意見，誠意的貢獻於民衆與國民政府之前。

本報願努力擔任以上之重大責任，如果本報不幸失敗，定有繼本報而起之刊物以擔負此重大責任，因爲現時之情勢與運動之發展，實需要能擔任此重大責任之刊物，以爲之指導。

一週述評

本刊宣言

促使进步人士创办了不少新的期刊，并积极与反动势力进行舆论抗争。这些刊物的生命往往与国民革命紧密相系。其中，诞生于1926年2月，停刊于1927年4月的《人民周刊》便是走在反帝反封建前列的代表。

《人民周刊》诞生于国民革命的高潮时期，在国共统一战线面临分裂与中共广东区委需要进一步宣传国民革命的双重背景之下，它义无反顾地冲在前面，扛起了国民革命的鲜明旗帜。作为中共广东区委机关报的《人民周刊》承袭了国民革命的三大宗旨，即反对帝国主义、反对军阀、唤醒工农群众。《人民周刊》设有“述评”“社论”“论文”“纪念”“人民生活”“随感录”“通信”等十几种栏目。栏目与栏目间互不重合，且常有替换，从而能够灵活地适应革命发展形势，共同搭建出一份独具特色的综合期刊。

作为宣传革命思想、维护统一战线的重要刊物，《人民周刊》吸引了很多知名的理论家。就编辑部成员来说，中共广东区委的负责人是周刊编撰的主要力量，其中最突出的是主编张太雷。他笔耕不辍，前后共发表了近70篇文章，揭露和批判了军阀与帝国主义的恶劣行径。陈独秀和张国焘都曾为《人民周刊》撰文。同时，中国共产党各地党组织的通信撰稿人也积极加入，彭湃、恽代英、冯菊坡等人的名字经常出现在杂志上。

《人民周刊》虽设有“广告”专栏，但本质上并非商业期刊，所刊载的广告也并非纯粹商业性质。一是因为《人民周刊》本身的性质是政治性的革命宣传刊物；二是由于期刊版面较少，没有更多的空间刊载商业广告；三是它把仅有的广告空间留给了其余的革命出版物，如《向导》与《少年先锋》等期刊的宣传。

《人民周刊》一共出版了50期，虽然只存在了短短50期，但作为国民革命的重要旗帜，《人民周刊》有着重要的意义。彼时，广东被视为全国革命的中心，党的早期活动也在此进行。因此，《人民周刊》不仅维护了统一战线，促使国民革命顺利进行，更为革命者办报提供了极为宝贵的经验，成为广东革命的最好记录者。不仅如此，广东的工农运动也在它的推动下取得了极大的进步。目前，《人民周刊》的停刊原因不详，1927 年 4 月 10 日的那一期是现今能够找到的最后一期。

虽然《人民周刊》只是地方性刊物，但它却远发全国，产生了重要影响。革命旗帜高高飘扬，人民呼声日益嘹亮，这一份走过峥嵘岁月的刊物，无疑是时代最有力的回响。

红刊档案

冯菊坡（1899—1957），工人运动领袖，中国社会主义青年团领导人。曾任中华全国铁路总工会委员长等职。

第三章　利刃

（1927—1937）

大革命失败后，白色恐怖笼罩大地，中国革命陷入低谷。然而中国共产党人并未放弃革命的理想，他们在血与火中继续前行。放眼望去，无论在红区还是在白区，红刊闪烁，恰如燎原的星星之火，在黑暗中指引人民大众英勇抗争。

《奔流》不息

人往往以神话中的prometheus比革命者，以为窃火给人，虽遭天帝之虐待不悔，其博大坚忍正相同。但我从别国里窃得火来，本意却在煮自己的肉，以为倘能味道较好，庶几在咬嚼者那一面也得到较多的好处，我也不枉费了身躯……我也愿意于社会上有些用处，看客所见的结果仍是火和光。

——鲁迅：《二心集·“硬译”与“文学的阶级性”》（评论为何要翻译《苏俄的文艺政策》）

说起“奔流”二字，您脑海中浮现的第一个画面会是什么？

河流，海洋，人群，抑或滚滚向前的历史浪潮？无论哪一种，“奔流”二字都勾勒着蓬勃的生机与一往无前的活力。近代中国，有一本杂志以此为名。或许单单提及它您依然会感到有些陌生，但对于它的创办者，您一定再熟悉不过：鲁迅和郁达夫。

1928年3月，鲁迅在一次与老友交谈后，《奔流》的影子渐渐浮

《奔流》创刊号

《奔流》“托尔斯泰百年纪念增刊”

现。同年6月20日，在鲁、郁两人的主导下，《奔流》正式创刊。和当时诸多的文学杂志不同，《奔流》的重心不在于发表时人的文章，而在于翻译与介绍外国文艺理论与作品，所谓借别处的火，照自己的路。刊物名义上由两人共同编辑，但正如郁达夫所言，“关于校对、集稿、算发稿费等琐碎的事务，完全是鲁迅一人效的劳”。因此，鲁迅二字，正是《奔流》真正的灵魂。

《奔流》因时局而生，鲁迅身处其间，自然更能感受到上海文艺界的整体风气。在他看来，彼时的上海文艺界虽大声叫嚷着“革命文学”，但实际上并没有真正的好作品出现，其中不乏诸多沽名钓誉之辈。怀着这种忧虑的心情，鲁迅毅然走上了介绍别国优秀著作的道路，同时也大力提携新人，誓要还中国文艺界一片清朗天地。

《奔流》之中，蕴含着鲁迅对于左翼文学的探索与思考。“革命文学”将向何处而去？这是20世纪30年代的文学家们所需要思考的话题。而在此之中，鲁迅满怀着对于“革命文学”的期待，开始了一场悠远而漫长的自我反思。“革命文学”是合理的，符合历史的脉动，但鲁迅所坚持的左翼文学却和郭沫若等人有着本质上的差别——他希望左翼文学并不是被人所利用的口号，而是真正的文学导向。左翼文学内部的分化在《奔流》中渐渐出现，鲁迅逐渐摆脱了狂热的参与者身份，转而成为冷静的凝视者。正因如此，左翼文学的内涵得到了极大的深化。追寻真正的左翼文学，恰恰正确地启迪了一部分满怀热血的青年。

而在翻译与介绍的诸多作品中，鲁迅始终对于苏俄的文艺政策与理论情有独钟。他不仅从第一期就开始连载自己亲自翻译的《苏俄的文艺政策》一文，更是在后续多期中翻译了《关于对文艺的党的政策》《苏维埃国家与艺术》《观念形态战线和文学》等诸多作品。除此之外，鲁迅对于俄国重要的作家也有充分的关注，曾在第一卷第七期推出“托尔斯泰百年纪念增刊”，勾勒出一个真实而完整的俄国文艺世界。而这种种关注，无不呈现着鲁迅对于左翼文学的整体思考，期待与反思同行，共生奔流，汇入彼岸。

正如鲁迅自己所言，《奔流》在诞生之初，就是为了自己和几个以无产阶级批评家自居的人，为了不图“爽快”，不怕艰难。1930 年，共出版了 15 期的《奔流》停刊。但与此同时，中国左翼作家联盟也在那一年的年初成立，鲁迅马不停蹄地投身“左联”建设之中。终点亦是起点，《奔流》从未完结。

红刊档案

郁达夫（1896—1945），革命烈士、爱国主义作家。创造社发起人之一，中国左翼作家联盟发起人之一。1933 年加入中国民权保障同盟。1945 年 9 月 17 日被日寇杀害于苏门答腊丛林。

《列宁青年》面向劳苦青年

我们的任务是百倍的加重了，无疑的，我们最尖锐的武器——团报，特别是中央的列青，在伟大的任务下是有它严重的使命的，它应该加紧夺取广大青年在它的周围，谁有青年，谁就有武器。

——《列宁青年》“本刊启事”

1928 年 10 月 22 日，《列宁青年》作为中国共产主义青年团的机关报进入众人的视野之中。早在《列宁青年》之前，共青团曾有过两份机关刊物，即《中国青年》与《无产青年》。由于时局动荡不安，任何刊物的生存都充满着挑战，在多次的迁移与更迭之后，在继承前两份刊物遗产的基础上，《列宁青年》诞生了。起初为半月刊，38 期后改为旬刊。

作为一份崭新的理论性刊物，《列宁青年》对青年有独一无二的引导作用。同时，正如它自己所言：“本报为中国青年及一切被压迫青年的喉舌，以指导正确的共产主义青年运动路线为职志。”

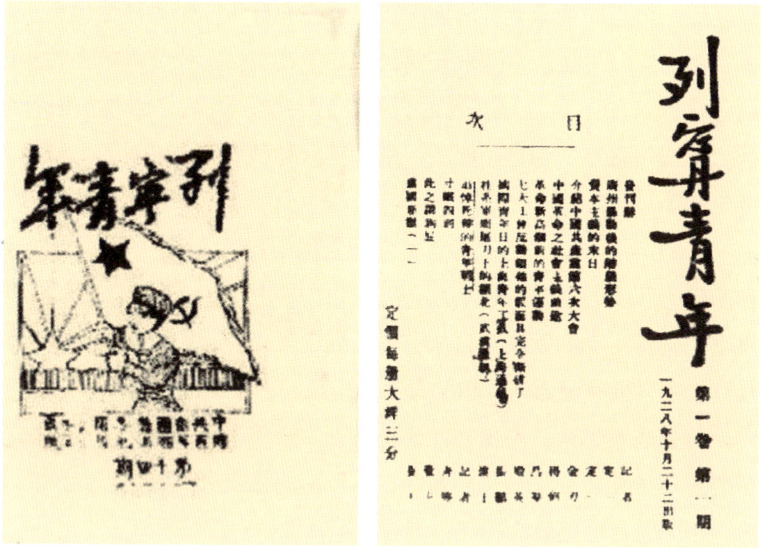

《列宁青年》

这是一份不走寻常路的青年报刊，从发刊那天起，就不设固定栏目，这使它本身具有极强的灵活性。纵观整个报刊的发展历程，不难发现它最为关注的几个话题：革命运动、反帝运动、革命文艺、苏联概况，等等。它和时代一起，唱出了同步的旋律。不仅如此，《列宁青年》还设置了一些特殊用途的小栏目，只要读一读它们的名字，就能感受到报刊的用心之处。例如，“我们的死者”一栏，专门介绍在革命中牺牲的仁人志士，既让他们被历史所铭记，又起到教化青年、鼓舞青年的现实作用。在这一专栏中，张太雷、向警予这些我们所熟悉的名字都被记录其间，除此之外，还有上百名烈士的生平与战斗事迹被悉心记录。

想办好一份期刊，必须拥有高质量的文章及来稿。为了应对稿源问题，《列宁青年》提出口号，希望由全团同志与全国革命青年同他们一道负担这项任务。通讯员制度的建立，确保了《列宁青年》能够深入每一个点燃革命火种的地区，而它们向青年征集的稿件也大多贴近青年的实际生活。不要求长篇大论与虚话空话，只要青年去关注自己经常阅读的东西与最普通的日常工作经验。《列宁青年》因青年而生，引领青年，为青年服务，细读其间种种启事，都有不一样的关怀与感受。

1934 年 3 月，《列宁青年》停刊。从创刊到停刊，《列宁青年》在恶劣的环境下，忠实地传达了党、团中央对团员和青年群众的指示，推动了青年运动的发展。自从有了《列宁青年》，所有对无产阶级与马克思主义抱有好感与兴趣的青年真正找到了组织，一代人受此鼓舞，开始茁壮成长起来。不仅如此，在《列宁青年》的号召之下，越来越多的青年主动转变了自己的角色，从革命的接受者成长为革命的传播者。正如它自己感慨的那样：谁有青年，谁就有武器。

红刊档案

《无产青年》的由来：1927 年 11 月 7 日，俄国十月革命 10 周年纪念日，在白色恐怖下被迫停刊的《中国青年》更名为《无产青年》继续出版，团中央总书记任弼时等领导该刊编辑工作。该刊为 32 开本，每期 20 页，共出版了 5 期，1928 年 1 月停刊。

《北方红旗》高擎不倒

《北方红旗》是河北省共产党的机关报，他是河北省革命运动的宣传者、领导者、组织者，他是广大工农劳苦群众自己的喉舌，他是坚决地与帝国主义和地主豪绅军阀资产阶级的国民党斗争到底的最有力的武器。

……民众们都感觉“非共产党出来没有办法”“非共产党不能争取中国的民族解放”“非共产党不能把广大工农劳苦民众从贫困饥寒死亡中挽救出来”……

——《北方红旗》发刊词

1929 年 2 月 16 日，在广袤的北方大地上，一面鲜艳的“红旗”冉冉升起，这就是《北方红旗》。从创刊到 1933 年 9 月被迫停刊，《北

《北方红旗》

方红旗》走过了四年零七个月的征程，共出版 72 期，另有副刊 2 期，号外 1 期。

创刊初期，《北方红旗》是顺直省委机关刊物，到 1932 年，《北方红旗》被确立为河北省委的机关报。当我们推开历史尘封的大门，走进天津唐山道 47 号时，一定会有遥远的声音提醒我们它曾经的名字：天津英租界广东道福安里 4 号。这里曾是《北方红旗》创刊时的印刷地点，毛泽东的大弟弟毛泽民就负责这个中共中央印刷厂（对外称“华新印刷公司”）的工作。除了作

印制《北方红旗》等刊物的
中共中央秘密地下印刷厂旧址

为省委机关报之外，它还对当时的热点话题进行了讨论，包括揭露军阀的恶劣行径、国民党的虚伪做派，以及启发与指引工人运动，等等。

由于时代的特殊性，《北方红旗》受时局影响，命运颇为坎坷，几经停刊与复刊的曲折。九一八事变之后，《北方红旗》的主题发生了明显转变，开始成为刊载国内抗战消息的主要报纸之一。不仅如此，与同时代的诸多报纸相比，《北方红旗》将目光投向了彼时正在浴血奋战、不断蓬勃成长的义勇军身上，以关怀的笔触描绘了他们的生存状况，从人数的增加、地域的拓宽，再到训练的方式与义勇军核心的精神，全方位地进行了报道，也为后世留下极为珍贵的历史记录。

毫无疑问，《北方红旗》的报道对抗战时局起到了重要的宣传作用。在不断变化的战争背景下，正是因为有了《北方红旗》的深入报道，义勇军的形象才得以在民众心中成功确立。民众对这些浴血奋战的义勇军战士饱含深情，自发自觉地参与到抗战行列，为后续的全民族抗战动员打下了思想基础。

旗帜在空中飘扬，北方天空一片明朗。《北方红旗》恰如其名，引领一方水土的万千民众，忠实地传递着中国共产党振聋发聩的声声呐喊，看那红旗飘扬，旭日东升，一切都充满希望。

红刊档案

毛泽民（1896—1943），毛泽东之弟，中国共产党卓越的财经工作领导人。曾任中华苏维埃国家银行第一任行长、中华苏维埃工农民主政府国民经济部部长等职。1943 年被反动军阀盛世才杀害。

《右江日报》助力枪杆子

工农群众的武力——红军已是成立了，各处苏维埃也继续地建立起来了。在形式上算是转变了，可是转变后的任务是怎样呢？

（一）发展苏维埃的根据地……（二）扩充工农赤卫队……（三）深入土地革命……（四）工农群众组织的扩大……

——《右江日报》评论“目前主要的任务”

1929 年 7 月，邓小平作为中共中央代表来到南宁，准备发动百色、龙州起义。曾在法国留学期间与周恩来办过《赤光》刊物，有着“油印博士”美誉的邓小平，深知宣传鼓动的力量。11 月初，经邓小平筹办，《右江日报》创刊。1929 年 12 月 11 日，百色起义爆发后，中共中央任命张云逸为红七军军长，邓小平为红七军政委兼广西前敌委员会书记。《右江日报》当即成为红七军的机关报，为不定期出版，8 开 2 版，在右江地区公开发行。

《右江日报》只唯一留存了一张的报纸，即 1929 年 12 月 18 日出版的第 44 期。当我们来到广西百色，就能在中国工农红军第七军军部旧址的展览厅里看见这张安静沉睡的报纸。隔着玻璃窗与这张漏出时间缝隙的报纸对望，静静地感受战火纷飞的流转与历史选择的激荡，无疑加深了我们对红军过往岁月的真实理解。从这份发黄的报纸中，我们看到邓小平指导下的革命报人将舆论引导艺术运用得格外娴熟。在“本报专电”栏目中，登载了五篇本地新闻：《恩奉群众欢迎张军长》《赤色的平马》《平马工会已腾然实现》《农协往剿向都土劣》《宣传队下乡情况》。五篇新闻短小生动，颇具“红”色。这反映了邓小平、张云逸领导下的百色起义得到人民的拥护，革命的燎原，火光漫天。

《右江日报》是红军在起义的同时创办的第一份铅印报刊。报头

中国工农红军第七军军部旧址

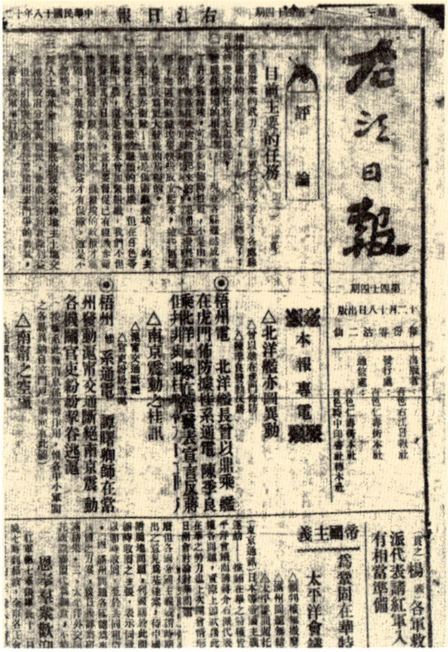
右江日報

第四十四期

十二月十八日出版

評論

目前主要的任務

本報專電

△北洋艦亦圖異動

梧州電 北洋艦長曾以鼎乘艦

△南京震動之桂訊

梧州 系通電 譚曙卿師在當

州發動滬甯交通斷絕南京震動

各機關官吏紛紛挈眷逃滬

△南甯之空

帝國主義

太平洋會議

派代表請紅軍入

有相當準備

《右江日报》

大大的四个字由张云逸题写，最初仍是石印，后续改为铅印。对红军的宣传事业而言，《右江日报》无疑写下了浓墨重彩的一笔。在现存的这一张报纸中，处处可见革命年代的理性与豪情，它不仅点明当前红军的重要任务，更开辟了“通讯”与“简讯”专栏，出版了很多弥足珍贵的时事要闻。

《右江日报》是一份快节奏的报纸，它为革命而生，常常仅用几百字就能勾勒出革命落地生根的真实样貌。同之后的其他红军报刊一样，《右江日报》的创立与发行充满着艰辛。不过，无论是人员缺少还是时局动荡，都不能影响无产阶级革命者跨越万难的革命信念。

作为中共最早创办的两家红军报纸之一，《右江日报》对革命的宣传起到了至关重要的作用。由于地处广西，地点偏僻，远离中央苏区，《右江日报》便承担起报道、批判当地帝国主义与军阀势力恶劣行径的重要责任。它紧密联系当地实际情况，以生动活泼的笔触展现了与封建地主和军阀势力的斗争场面。不仅如此，《右江日报》也十分注重舆论引导的技巧性。比如，它特意开设“工农兵俱乐部”专栏，刊登了许多看似滑稽的专电，像“李宗仁、黄绍竑两军阀知平马闹红，不准各方运红来平马，且亲自监督视察，甚为忙碌云”。这里的“红”一语双关，巧妙地点出了红军在此地的发展与力量，使人在捧腹大笑的同时，感受到革命的真正意义。

今天，我们依然能够看到这份名为《右江日报》的报纸，它是广西百色地区最具有代表性的报纸之一，由中共百色市委宣传部主管。2008年，《右江日报》实现了数字化，当我们再翻阅它时，就能透过它看见背后的悠悠过往。

红刊档案

邓小平（1904—1997），全党全军全国各族人民公认的享有崇高威望的卓越领导人，伟大的马克思主义者，伟大的无产阶级革命家、政治家、军事家、外交家，中国社会主义改革开放和现代化建设的总设计师，中国特色社会主义道路的开创者，邓小平理论的主要创立者。

张云逸（1892—1974），百色起义和红七军的主要领导人之一，杰出的无产阶级革命家、军事家，开国大将。中华人民共和国成立后，历任中共广西省委书记、中共中央监察委员会副书记等职。

《时事简报》严禁扯谎

《时事简报》是苏维埃区域中提高群众斗争情绪、打破群众保守观念的重要武器，在新争取的区域对于推动群众斗争更有伟大的作用。因此，本部决定要红军和当地政府普遍地举办起来。为了这个需要，把举办《时事简报》的意义、《时事简报》的内容和它的编写方法，写成一个小册子附在下面，发往各地。红军各级政治部、地方各级苏维埃的文化部接到这个通令和小册子之后，应即速计划举办起来。

——毛泽东：《普遍地举办〈时事简报〉的通令》

你见过挂在墙上的报纸吗？《时事简报》就是一份挂在墙上的报纸。

《时事简报》

说起近代中国的报刊，如雪花一般的报纸穿越历史长河，一张又一张地飞入我们的眼帘。但偏偏有一份不走寻常路的特殊报刊，它从不油印，只用大字手写，还一定要写在大张的白纸上。其他报刊需要从邮局发行，寄往全国各地，但这张报纸只会流向各个村庄，并被贴在村里最醒目的位置。这份如此特别的报纸诞生于 1929 年 12 月，它跨过地域的界线，在当时的苏区盛行一时。

1929 年 12 月，中国工农红军第四军第九次代表大会召开。在这次会议上，决定创办一份动员群众、宣传革命的报刊。但是，这份报刊必须不同于以往的任何一份，它需要更加通俗易懂、平易近人，如此一来，“壁报”诞生了。次年 3 月，毛泽东正式签署《普遍地举办〈时事简报〉的通令》和《怎样办〈时事简报〉》两份文件，这份深入基层，走进千家万户的特殊报纸正式发行。

为了真正成为一份能让更多群众阅读的报纸，《时事简报》在内容选择方面下足了功夫。正如它的名字“简报”一样，《时事简报》选取的消息基本不超过 40 个字，大多是言简意赅的一句话新闻，类似我们今天所熟悉的微博。宣传红军工作、阐述无产阶级革命真理是《时事简报》的核心内容，而且它选取的新闻都与当地群众有非常密切的关系。如何排版这些新闻，其中大有门道。毛泽东指出，消息应该按照乡、区、县、本国、外国这样由近及远地进行排列，首先引起大家的兴趣，再进行教育或者普及。不仅如此，讲真话也是这份报刊的精髓所在，不发表不必要的议论，只坦白地呈现事实，平等地与群众交流，这些都是《时事简报》获得成功的关键。

除了不说废话以外，想要让苏区更多的群众真正喜欢上看报，报纸的内容才是关键。毛泽东在指示中就指出：“《时事简报》的新闻，特别是本地的和近地的新闻，一定是要与群众生活紧密地关联着的。”上到本地军队的最新动态，下到街坊邻里的市井百态，都会成为《时事简报》的话题。但有趣不意味着胡言乱语，在“缴枪”这个有些敏感的话题之上，毛泽东明确地指出，有多少，写多少，“《时事简报》不靠扯谎吃饭”。

历史为我们留下了宝贵财富，《时事简报》运用的诸多宣传形式与原则也一一传承了下来。延安时期的“全党办报”与“群众办报”，便是对《时事简报》最好的回应。正是有了这样独特的报纸，群众参加革命的热情才被瞬间点燃，因为革命不是遥不可及的理想，而是触手可及的现实。目前，尚不知晓这一特别的报刊究竟是何时停刊的，但我们却能在如今的日常生活中看见它留下的影子，如黑板报与阅报栏。《时事简报》告诉我们，报纸从来不是自说自话，而是表达与交流的双重载体。只有听见近处与远方最真实的声音，才能找到革命前进的方向。

《萌芽月刊》始出

《萌芽》为刊载现今文艺作品及评论之定期刊物，月出一期，每年二卷。

《萌芽》收登同人外的来稿，但在第一卷内因翻译和介绍，已有预定计划，不收任何方面的翻译稿件。自作的稿件，不论小说，诗歌，随笔，地方写实，以及关于文艺或社会的评论，均所欢迎，但对于文艺或社会取了轻浮的态度，或故意歪曲的稿件，以及只攻击个人而并无社会意义的文字，概不收登。

——《萌芽月刊》启事

“奔流”之后，“萌芽”始出。1929 年年末，由于种种原因，鲁迅的《奔流》杂志面临难以为继的惨淡局面。与此同时，冯雪峰正在鲁迅的指导下筹备一本全新的期刊。潘汉年找到冯雪峰，表达了成立革命文学团体的意向，这就是日后大名鼎鼎的“中国左翼作家联盟”，

《萌芽月刊》

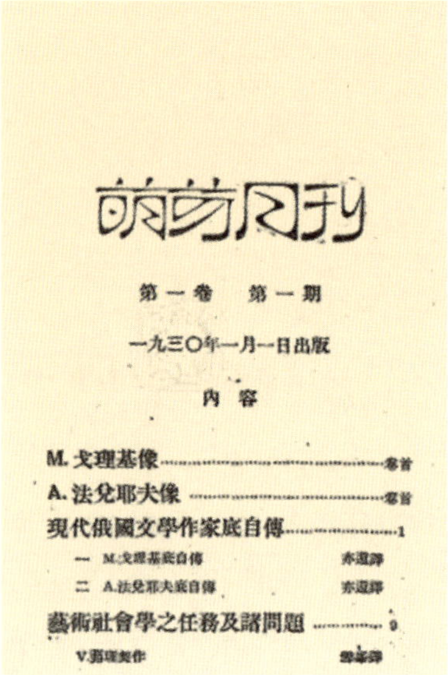

萌芽月刊

第一卷　第一期

一九三〇年一月一日出版

内容

目录

简称“左联”。历史脚步不停，一切都在同步上演。1930年年初，《奔流》正式停刊，成为过往，《萌芽月刊》横空出世。从诞生的那一刻起，它就与“左联”这个名字紧密相连。

1930年1月1日，《萌芽月刊》以崭新的姿态出现，从第一卷第三期开始，正式成为“左联”的机关刊物。除了冯雪峰之外，鲁迅也当仁不让地担任了它的主编。这本月刊的生命并不漫长，但翻开杂志书页，字里行间有许多我们熟悉的名字与篇章。介绍、创作、评论，是它自我定位的使命，而马克思列宁主义与苏联文学则是它偏爱的对象。

作为“左联”的机关刊物，《萌芽月刊》在追求文学性的同时也承载着斗争使命。无论是恩格斯在马克思墓前的演讲，还是高尔基那封关于托尔斯泰的信件，这些译文都在月刊中呈现在世人面前。“国外文化事业研究”专栏是《萌芽月刊》的特色之一，专门介绍苏联的文化事业。除此之外，《萌芽月刊》还非常注重刊登文艺评论。这些文艺评论都秉持着无产阶级艺术的文艺思考，冯乃超指出："无产阶级的艺术理论是马克思主义的艺术理论，它是运用历史的唯物论的方法研究艺术现象的唯一方法。"鲁迅也在《萌芽月刊》上坚决否定了梁实秋的文学观点，高举"革命文学"大旗，表明文学具有一定的阶级性。

在中国报刊史上，谈起"萌芽"，必然联系到"新月"。这两个颇具美感与意境的词语并非和谐相处，而是彼此展开唇枪舌剑。《萌芽月刊》与《新月月刊》，是"左翼"文艺工作者与"新月派"论战的主要阵地。作为"左翼"文学作家的旗手，鲁迅在《萌芽月刊》上多次发表文章，批判"新月派"作家对马克思主义以及社会现实的误读。鲁迅曾在文章中详细描述"新月社批评家的任务"，他表示："新月社中的批评家，是很憎恶嘲骂的，但只嘲骂一种人，是做嘲骂文章者"，还表明这些对于马克思主义的误读只是为了"挥泪以维持治安的意思"。正因如此，《萌芽月刊》极为重视杂文，杂文特有的批判力度让杂志更具批判的力量。《萌芽月刊》的触角延伸至社会的各个角落，怀揣着20世纪30年代"左翼"作家群体的满腔热忱，引领着文艺发展的新方向。

《萌芽月刊》的生命短暂，仅仅出版了6期就宣告结束。在第三期的"三月纪念号"中，《萌芽月刊》对巴黎公社等活动进行了纪念，并在第五期的"五月各节纪念号"中对五卅运动进行了书写。1930年5月1日，国民党当局发起新一轮的刊物查禁，《萌芽月刊》被迫停刊，后在6月1日更名为《新地》，但也仅仅出版一期之后就宣告停刊。当时，许多年轻的共产党人都在《萌芽月刊》中发挥了重要的作用，如柔石、殷夫、瞿秋白、冯雪峰等。《萌芽月刊》是无产阶级作家锻炼与成长的沃土，即便时间短暂，也提供了极为丰厚的养料。

当所有的点串联成线，中国左翼文学在20世纪20年代至30年代的发展脉络清晰可见。无论是"语丝"还是"莽原"，抑或"奔流"

与“萌芽”，它们都同自己的名字一样，从最古老的大地上破土而出，在时代与热血的浇灌下生根发芽。

红刊档案

冯雪峰（1903—1976），现代诗人、文艺理论家，左翼文艺重要领导人。1927 年加入中国共产党。中华人民共和国成立后，历任人民文学出版社社长兼总编等职。

潘汉年（1906—1977），坚定的马克思主义者，卓越的无产阶级革命战士，久经考验的优秀共产党员，党的统一战线的卓越领导人。中华人民共和国成立后，历任统战部部长、上海市常务副市长等职。

《拓荒者》垦“荒”

虽不能追随着时代的轮轴而进展，虽然遭受了无限际的打击与伤害，但是，他的心是日夜地为封建势力残害的大众燃烧着，他很坚决地体验到封建势力必然而不可避免地要崩溃。同时，也朦胧地认识到了新时代的必然到来。

——钱杏邨：《鲁迅》

拓荒者，一个颇具浪漫色彩与使命感的词语，也是一本杂志的名字。这本于1930年1月10日诞生的期刊有一段颇为传奇的发展历程，正如它的名字一样，筚路蓝缕，以启山林。

《拓荒者》与“太阳社”有关。“太阳社”成立于1928年，这是一个积极宣传与提倡无产阶级革命文学的现代文学团体。“太阳社”先后主办了《太阳月刊》与《时代文艺》两份杂志。不幸的是，这两份杂志的生命都十分短暂，直到1929年3月《新流月报》的出现，“太阳社”的期刊工作才渐渐走上正轨。在《新流月报》第四期的“编

《拓荒者》

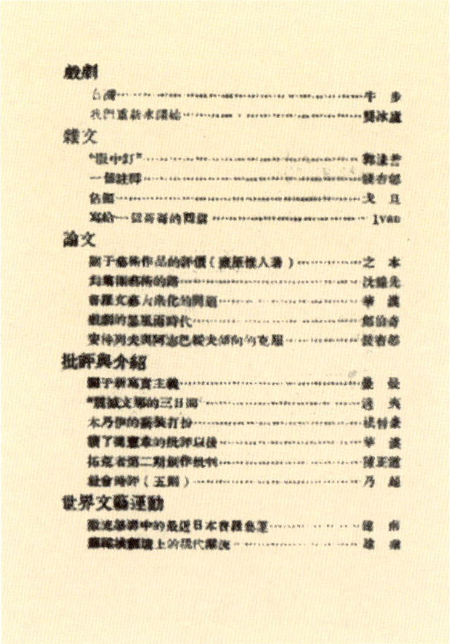

戲劇

台灣……牛步

我們重新來[illegible]……[illegible]

雜文

"眼中釘"……[illegible]

一個註釋……[illegible]

估價……戈且

寫給一個哥哥的問題……Ivan

論文

關于藝術作品的評價（藏原惟人著）……之本

[illegible]的路……沈端先

普羅文藝大衆化的問題……華漢

戲劇的暴風雨時代……鄭伯奇

安特列夫與阿志巴綏夫傾向的克服……錢杏邨

批評與介紹

關于新寫實主義……[illegible]

[illegible]……[illegible]

木乃伊的新裝打扮……[illegible]

讀了[illegible]的批評以後……華漢

拓荒者第二期創作批判……[illegible]

社會時評（五則）……乃超

世界文藝運動

[illegible]中的最近日本普羅[illegible]……[illegible]

[illegible]上的現代潮流……[illegible]

目录

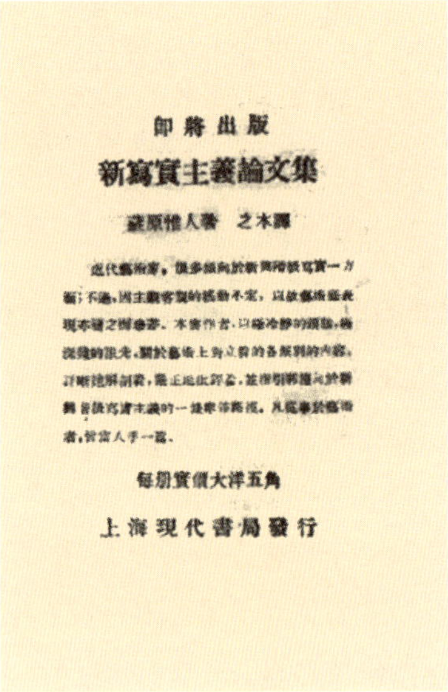

即將出版

新寫實主義論文集

藏原惟人著 之本譯

[illegible]

每册實價大洋五角

上海現代書局發行

广告

辑后记”中，编辑部宣布了一个重要决定：从第五期开始，《新流月报》将进行全新改版，不仅在内容上有所丰富，更拥有了全新的名称——《拓荒者》。

革命文学的理论与作品始终是《拓荒者》的关注重点。尽管这份刊物也仅仅维持了不到半年，但它以极迅猛的势头积极刊载了大量无产阶级文学作品与革命理论的相关文章。夏衍、蒋光慈、孟超等人都是它的主要撰稿人。20 世纪 30 年代的中国充满动荡与不安，各种理念错杂碰撞，国民党的高压政策甚嚣尘上。为了应对刊物被查禁的意外情况，《拓荒者》的第四、五期合刊发行，特意设计了两种不同的封面，化名《海燕》。

除了革命文学的理论之外，革命文学的实践也同样重要。《拓荒者》高举着无产阶级文学的旗帜，以各国的革命运动为蓝本，进行文学创作。比如，森堡的《两种不同的人类》关注海外中国革命者，孟超的《潭子湾的故事》则立足五卅运动，浪白的《在柱头上》则侧重于描写无产阶级的坚韧。因此，《拓荒者》对于马克思主义的宣传立足于方方面面。不仅如此，还有许多作者甚至以自己的生命来践行无产阶级革命的诺言，殷夫、冯宪章、洪灵菲等人都壮烈牺牲。

《拓荒者》和诸多革命刊物一样，译介了不少国外的文艺理论与文学作品，同时还鼓励作家们积极进行文学创作。在短短的半年时间里，这群心怀信念的左翼作家爆发出惊人的能量，共创作了 32 部小说，26 首诗歌，5 部戏曲剧本以及 20 多篇随笔与杂文。他们将纯真之心扑洒在杂志的耕耘上，真正成为中国近代文学史上一位又一位可敬的“拓荒者”。这本杂志也因此具有了极高的历史意义，它让左翼文学的种子播撒在中华大地之上，影响了一代青年人，更培养了一批坚定的无产阶级作家，促使他们在激烈的舆论斗争中勇夺高地，传播马克思主义。

拓荒者的道路必然艰险，海燕高飞也必须面临狂风巨浪，但曙光就在不远的前方。1929年年底，“太阳社”宣告解散。1930年年初，“太阳社”全体成员加入中国左翼作家联盟，开始踏上新的征程，而拓荒者的使命依旧不变。

红刊档案

钱杏邨（1900—1977），现代文学理论批评家、剧作家、编译家。中华人民共和国成立后，历任天津市文化局局长、天津文联主任等职。

夏衍（1900—1995），中国著名文学家、社会活动家，左翼电影运动开拓者。中华人民共和国成立后，历任上海市委常委、上海市委宣传部部长、文化部副部长等职。

蒋光慈（1901—1931），左翼作家。曾任上海大学教授，与钱杏邨、孟超等组织“太阳社”。

《火炉》旺苏区

我们感到政治水平的低落，缺乏了基本理论的认识与行动策略的了解。因此我们迫切地要求一种带教育性的刊物，指示我们在实际工作中正确的路线。

——《〈火炉〉的任务》

火炉，一个凝聚着热情与希望的象征，与“革命”二字有着天然契合的神奇基因。1931 年 6 月，一封简短而铿锵有力的信件踏过千山万水，来到了红七军前委的手上。这是一封来自中共中央的信，信里写道，“在七军二十军合编后，七军的任务应当是与湘东南独立师联系……以恢复赣西南的根据地，与一、三军团会合”。7 月，红七军奉命北进，来到兴国，这便是历史上有名的“兴国会师”。与此同时，一本名为《火炉》的刊物也诞生了。

这是一份与红七军密不可分的刊物。

1930 年 7 月 18 日，炎炎夏日之中，红七军军政部编辑出版的《火

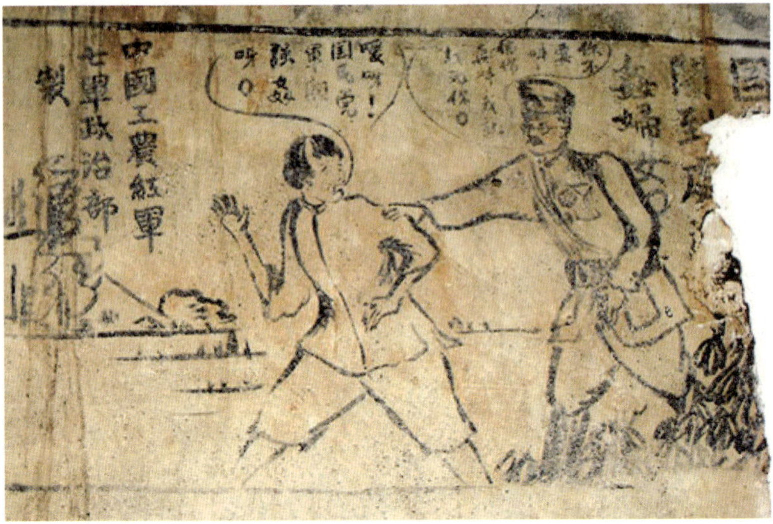

《火炉》在村民家墙上留下的漫画

炉》为本就热烈的革命氛围增添了崭新的一笔。在创刊号中，编辑部诸人详细地阐述了创办《火炉》的原因——他们渴望改变政治水平低落的现状，我笔写我心，在此过程中完成一场对于军人的教育。

如此一来，该刊登些什么，以何种方式刊登便显得尤为重要。作为一本专为红七军创立的刊物，《火炉》以通俗易懂的语言传递着战局中最新的动态。其中，对于革命形势的探究与军队的自身建设是《火炉》最大的亮点。

除此之外，还可以在《火炉》上看到对于第三次反“围剿”的诸多准备。无论是对于军事常识的科普，还是对于前线消息的报道，抑或是对于内部纪律的整顿，都能在这份刊物上找到踪迹。除严肃的军队动态之外，诗歌、小品、散文也同样会出现在这份刊物之上。可以说，它承载着整个红七军“兴国会师”后的写实记录。

1931 年 7 月 13 日红七军到达兴国县城，受到万人大会的热烈欢迎

1931 年 9 月，红七军接受改编，正式成为红三军团中的第五师，以圆满的姿态退出历史舞台。同年 8 月，《火炉》杂志也在发行 4 期后停刊，在红军的办刊史上留下了浓墨重彩的一笔。一方面，《火炉》是红七军内部自我纠正、自我教育的重要刊物，出版的 4 期之中，发表了诸多中央给红七军前委的信件与总结。另一方面，它又是军队贴近民众、传播革命思想的最好选择。正如它自己所言，“《火炉》中焚烧着马克思、列宁主义的烈火”，正是这样燃烧的熊熊火焰，“锻炼我们红七军成为铁的红军”。

《红军日报》播火种

工友们、农民们、兵友们，及一切劳苦群众们：谁是世界上的创造者，谁是世界上的痛苦者，不是我们劳苦群众是谁？我们长期的做、做、做，只是受压迫，受剥削，受痛苦！朋友，不靠自己起来革命，推翻剥削阶级，还怎样呢！

——《红军日报》“为反对军阀混战告民众书”

1930年7月，正值炎炎夏日，长沙城酷暑难耐。城中亦不太平，呈现军阀混战的乱象。正在这时，一支刚刚组建的军队悄悄地进入城中，以出其不意的速度拿下了长沙城。这支军队正是彭德怀与滕代远等人率领的红三军团。攻占长沙之后，红三军团政治部接收了国民党反动派的长沙国民日报社的所有设备，在兵荒马乱之中创办了属于自己的刊物——《红军日报》。

战争的动荡时局使当时的出版行业陷入无法把控未来的危机之中，而《红军日报》也成为中国共产党军队在这一时期唯一成功发行的对开铅印大报。它不仅是唯一，更是第一，重要性不言而喻。在战争中，报纸发挥了无可替代的宣传与动员作用。揭露国民党反动派反动行径，宣传苏维埃和红军，关注民生，这些标签都与《红军日报》有关，使它成为当地最有影响力的报刊之一。一篇篇社论之中，一则则短讯之下，火种落土，正如夏日骄阳一般灼热，带着蓬勃的生机与热力，蒸腾出革命的汗水与骄傲。

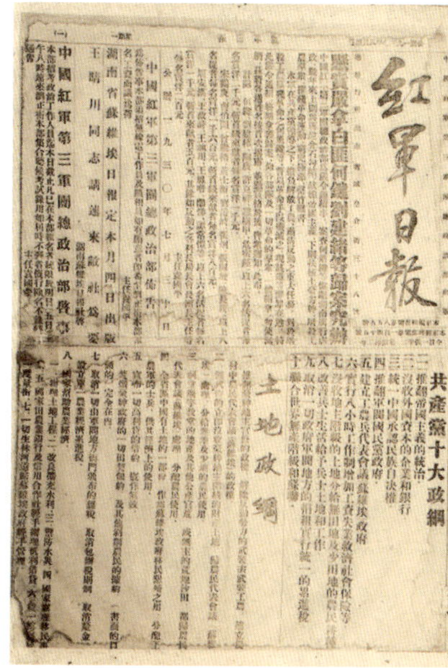
紅軍日報

共產黨十大政綱

一 推翻帝國主義的統治
二 沒收外國資本的企業和銀行
三 統一中國承認民族自決權
四 推翻軍閥國民黨政府
五 建立工農兵代表會議蘇維埃政府
六 實行八小時工作制增加工資失業救濟社會保險等
七 沒收地主階級的土地分給無田地及少田地的農民
八 改善兵士生活給予兵士土地和工作
九 取消一切政府軍閥地方的捐稅實行統一的累進稅
十 聯合世界無產階級和蘇聯

土地政綱

中國紅軍第三軍團總政治部佈告

中國紅軍第三軍團總政治部啓事

《红军日报》

《红军日报》的主要受众是当地的战士与农民，因而它格外注重内容的通俗性与可读性。为了充分发挥报纸的作用，《红军日报》尽量采用口语化的书写方式，就像它在《征稿启事》中注明的那样：“用白话，尽期明了畅达，富有鼓动性。”作为长沙当地的一份宣传报刊，《红军日报》十分“接地气”，可以算是“入乡随俗”。戏曲、方言、歌谣都是《红军日报》宣传的重要手段，广大无产阶级的读者是它期待动员的最大人群。翻开报纸，随处可见如此平实而简单的标题：“黄河河工险象环生——”短短的破折号之后，则是一句话概括事件经过，最后主题鲜明地点出“工农呼吁请求修理，国民匪党置之不理”。这些话题既与工农群众的生活息息相关，又不耗费太多的阅读时间，事情的来龙去脉一目了然。

《红军日报》的最终落幕与它的出现一样突然，8 月 5 日，红三军团主动退出长沙，这份报纸出版 6 期后也随之终结。但在短短的一个月里，《红军日报》已经在长沙这座充满热血的城市中留下了革命的余音。在《红军日报》刊行期间，全城的群众透过它了解到了革命的真实样貌。不仅如此，也有更多的年轻人受到《红军日报》的鼓舞与影响，参加红军。红军的征途还未结束，革命的未来依旧光明，《红军日报》发声于此，见证了历史的烙印。

红刊档案

彭德怀（1898—1974），无产阶级革命家、军事家、政治家。中国人民解放军创始人，中华人民共和国开国元勋。中华人民共和国成立后，历任中央人民政府人民革命军事委员会副主席、国务院副总理兼国防部部长等职。

滕代远（1904—1974），中国工农红军早期创始人，中国人民解放军领导者之一，新中国铁路事业奠基人。中华人民共和国成立后，历任中央军委铁道兵团司令员、政治委员，铁道部部长、第四届全国政协副主席等职。

《红旗日报》一纸风行

我们揭起了中国苏维埃的旗帜，号召了全国反帝国主义及反军阀战争的革命运动，宣布了中国共产党在现在革命中之一切政纲与主张，发布了中国广大群众在目前时局中的斗争要求与战略，更鼓励了全中国之广大工农劳苦群众的阶级斗争。

——《红旗日报》宣言

说起《红旗日报》，不得不站在历史的节点上前后眺望。它并非一份单独存在的报刊，而是位于《红旗》与《红旗周报》之间的承前启后之刊。作为第二次国内革命战争时期的第一份中共中央机关日报，《红旗日报》接过了《红旗》的火炬，继续发声，宣传革命。而这两份报纸交替的过程，也颇具传奇色彩。

《红旗日报》的创刊日为 1930 年 8 月 15 日，而《红旗》的停刊日则为 8 月 14 日，也就是《红旗日报》创刊的前一天。这一无缝对接背后有着深刻的历史原因。

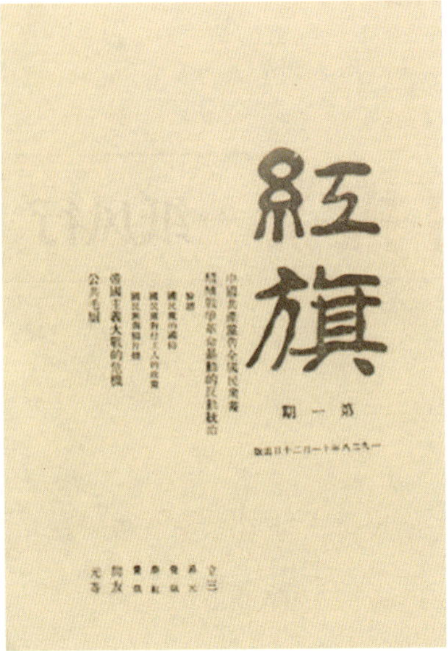
紅旗

第一期

1928 年 11 月 20 日《红旗》创刊号

紅旗

週報

中國蘇維埃第一次全國代表大會的法令草案

勞動法草案

1931 年 3 月 9 日《红旗周报》创刊号

紅旗日報

1930 年 8 月 15 日《红旗日报》创刊号

一切都要追溯到 1927 年那个凄风血雨的时期。大革命失败后，共产党组织大部分活动转入地下，其中包括在上海创办的多份刊物，《红旗》便是其中之一。

三年后，国民党与新军阀之间爆发了中原大战。时任中共中央政治局常委兼宣传部部长的李立三指出，革命与党都迎来关键的历史转折，过去隐匿不出的战略应当调整。出于对形势的错误判断，李立三于 6 月 11 日作出决定，要求所有地下党报全部公开，面向大众高唱革命凯歌。因此，《红旗》停刊当日，便是《红旗日报》诞生之时，而作为中共江苏省委机关报的《上海报》也一同合并其中。

此时，这份具有转折意义的报纸一改往日低调的作风，直接在报头上以“中国共产党中央委员会机关报”这几个大字高调地宣布了自己的身份。《红旗》主编李伟森继续担任该报总编辑，开辟了“社论”“莫斯科通讯”“革命根据地来信”等专栏。功夫不负有心人，《红旗日报》的宣传颇具成效，报纸的代派处遍布上海各大工厂，青年学生和工人积极购买。发刊不久，报纸的发行量便达到 1.2 万多份，数量惊人。与近代史上很多报刊不同，《红旗日报》的代派处不仅接受团体，同时还接纳个人。为了扩大报纸的影响力，中央要求放宽代派处的条件，如愿意参与此项工作，只需填写一张简单的申请表即可。正是由于这种有效的宣传措施，《红旗日报》的发行获得了极大的成功，一时间，铁路、邮局、乡村，处处都能找到《红旗日报》的身影。不知不觉间，《红旗日报》成为人们关注时政，理解工农运动最重要的途径，在口耳相传之间，影响力不断扩大。

然而，公开发行一方面的确扩大了《红旗日报》的影响力，另一方面也使其陷入遭遇查禁的危险之中。所有参与报纸出版的人员都被国民党当局列为重点关注对象，过多的销量也引起国民党当局的不安。到 1931 年《红旗日报》停刊前夕，报纸发行量在国民党当局的高压之下锐减至 1000 份。同年 3 月，《红旗日报》正式停刊。

尽管《红旗日报》退出历史舞台，但“红旗”精神却代代传承。《红旗日报》停刊的那一天，1931 年 3 月 9 日，《红旗周报》在上海正式创办，成为第二次国内革命战争时期中共中央委员会第四份机关报，为宣传党的路线、方针和政策发挥了重要作用，为反帝反封建的伟大事业增添了动力。

红刊档案

李伟森（1903—1931），“左联”五烈士之一。曾任团中央宣传部部长等职。1931 年牺牲于上海龙华。

《前哨》的“普罗文艺”

最近几年来英勇的都市无产阶级断然恢复了 1927 年以来的元气，站在革命的尖端领导着广大的被压迫的革命民众的解放运动，都给予了革命高潮快要到来的象征，虽然取消派正在那里大喊着革命在 1927 年就死亡了。在文化战线上，从来人自为战的革命战士们这时都觉得有联合起来共同奋斗的必要，同时毫无疑问地把文化斗争同政治斗争紧紧联系起来。

左翼文化运动……完全是血的运动！无产阶级文学运动应该是以鲜红的血写出来的！

——梅孙：《血的教训》

1930 年 7 月，一场特殊会议正在“左联”内部召开。这是“左联”成员召开的第三次全体盟员大会。“文艺讲座”之后，他们决定为自己的组织创办一份崭新的机关刊物。这份刊物应当有一个响亮且锐利的名字，几经商讨后，《前哨》成为最终的选择。

然而当时并没有料到，在这份刊物面世前，“左联”却遭遇了沉重的打击。1930 年 8 月，“左联”通过了《无产阶级文学运动新的情势及我们的任务》，活动日趋激进，这与当时党实行的“立三路线”密切相关。“左联”诸位盟员也认为无产阶级文艺斗争到达了需要明确表态的高潮时期。9 月，“左联”激进的主张连其本身的文学性也遭到了否定。与此同时，“左联五烈士”事件爆发，流血冲突升级。革命事业不但未曾推进，反而暂时陷入低潮。《前哨》，正诞生于这样的背景之下。1931 年 4 月 25 日，这本被寄予厚望的刊物正式出版。

殷红的鲜血非但未使手握笔杆的作家们感到恐惧，恰恰相反，《前哨》以更加决绝的姿态发出无产阶级的呐喊。这既是一本面向社会的刊物，又是“左联”盟员内部的自我教育阵地，无论枪炮还是屠杀，都无法动摇他们的信念。文艺已成过去，战斗方成旋律，他们以《前哨》作为阵营，就“普罗文艺”的问题与民族主义文艺派展开极为激烈的论战。

1930 年 6 月，《民族主义文艺运动宣言》出台，将斗争的矛头直接指向左翼作家所倡导的“普罗文艺”。“普罗文艺”来源于法语，意思是无产阶级文艺，始终强调文学与政治经济的强关联性，并认为文学应当为政治服务。对于“普罗文艺”作家所提出的阶级斗争观念，

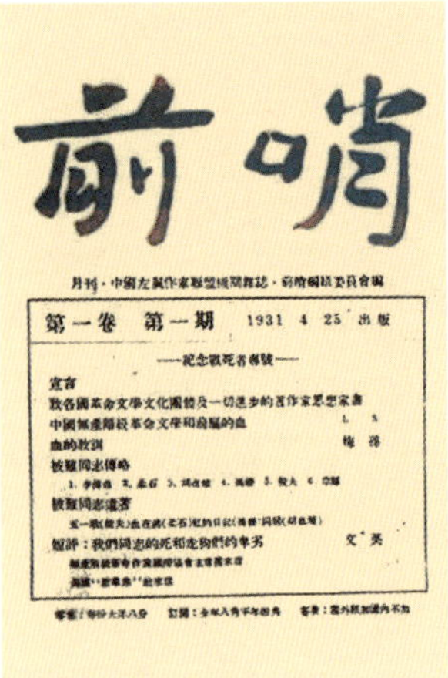
前哨

月刊·中國左翼作家聯盟機關雜誌·前哨編輯委員會編

第一卷　第一期　1931 4 25 出版

——紀念戰死者專號——

宣言

致各國革命文學文化團體及一切進步的著作家思想家書

中國無產階級革命文學和前驅的血　L. S.

血的教訓　梅　孫

被難同志傳略

被難同志遺著

短評：我們同志的死和走狗們的拳另　文　英

《前哨》第一卷第一期

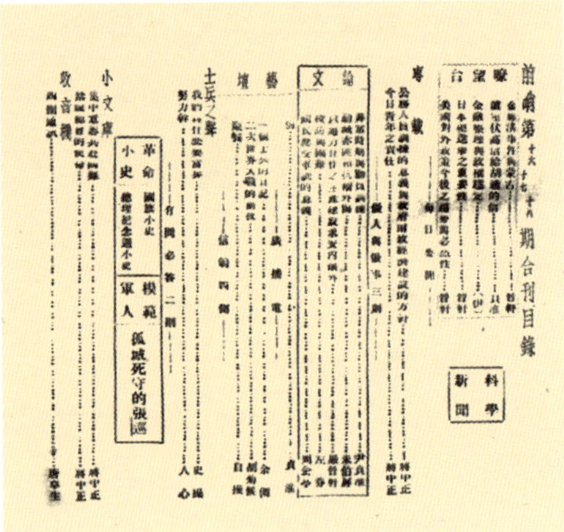
期台刊目錄

論文

專載

藝壇

小文庫

革命小史

模範軍人

孤城死守的張謳

科學新聞

目录

民族主义文艺作家认为这不过是骗人的把戏。两方论战不断升级，直到瞿秋白化名“史铁儿”，在《前哨》第三期上发表《屠夫文学》一文，猛烈地抨击了民族主义文艺所存在的诸多弊端。随后，《南京通讯》与《“民族主义文学”的任务和运命》两篇标志性文章发表，以左翼作家的视角揭露了民族主义文艺对于无产阶级文艺的压迫。不仅如此，为了配合“左联”本身的发展，《前哨》自觉成为国际革命作家联盟领导下的革命刊物之一，并与国际苏维埃取得了联系。在这一次次的论战之中，错误的思想被纠正，马克思主义也得到了有效的传播。不仅如此，左翼阵线内部也更加稳固。

实际上，这完全是一场没有硝烟的战争，其激烈程度不亚于军队在战场上的舍命厮杀。纯粹的无产阶级文艺理论被一再提及，左翼文化的旗帜越发鲜明。正是因为此前受到打压，如今才爆发出更为巨大的能量。但是，这种能量本身具有两面性，纯粹左翼文化的追求一方面拓宽了无产阶级思想的宣传，另一方面也不可避免地为整个组织的分裂埋下了种子。《前哨》出版一期后，由于刊名过于敏感，为避免对杂志本身产生影响，从第二期开始更名为《文学导报》。尽管名字变得更加温和，但内在极强的战斗性却始终保持不变。

嘹亮的哨声吹响，摧毁与重建并行，左翼文学的辉煌时刻，伴随着历史演进，留在这份非凡的《前哨》之中。

红 刊 档 案

“左联”五烈士，指胡也频、柔石、殷夫、冯铿、李伟森五位“左联”作家。他们于 1931 年 2 月 7 日在上海龙华被国民党淞沪警备司令部秘密枪杀。除殷夫外，其余四人均为共产党员。

《工农日报》红遍湘鄂西

以前的文告是写给知识分子看的，尽可掉文，现在的文章是给工农群众看的（知识分子也在内），许多文语不可再用，要用也要经过工农群众了解或改造之后。

——谢觉哉

一张残破的报纸，揭开一段尘封的历史，岁月匆匆走过，又穿越时空而来。1931 年 6 月，湘鄂西根据地首府洪湖瞿家湾，一份深受红军指战员和群众欢迎的刊物诞生了。

瞿家湾是湘鄂西根据地苏维埃政府的所在地，而《工农日报》正是当地苏区政府的机关报。这是一份落地于湘鄂两省交界的地方报纸，继承与发扬了中国共产党一贯的办报宗旨，不仅贴近群众，还专注普及知识，具有很高的推广性与战斗性。“党的生活”“时事要闻”“新名词释义”等精巧独到的栏目都出现在《工农日报》上，尤其是“新名词释义”专栏，承担了教育工农群众的任务，特别具有可读性与趣

谢觉哉

味性。比如，当日报上刊登出列宁的那句“我们要经常用种种方法和小生产者斗争，逐渐转变他们的社会关系”，编辑就会在底下贴心地加上注释，告诉读者们“小生产者”是农民，而“斗争”说的是支持与组织。这些我们平时很容易遗漏的细节都被《工农日报》一一考虑到了，十分贴心。

《工农日报》在苏区的工农群体中引发了热烈的讨论，不少农民都在怀里揣上麻纸簿与铅笔，跟随《工农日报》的步伐读书习字，如饥似渴地获取更多的知识养分。不仅如此，《工农日报》还时刻关注群众的日常生活，在地区遭遇洪水时，它曾经给予极大的关注。正是因为有了这些宣传与引导，灾民才能自觉地全力参与生产自救。可见，这是一份“从群众中来，到群众中去”的报刊。《工农日报》的新闻性不仅体现在对事件的及时报道上，同时也呈现于对事件的深刻解读之中，洪水自救只是表象，其背后还有着保卫苏区的重要意义。而保卫苏区再向下延伸，就可以开始阐述与国民党反动派的深刻斗争。

提起《工农日报》，不得不提到它的主编谢觉哉。这位出生于湖南洞庭湖畔的秀才，曾在近代报刊新闻业上留下鲜明的印迹。主编《工农日报》之前，谢觉哉已经有了五次承办大报的经验，先后担任过《湖南通俗报》《湖南民报》《大江报》《红旗》与《上海报》的主编，编辑经验丰富。对如何办好这份《工农日报》，谢觉哉有着自己的想法。注重新闻性是《工农日报》的鲜明特点之一。这些新闻的选取很有讲究。不仅要发挥报刊的喉舌作用，还要顾及读者的感受，尽量选择短小与

工农日报社旧址

新颖的新闻，让当地的工农群众能一下子抓住重点。

在谢觉哉等人的努力之下，《工农日报》在苏区开辟出一片富有革命气息的天地。群众热爱《工农日报》，他们在当中获得知识，接触革命，而这恰恰是《工农日报》创办的初衷。1932 年 9 月，苏区领导机关整体撤离瞿家湾，《工农日报》才画上了休止符。

红 刊 档 案

谢觉哉（1884—1971），无产阶级革命家、政治家、法学家、教育家、社会活动家，“延安五老”之一，新中国司法制度奠基人之一。中华人民共和国成立后，历任内务部部长、最高人民法院院长、中国政法大学校长等职。

《青年实话》为“苏青”

《青年实话》编委与发行所关系不密切，发行之后不健全，不知是否按期送往前方。去年推销一万五千份，今年没有增加一份，就是说：我们发行工作使读者，投稿同志，减少对《青年实话》的兴趣。

——王盛荣：《〈青年实话〉出现的历史》

1931年7月1日，江西省永丰县龙岗诞生了一份新的报刊——《青年实话》，首任主编是少共苏区中央局成员、宣传部部长陆定一。正如它的名字一样，这是一份面向青年、教育青年的报纸。1933年4月，《青年实话》被调整为中国共产党青年团苏区中央局机关报，承担了更多的责任与使命。和近代中国其他很多昙花一现的报刊相比，《青年实话》堪称“长寿”。直到1934年9月，这份报纸才最终停刊，完成了历史赋予它的使命。

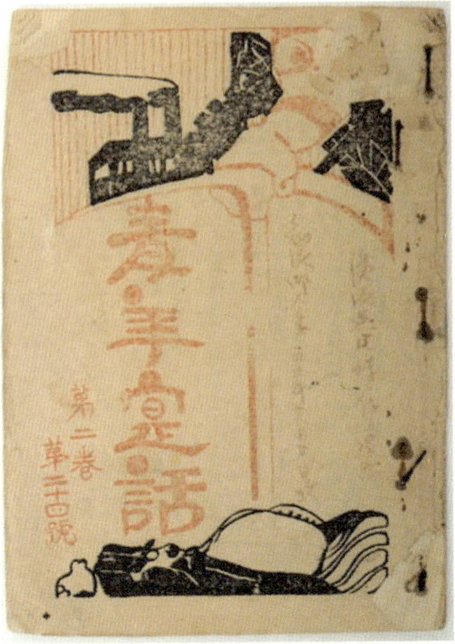

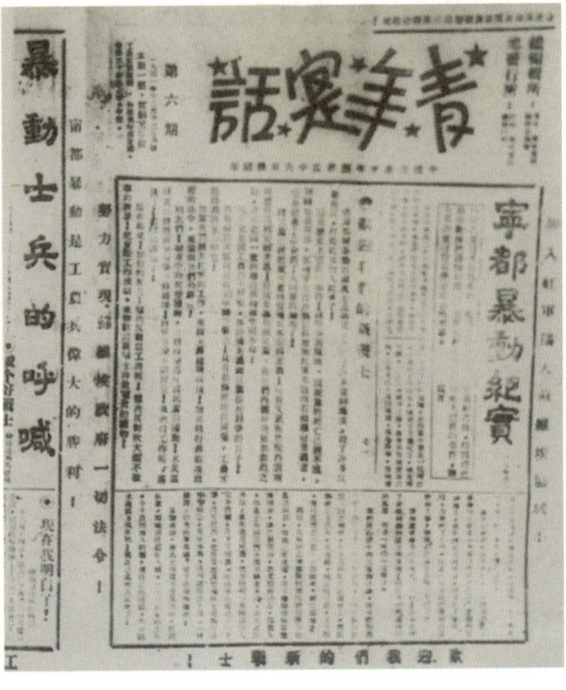
青年實話
第六期
寧都暴動紀實
暴動士兵的呼喊
寧都暴動是工農兵偉大的勝利！
努力實現蘇維埃政府一切法令！
現在我們明白了
歡迎我們的新戰士！

《青年实话》

既然是面向青年，如何在苏区青年中发挥影响力便成为《青年实话》最关心的主题。革命理论教育是《青年实话》首先关注的重点，从介绍马克思列宁主义的杰出领袖，到系统学习十月革命心得，为了让苏区青年们了解风云变幻的国际形势，《青年实话》推出“别人家的孩子”系列专栏，号召身在苏区的青年学习苏联青年。比如，《苏联红军战士跑冰竞争》一文勾勒了苏联青年积极投身体育运动的模样，从而号召苏区青年也要强身健体，为未来的革命事业打下坚实基础。

不仅如此，“开小差”这类语汇也会出现在《青年实话》中。为了劝导苏区青年坚定意志，不做中途逃跑、放弃革命的士兵，《青年实话》在宣传工作中一方面号召全体同志帮助逃跑者解决问题，另一方面也对“开小差”的青年本人给予谆谆教诲。这种寓教于乐的宣传颇有成效。

不同于一般的党政机关报刊，《青年实话》更具有一种活泼的少年气息，从它诞生之初，便十分注重报纸的销量问题。相比于一些不愿公开发行数据的报刊，《青年实话》会直接公开自己的发行量，还会对自身发行的不足与销量的锐减进行有理有据的分析。这一方面是对办报本身的反思，另一方面也为后世留下了诸多极为珍贵的史料。根据数据显示，《青年实话》最高发行量曾达到三万份。为了卖出更多的报纸，编辑们想方设法，甚至专门组织“叫卖队”进行推销。

为了能卖出更多的报刊，《青年实话》还在第十期中刊登了一篇名为《本报大刷新启事》的文章，如今读来，也让人忍俊不禁。它写道：“希望本刊的读者，此后更努力帮助我们多多推销，多多组织读报班，使大家都知道本刊内容！”《青年实话》不仅要求读者来看，还如此直白地表示欢迎多多推销，相当有趣。此外，《青年实话》还组织了读报班，类似于今天的兴趣小组或读书会，这种做法可谓一举多得。一方面，组织“读报班”能够帮助各个水平的读者交流思考；另一方面，又能扩大刊物的销量。这种独特的营销方式即便放在今日也不过时。这不仅要把刊物卖出去，还要关心读者是不是真的在阅读，《青年实话》更热情洋溢地呼吁：“多写文章寄来本刊，并且踊跃批评本刊！”

发行的三年间，《青年实话》取得了极大的成功，不仅成为苏区发行量位居前列的报刊，更重要的是，它在苏区培养与教育了一大批青年，为革命事业留下了一颗颗尚未成熟但终将开花结果的种子。正如时人对它的评价那样：“它是一份红军青年与工农劳苦青年必不可少的读物。”

红刊档案

陆定一（1906—1996），中国共产党的重要作家和文化人物。1927 年起担任共青团中央宣传部部长、共青团驻少共国际代表。长征时曾任红军总政治部宣传部部长。中华人民共和国成立后，历任中共中央宣传部部长、国务院副总理等职。

王盛荣（1907—2006），中国共产党优秀党员，老红军。1931 年任中国共产主义青年团中央委员会苏区中央局委员、少先队总队长。中华人民共和国成立后，历任重工业部副部长等职。

《北斗》闪烁

发行未久，已被国内外读者所称许。公认为1931年我国文坛唯一的好刊物。

——《北斗》第三期

当我们抬头仰望星空，认出那个高悬于天际的明亮斗勺时，第一时间便能叫出那个耳熟能详的名字——北斗七星。对于北斗星的记载历经千年，而无论季节如何更迭，北斗永远指向北极星，因此，人们常常用它来引领方向。

20世纪30年代的中国，思潮涌动，充斥着种种努力与迷惘。正在此时，一本以“北斗”命名的刊物出现，好像遥远的星河密语一般，为中国左翼文学的发展照亮征途。

《北斗》的出现绝非偶然。它诞生于1931年9月，当时左翼文学的发展进入艰难的瓶颈时期，既有国民党当局对出版物的高压，又有《前哨》为了应对此种情况的激进呐喊，使整个“左联”组织陷入了迷茫分裂之中。针对这种棘手局面，正在上海养病的瞿秋白给出了自己的建议：《前哨》应继续办下去，同时我们也需要一份能够刊

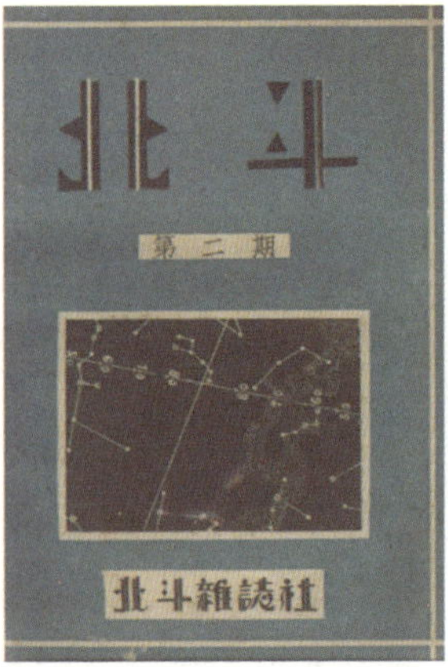

《北斗》

刊登在《北斗》扉页的德国版画家凯绥·珂勒惠的作品《牺牲》

登创作作品的文学刊物。

作为“左联”的理论指导刊物，《前哨》抹去了自己的文学特性，以极高的战斗力投身革命，而《北斗》正因此而生，为的是对《前哨》进行一种温和的补充。因此，它必须不同于以往的任何一份革命刊物，它的特色不需要“红”，反而要偏向“灰”，从而能够以更持中客观的立场作为缓冲，给革命与创作提供一块“柔软”的缓冲地带。在这样的前提之下，丁玲最终被委以重任，成为《北斗》杂志的主编。

丁玲

在《北斗》的诸多栏目中，“批评与介绍”最为亮眼。翻看这一栏目的撰稿者名单，不难发现大批绽放耀眼光芒的文坛巨星：鲁迅、茅盾、瞿秋白、冯雪峰、郁达夫，他们都曾在此发表过关于文学的理论批评。这些批评很大程度上洗去了“左联”当时过重的战斗风气，转而回归文学本身，并对不良文学现象进行了批评，帮助时人认清何为真善美的文字。

对“左联”与左翼文学而言，《北斗》的出现是一次较为彻底的纠偏，这在近代文学与左翼文学的历史上都有着重要的意义。无论是宗派主义，抑或关门主义，都是左翼作家们在历史发展中艰难探索的心路历程。正是因为有了《北斗》，各种声音才有了自由探讨的空间，左翼文学的内部完成了一种符合时代发展的自我纠正，及时防止它陷入错误的旋涡，真正的无产阶级文学也得以生长。

1933 年 5 月，《北斗》被国民党当局以“助长赤焰，摇撼人心”的罪名查禁，共出版了 2 卷 8 期 7 册。尽管《北斗》只出版了不到一年，却超越了左翼文学本身，犹如注入南北文坛的一剂强心针，激发出蓬勃的生命与活力。

红刊档案

丁玲（1904—1986），著名作家、社会活动家。曾任《解放日报》文艺副刊主编、陕甘宁边区文协副主席等职。代表作有《太阳照在桑干河上》等。

苏维埃第一报《红色中华》

《红色中华》是中华苏维埃共和国临时中央政府的机关报。

它的任务是要发挥中央政府对于中国苏维埃运动的积极领导作用，达到建立巩固而广大的苏维埃根据地，创造大规模的红军，组织大规模的革命战争，以推翻帝国主义国民党的统治，使革命在一省或几省首先胜利，以达到全国的胜利。

——《红色中华》发刊词

尽管 20 世纪 30 年代的中国仍然处于动荡与不安的交错之中，但与此同时，随着苏区的建立，中国共产党的发展也进入崭新的阶段。1931 年 11 月，中华苏维埃共和国临时中央政府成立，这是中国共产党初次建立人民政权的伟大尝试。因此，新的刊物也配合政权的发展而出现，《红色中华》应运而生，于 1931 年 12 月 11 日创刊。

有趣的是，与其他刊物相比，《红色中华》有一行极为正式的

紅色中華
第二期
歡迎投稿
中華蘇維埃共和國臨時中央政府對外宣言

《红色中华》

报头题字，足足长达十七个字：中华苏维埃共和国临时中央政府机关报。这恰恰表明它最重要的身份。这个特色十足的报头曾在第 50 期时有过短暂的改变，这是因为当时中华苏维埃共和国临时中央政府撤离至瑞金，使《红色中华》的性质有了变化。但在总共出版的 248 期中，有报头的刊物仍然占了绝大多数——铿锵有力的十七个字，写透了一份报纸的荣光与力量。

中华苏维埃共和国临时中央政府主席毛泽东对《红色中华》的创办倾注了极大的关心，他挑选了周以栗、王观澜等精干力量组成编辑队伍，明确办报宗旨和任务，把《红色中华》作为苏区文化事业的名片来打造。

记录苏区生活是《红色中华》最为重要的任务。它不仅是苏区生活的记录者，同时也是苏区发展的引领者。在《红色中华》中，我们不仅能够看到党对于苏区群众进行无产阶级宣传的场景再现，还能体会到报纸本身对于陋习的批判与新生活的赞美，褒贬分明，具有强烈的引导意味。与之相对，《红色中华》不仅着眼于苏区，还致力于揭露国统区的生活状况，鲜明的反差打开了当地群众的视野。

《红色中华》里的漫画

为您读红刊

《红色中华》是如何对群众进行教育的？想要回答这个问题，我们不妨翻开旧页，就能看见它专门开辟的“红板”栏目。所谓“红板”，其实就是光荣榜，用来表扬先进分子。这一举动看似简单，却大大地加深了群众的参与感。据统计，在《红色中华》发行期间，有数千人曾经“榜上有名”。

相对于日后出版的很多党报，《红色中华》显示了它的初创性。正是这份创立于战火之中的报纸为党的新闻宣传领域开启了新的纪元。它留下了许多东西，好似刻在骨子里的 DNA 一般，直到今天也依然能在诸多党报中寻觅到踪影。比如，针对相对落后的赣南、闽西的群众进行指导，体现出“农村包围城市”的革命思想脉络。那些接地气的话语，真诚的科普，层层推进的教育，无不体现着党的核心本质：从群众中来，到群众中去。“群众”二字，看似简单，但正是有了他们，才赋予了党最为强大的力量。

正是因为《红色中华》坚持办报的群众性原则，它的发行量最初为三千多份，到 1933 年至 1934 年间增加到四五万份，是中央苏区发行量最大、影响面最广的报纸。

红色落遍神州大地，中华也即将觉醒，《红色中华》承载了太多“第一次”的期盼，对于党而言，这是一次了不起的伟大尝试。在历史的长河之中，《红色中华》也凭借着与群众的近距离接触而拥有姓名，政权初建的青涩，刊物创办的探索，都在红刊历史上留下了浓墨重彩的一笔。

1934 年 10 月，中央红军撤出根据地后，《红色中华》一度停刊。至 1935 年 10 月，中央红军到达陕北后，于 11 月 25 日在瓦窑堡复刊。1937 年 1 月，根据中共中央决定，《红色中华》更名为《新中华报》。至此，《红色中华》完成其历史使命。

红刊档案

周以栗（1897—1934），中国共产党早期优秀党员，早期革命活动家之一。曾任湖南省农民协会执行委员、中共中央长江局军事部部长、红一方面军总政治部主任、《红色中华》第一任主笔等职。

王观澜（1906—1982），中国共产党早期从事农民运动和土地革命的领导人之一。曾任《红色中华》主编，中华苏维埃共和国中央政府土地部部长、中央农委员会陕甘宁辖区党委副书记兼统战部部长。中华人民共和国成立后，历任中央政策研究室副主任、农业部党组书记兼副部长、国务院农林办公室副主任等职。

《十字街头》的选择

日本占据了东三省以后在上海一带的表示，报章上叫作“国难声中”。在这“国难声中”，恰如用棍子搅了一下停滞多年的池塘，各种古的沉滓，新的沉滓，就都翻着筋斗漂上来，在水面上转一个身，来趁势显示自己的存在了。

自信现在可以说能打仗的，是要操练久不想起的洋枪了，但也有现在也不想说去打仗的，那就照欧洲大战时候的德意志帝国的例，来“头脑动员”，以尽“国民一份子”的义务。有的去查《唐书》，说日本古名“倭奴”；有的去翻字典，说倭是矮小之意；有的记得了文天祥、岳飞、林则徐——但自然，更积极的是新的文艺界。

——鲁迅：《沉滓的泛起》

倘若我们置身于车流湍急的十字街头，看着熙熙攘攘的人群，会产生怎样的感觉？是迷惘、不安，抑或跃跃欲试、信心满满？十字街头，一个原本充满无限遐想与可能的词汇，将它用于20世纪30年代的刊物之上，或许再合适不过。彼时中国，充斥着各式各样的声音与信号，恰如站在十字街头踌躇犹豫的旅人一般，小心翼翼地试探着未来的方向。1931年12月11日，《十字街头》作为“左联”机关刊物之一，正式创刊。

《十字街头》

无论从哪种意义上来说，这都是一本过于“短暂”的杂志。

1932年1月5日，距离创刊不到一个月，《十字街头》就面临了停刊的命运。它仅仅出版3期，就退出了风起云涌的历史舞台。不过，《十字街头》的命运绝非个例，而是当时一众杂志面临的残酷现实。1930年12月25日，国民党当局颁布《出版法》，规定对所有出版物进行严格审查，但是这种审查实际上并没有一个明确标准，界线十分模糊，几乎所有出版物都可以被冠以“意图颠覆国民政府或损害中华民国利

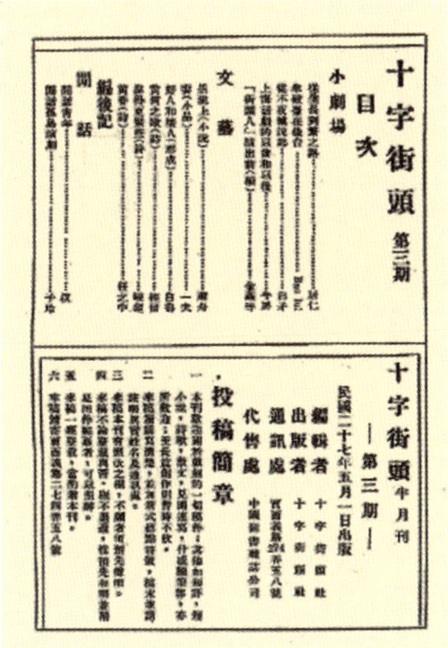

目录

益”的罪名。而一旦被以此定罪，便要接受极为严厉的处罚，甚至面临长期徒刑。在这种高压态势之下，许多进步刊物都面临着沉默或继续发声的抉择，《十字街头》便是其中之一。

作为一本属于“左联”的刊物，《十字街头》对同根同源的《北斗》进行了时间上的补充。《北斗》是月刊，时间过长，不能满足即时发表意见的需要。出于此种考虑，鲁迅与冯雪峰等人商议决定出版《十字街头》双周刊，力求以最快速直接的视角审视一切。这种迫切发声的祈愿贯穿了期刊的发展，鲁迅发表了多篇杂文，如《沉滓的泛起》《“友邦惊诧”论》《水灾即“建国”》《“智识劳动者”万岁》等诸多名篇，以最辛辣的笔触讽刺时政，揭露国民党当局的虚伪，战斗力之强，令人胆寒。

尽管《十字街头》只有短短 3 期，但它折射了 20 世纪 30 年代中国诸多报刊的真实业态，也为后人观察那个时代留下了无穷的探索空间。对于中国红色文化而言，《十字街头》是无产阶级文学的有力一笔，与革命的整体发展又有着千丝万缕的联系，可谓相辅相成。《十字街头》一方面以左翼文学对革命进行补充与宣传，另一方面又成为中国革命历程最有力的见证者之一。立足今日，向后回望，中国革命终究走出了迷惘的十字街头，选择了正确而光明的前路。

《红星》伴长征

《红星》报今天和同志们初见面，要把它是一个什么东西和以后要做的事情和同志们讲一讲。

…………

它要是一架大无线电台，各个红军的斗争消息，地方群众的斗争消息，全中国全世界工人农民的生活情形，都可以传到同志们的耳朵里。

它要是一个政治工作指导员，可以告诉同志们一些群众工作、本身训练工作的方法，可以告诉那些工作做得不对，应当怎样去做。

…………

它要是全体红军的俱乐部，它会讲故事，会唱歌，会讲笑话，会讲苏联红军兄弟们的情形给大家听，会变把戏，会做游戏给大家看。

…………

它的任务很大，所以就要红军全体同志们来帮助它，多多供给它材料，才能完成它的任务！

——《〈红星〉报见面话》

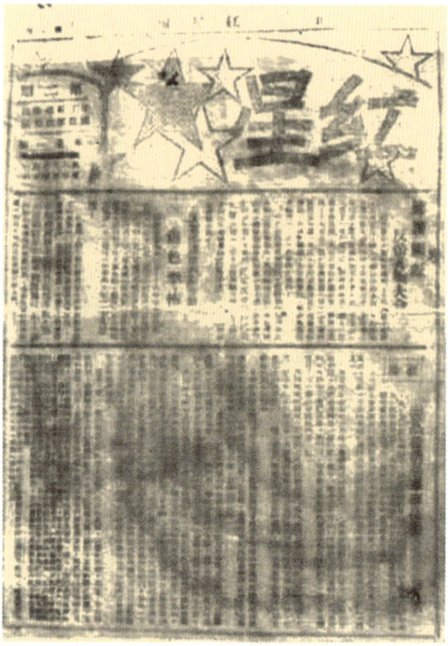
红星

《红星》报第二期

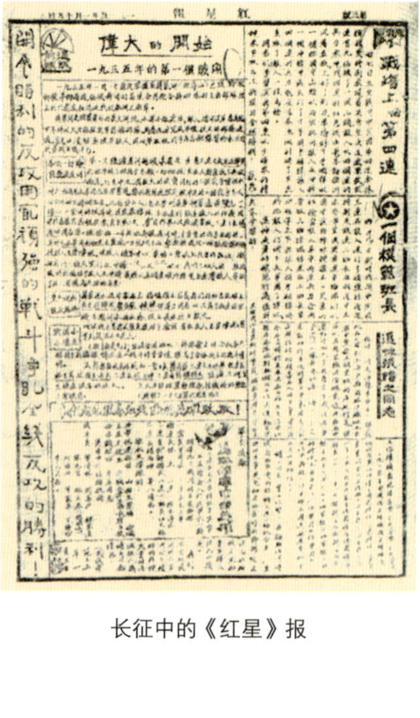
伟大的开始

一九三五年的第一个胜利

战场上的第四连

一个模范班长

开展胜利的反攻用顽强的战斗争取全线反攻的胜利！

长征中的《红星》报

提起红军，不得不说起这份名叫《红星》的报纸。或许很多人都对它的名字感到陌生，但实际上，它与红军的工作紧密相连。在它的报头下栏，赫然写着这样一行字：中央革命军事委员会总政治部出版。这份光辉熠熠的《红星》，正是中华苏维埃共和国中央革命军事委员会的机关报。

1931 年 12 月 11 日，瑞金叶坪乡洋溪村一如往常般平静，但倘若从历史的后端眺望前端，就能明白这一天的独特意义，《红星》诞生于此，并在特殊的年代之中，承担起特殊的使命。《红星》属于红军，从诞生的那一刻开始，这份报纸便“服务红军政治工作”的大局，从政治讨论到消息汇总，由诗词歌赋到特载论文，《红星》的一切都与红军紧密相连。“提高红军的政治水平线”，是它从未忘却的箴言。

纵观《红星》的发展历程，可谓一波三折，跌宕起伏。《红星》一共出版了 129 期，从 1931 年到 1935 年，在这短短的四年时间里，这份报纸历经三次停刊，两次复刊。张如心、邓小平与陆定一先后担任过《红星》主编。在邓小平担任主编期间，《红星》成为他新闻观的最好实践。《红星》是中国共产党内部安定团结的思想重镇，它将党性发挥到了极致，更是一刻不忘群众路线的意义，批评与自我批评积极展开，而这一切都是为了让《红星》发挥红色报纸应有的作用。

实际上，《红星》不仅属于红军，也属于当时生活在苏区的人民。《红星》中常有不少接地气的话语。例如，对于卫生常识的普及：瓜果必须去皮，不要暴饮暴食，不喝不干净的水……这些如今我们看来不值一提的小事，全都是《红星》耐心叮嘱与关怀的主题。作为一份与军队有着密切联系的报纸，《红星》还常常登载对军人亲属的抚恤政策。在艰苦的革命战争年代，广大军民称《红星》是“一面大镜子”“一架大无线电台”“党和红军工作的指导员”。该报在红军队伍中的影响之大、受欢迎程度之深，可见一斑。

三个版本的《红星》各有特点，尽管栏目多经更迭，但核心主张却始终如一。最引人注目的当属1934年10月重启的“长征专刊”。在那个艰难的征途中，作为唯一的中共中央、中革军委的机关报，《红星》在传播中共中央、中革军委的政策法令、开展思想政治教育、鼓舞官兵士气等方面起到了极大的“精神食粮”作用。血腥的战争、恶劣的自然环境、物质匮乏等困难都难不倒《红星》人，他们坚持出报，整个长征一共出版了28期，遵义会议精神、红军强渡乌江等重大消息，均在《红星》中及时登载，成为一段红色历史的见证者。至1935年8月，红军即将进入陕甘边区，由于纸张和油墨均已用尽，《红星》被迫停刊。然而，《红星》肩负的记录长征、解读长征、构想未来的重要使命在中国近代整个报刊发展史上依旧璀璨生辉，成为后人了解伟大长征精神的宝贵财富！

《文学》的气势

我们需要刻苦的学习，在实际的社会生活里学习，向现实的大众学习，各方面的分工学习。我们应当真正的教育大众：在斗争的过程之中，自己队伍里的先进分子对于自己同志的智识上的帮助，这是大众的自我教育。

——茅盾：《智识独占主义》

鲁迅、茅盾、郑振铎、叶圣陶、郁达夫、冰心、老舍、巴金、丁玲、沈从文……当这些名字聚集在一起的时候，光是读一读就让我们感到星光熠熠，不禁内心澎湃。这一个个响亮的名字后面有无数脍炙人口的名篇，这一批伟大的作家几乎可以称得上中国近现代文学的缩影。究竟是什么能让这些人一同出现呢？答案并非教科书，而是一本 20 世纪 30 年代的杂志，名曰《文学》。

这本杂志的名字取得颇为有趣，“文学”二字，既简单明了，又意蕴深厚，甚至不禁让人心生疑问——是不是有说大话的嫌疑？毕竟纵观民国时期，和文学有关的杂志多如牛毛，但从未有哪本“狂妄”到直接以“文学”冠名。满怀这样的疑问，仔细翻阅这份杂志，发现答案无可置疑：这本 1933 年 7 月创刊的杂志，至 1937 年 11 月上海沦陷后停刊，前后持续四年多时间，是继《小说月报》之后，全国抗战爆发前寿命最长的杂志。与此同时，它也是 20 世纪 30 年代文坛上影响最大的大型文学刊物。

《文学》名义上的主编有两位，分别是郑振铎与傅东华。但实际上，20 世纪 30 年代几乎所有的知名作家都参与了它的编辑工作，茅盾更是作为“隐性主编”守护在这本刊物的背后。尽管众星云集，但《文学》的核心任务之一却是培养新人。《文学》的编辑们深知，对中国文坛而言，源源不断的新鲜血液才是创作得以永葆生机的关键。而在茅盾的编辑策略中，他巧妙地运用了“名人效应”与“新鲜感”这两种截然不同的方法。一方面，茅盾积极邀请知名作家为《文学》供稿；另一方面，他也以最大的热情与精力培养新一代的作者。作为一代文化名将，茅盾以《文学》为最重要基点，振臂高呼，号召全国的作者们一同加入以文学救国的行列中来。可以说，因为有了茅盾，才成就了《文学》，而也正是因为有了《文学》，才完成了茅盾的心愿。

随着抗日战争进入紧张的关键阶段，中国文学将走向何方，身处战争中的中国作家们又该如何自我定位，都成为《文学》最关心的话题之一。左翼色彩一直是《文学》特有的追求，左翼作家也一直积极地在此发声。以鲁迅为例，从 1933 年 7 月到 1935 年 10 月，鲁迅陆续在《文学》上发表了将近 30 篇文章，提出了无产阶级文艺的观点。正是由于《文学》提供了这样的土壤，才会有越来越多的年轻人受到鼓舞。不过，与其说它是哪一派文人的话语场地，不如说是 20 世纪 30 年代左翼作家驰骋的阵地。茅盾与同人一道，在国民党的枪刺尖下跳舞，在这块阵地上发出自己的声音，以完成左翼期刊的使命。

《文学》的时代已成为过去，但它的历史地位不可撼动，留下的

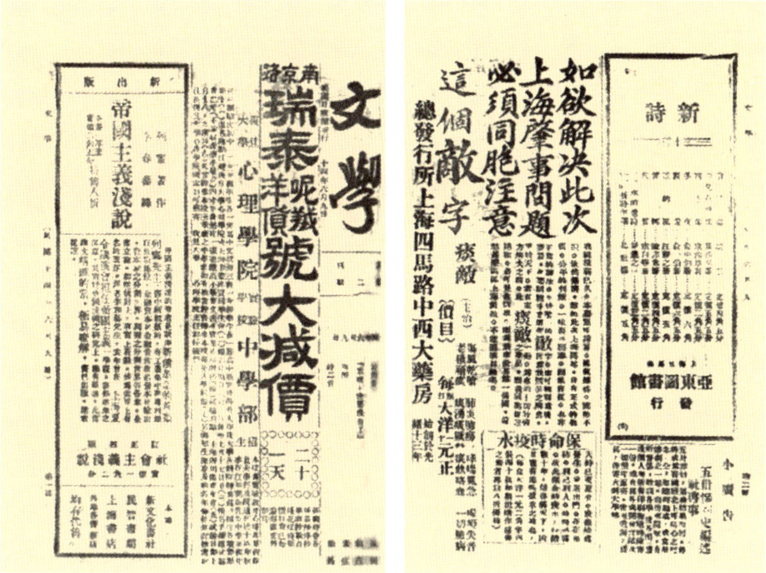
文學

南京路 瑞泰呢絨洋貨號 大減價

帝國主義淺說

心理學院

如欲解決此次上海瘟事問題必須同胞注意這個敵字

總發行所上海四馬路中西大藥房

新詩

亞東圖書館 發行

《文学》

思考依然延续至今。在群星闪耀的 20 世纪 30 年代文坛中，曾留下过前人最深刻的思索。或许，一切真如它的名字般简单直白，所思所想，不过“文学”。

红 刊 档 案

郑振铎（1898—1958），中国现代杰出的爱国主义者、社会活动家、作家、文学史家。中华人民共和国成立后，历任中国科学院考古研究所所长、文化部副部长、全国政协委员等职。

《读书生活》新知

认识之一泉源是读书。

《读书生活》就在这一意义上，它想尽一点小小的任务。希望全国学者，作家，来和我们合作罢！

希望本刊全体读者自己来接受这一块园地，培植这块园地罢！

希望读活书的人数一天天加多，大家来多创造一点新园地罢！

——李公朴：《〈读书生活〉发刊词》

1934年11月10日，在上海凛冽的寒风中，一份名为《读书生活》的半月刊诞生了。它的创始人，就是著名的爱国民主人士李公朴。

当时的上海，白色恐怖笼罩，但一批共产党人和进步民主人士仍然奋战于思想文化战线。在《申报》“读者问答”副刊专栏执笔一段时间的李公朴预感自己的栏目有可能被查封，就带着原班人员从《申

《读书生活》

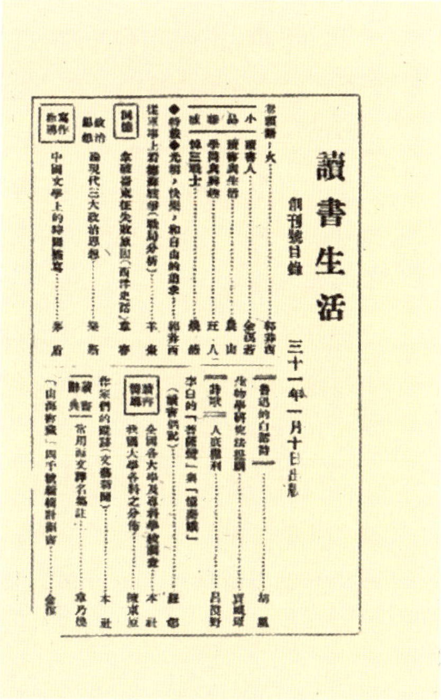

讀書生活

創刊號目錄

三十一年一月十日出版

卷頭語：火……郭莽西

小品　讀書人……金溟若

讀書與生活……農山

學問與興趣……莊人

悼三戰士……煥然

◆特載◆光明，快樂，和自由的追求……郭莽西

從軍事上看蘇德戰爭（戰局分析）……千森

論壇　拿破崙失敗原因（西洋史話）……章春

政治思想　論現代三大政治思想……柴斯

寫作指導　中國文學上的時間描寫……茅盾

魯迅的白話詩……胡風

生物學研究法提綱……賈祖璋

詩歌　人民勝利……呂恒野

李白的「菩薩蠻」與「憶秦娥」（讀書劄記）……羅郁

讀書指導　全國各大學及專科學校調查……本社

我國大學各科之分佈……陳東原

作家們的嚴謹（文藝隨筆）……本社

讀書辭典　常用語文譯名備註……章乃煥

「山海經」「四千餘種的計劃書」……金作

目录

报》分离出来。正因为有了这个强大的基础，《读书生活》创刊后办得风生水起。到 1936 年春，李公朴租下上海静安寺路斜桥弄 71 号，办起读书生活出版社，上海由此有了一块进步文化阵地的坚强堡垒。

读其名，念其事，这本杂志因读书而生，也时刻围绕读书而行。谈起读书，首要问题自然是该读什么样的书和如何读书。为了帮助读者解决这个问题，《读书生活》刊载了不少这方面的文章，如《读文法书》《怎样读译本书》《如何读报》，等等。

《读书生活》指出，阅读的本质在于包容，人人都应当读书，人人也都有机会读书。正是这种“兼容并包”的精神，无论是精于学问的知识分子，还是初通文墨的大众读者，都能在杂志中找到自已感兴趣的内容。作为一本先后出版 50 期的半月刊，《读书生活》堪称畅销，光是最初销量就有一万份，最多时曾翻了一番，达到两万余份。

如果我们仔细审视《读书生活》的具体内容，不难发现除了读书之外，它非常关注时代主题，救亡图存、民族命运、马克思主义传播、无产阶级觉醒等都是它倡导的内容。以“名词解释”栏目为例，《读书生活》在其中加入了大量的马克思主义词汇，如我们再熟悉不过的辩证法、剩余价值、感性认知等。除此之外，许多知识分子也在《读书生活》中发表宣传马克思列宁主义的文章，如第一卷第二期中的《商品的故事》一文，就以简明扼要的语言阐述了商品经济的规律，它写道：“却说现在世界上的人，连你我都在内，想要生存下去，就不得不与这些商品发生关系。”

值得一提的是，使《读书生活》渐趋富于影响力的，是它连续刊登了艾思奇的 24 篇《哲学讲话》。1936 年年初，这 24 篇讲话汇编成册，李公朴亲自撰写了《编者序》，告诉读者，“这本书的内容，全是站在目前新哲学的观点写成的。新哲学本来就是大众哲学”。他说的“新哲学”，就是马克思主义哲学。后来《哲学讲话》易名为《大众哲学》，被称为马克思主义哲学中国化的成功探索。

由此可见，《读书生活》倡导的生活化与通俗化的语言让读者更加感同身受地理解到当时的民族境遇和民族抗争的血泪。正如在发刊词中写到的那样：“本刊到底是要偏重于书的一方面的，对于国运挽回、民族解放这些大题目，我们虽不敢将它遗忘，但衡量轻重，依据分工的原则，我们却不敢以此为己任。”

不忘家国，但说读书。正是因为有了《读书生活》这份特别的杂志，20 世纪 30 年代上海的大街小巷中才有了越来越多关于“读书”的探讨。虽然在 1936 年 11 月，李公朴被国民党当局逮捕，《读书生活》被查封。但《读书生活》对马克思主义的宣传，如潜入夜的春风一般，渗透进人们的言语点滴，加深了人们对于无产阶级思潮的理解。生活落在脚边，读书留在心间，书有千万语，终将拉起航线，带着所有答案与希望，走向未来。

红刊档案

李公朴（1902—1946），伟大的爱国主义者、坚定的民主战士，著名的救国会“七君子”之一，“中国民主同盟”“中国人民救国会”等爱国组织的主要负责人之一。1946 年 7 月 11 日，李公朴夫妇被国民党特务暗杀。

《大众生活》把力气用在大众上

力求民族解放的实现，封建残余的铲除，个人主义的克服：这三大目标——在汪洋大海怒涛骇浪中我们的灯塔——是当前全中国大众所要努力的重大使命；我们愿竭诚尽力，排除万难，从文化方面推动这个大运动的前进！

——《大众生活》发刊词，邹韬奋：《我们的灯塔》

“我是一个劳苦的工人，没有太多的时间，知识也很浅薄，对各种文学刊物是不感兴趣的，唯有《大众生活》是我最亲近的读物，不但这样，每期我都要把六份《大众生活》分寄给我的弟弟及朋友们。”翻开历史的旧页，大浪淘沙，我们在其中找到了这份朴素的留言，它来自《大众生活》第 14 期的“大众信箱”。若问《大众生活》究竟是一本怎样的杂志，或许这段简单的留言就是最好的答案。

1926 年，邹韬奋在上海创办了一本名叫《生活》的杂志。但在 1932 年，这本杂志遭到国民党当局的严厉查封，就连邹韬奋本人也受到牵连，流亡海外。三年后，邹韬奋回国，他并没有被困难吓倒，依然决定在上海重拾未竟的事业，于 1935 年 11 月创办了《大众生活》周刊。

邹韬奋

《大众生活》创刊号

《大众生活》第一卷第六期

这本接地气的刊物有着三个重要目标：力求民族解放的实现、封建残余的铲除和个人主义的克服。《大众生活》的创刊词中提到，在评论彼时中国的现状时，人人都知道感慨一句“民不聊生”，但空谈误国，实干兴邦。只有把力气用在真正的大众身上，认真凝视他们的生活，才能找到真正的破局之法。

九一八事变之后，日本加快了侵略中国的步伐。与此同时，越来越多的抵抗与觉醒也彰显了中华民族的无畏底色。这一时期，大批杂志如雨后春笋般涌现，作为其中之一的《大众生活》也充分适应战争的要求，展现出极强的灵活性。“星期评谈”“漫笔”“大众信箱”等栏目并不一味固定，而是随着时事灵活变通。《大众生活》创刊一个月后，北平爆发了一二·九运动，杂志对此给予了积极的响应，刊载通讯，发表社论，声援学生。大众文艺也是它所关心的重要话题。如何以浅显直白的语言传递道理，让所有人参与到文艺的创作之中，是《大众生活》始终探讨的主题。

1936 年 2 月，出版了 16 期的《大众生活》再次被国民党当局查封。但火炬不灭，终将重燃。1941 年 5 月，《大众生活》在香港复刊。这次复刊也仅仅持续了半年时间，保留下近 30 期的珍贵资料。

《大众生活》是一代又一代革命报人的缩影，它启迪与鼓舞了成千上万的民众，更对青年学生有着不可替代的意义。邹韬奋为这份杂志写下的以“灯塔”为名的发刊词，带着一代革命报人的期许，且不负所托，成为启迪 20 世纪 30 年代大众生活的灯塔之一。

红刊档案

邹韬奋（1895—1944），著名记者、出版家。曾组织成立了上海文化界救国会，加入中国民权保障同盟，是救国会“七君子”之一。

《救国时报》遍传全球

我侨胞今日之责任，不简单在对国内抗日运动施以援助，而在于立即奋起，为国内倡，不分党派、帮口、地域同乡以及职业局限，以抗日救国为依归，谋一致的团结，以为国内同胞的模范。我们向全体侨胞作积极的建议，以为一致团结之最好方法，是组织华侨救亡大会。

——《组织华侨救亡大会》

1935 年 12 月 9 日，大批学生在北平聚集，高举爱国主义旗帜，反对日本帝国主义推行所谓的“华北自治”。一时间社会各界掀起了抗日高潮，史称一二·九运动。就在同一天，遥远的巴黎诞生了一份新的刊物，《救国时报》周刊正式创刊。

这份诞生于巴黎的《救国时报》受中国共产党驻第三国际代表团的直接领导，致力于在海外宣传国内的抗战情况，揭露南京国民党当

一二·九运动

《救国时报》员工合影

局的腐败统治，以坚定的姿态活跃于世界反法西斯阵营之中。但实际上，《救国时报》的诞生几经波折，可谓跌宕起伏。

说起《救国时报》的历史，必须追溯到1935年5月创办的《救国报》。《救国报》本身颇为传奇，它的编辑部在苏联，印刷与发行地却在巴黎，是中国共产党主导的一份海外中文刊物。《救国报》共出版了15期，由于外交上的考虑，被法国政府紧急叫停。但吴玉章等人并没有放弃，而是想了个法子，在报头上多加一个“时”字，摇身一变成为一份新的报刊。如此一来，《救国报》的确停办了，而《救国时报》犹如新星，冉冉升起。

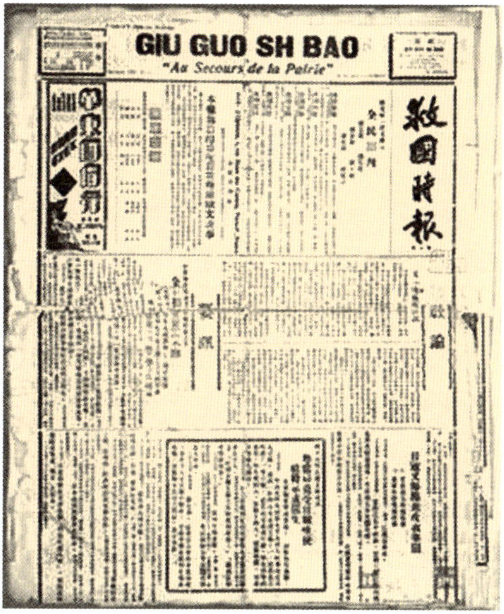
GIU GUO SH BAO
"Au Secours de la Patrie"
救國時報

《救国时报》

这些波折没有白费，《救国时报》在刊行两年间取得了极为亮眼的成绩。从五千份到两万份，由北平、上海至云南、新疆，全球有43个国家都留下了《救国时报》的足迹，即便是在信息传播高度发达的今日，也堪称传奇。这份来自巴黎、心系祖国的报刊走遍千山万水，将渴望救国的拳拳真心凝练成钢，将国内外的爱国者联系起来。

1938年2月，《救国时报》停刊。与同时代诸多被查禁的报刊不同，乃是编辑们主动停刊。其原因在第152期可以找到，“暂时停刊启事”中写道：“兹因祖国抗战方殷，本报同人将全体返国参战。”在全国抗战期间，《救国时报》为国内外的众多读者传递抗战的最新消息，读者们亲切地将它称为“抗日先锋”与“革命民众的喉舌”。正如它自己所说的那样：“不分党派，不问信仰，团结全民，抗日救国。”

“救国”是近代中国历史上躲不开的主题之一，救亡号角不止在中华大地上吹响，海外亦有回音。《救国时报》将这些声音汇聚，传播到世界各地。对于《救国时报》而言，它在中国共产党的宣传史上有着无可替代的重要作用，对于整个抗日战争的伟大胜利更是功不可没，无数中华儿女在这份报纸上看到了民族的危难与抗战必胜的决心，何人终能救国，唯有全民族团结起来，才有胜利的曙光。

红刊档案

吴玉章（1878—1966），无产阶级革命家、教育家、历史学家、语言文字学家，“延安五老”之一。中华人民共和国成立后，曾任中国人民大学校长，领导全国文字改革工作。

承前启后《新中华报》

为了抗战就要反对投降，反对汪精卫的卖国协定，反对汪精卫的伪政府，反对一切暗藏在抗日阵线中的汉奸和投降派。为了团结，就要反对分裂运动，反对内部磨擦，反对从抗日阵线后面进攻八路军、新四军和一切进步势力，反对破坏敌后的抗日根据地，反对破坏八路军的后方陕甘宁边区，反对不承认共产党的合法地位，反对雪片一样的“限制异党活动”的文件。

——毛泽东：《必须强调团结和进步》

纵观近代中国的报刊业，“继承”是极为重要的发展线索。通俗来说，就是我们所谓的“前身”，这种流变体现在许多报刊的发展过程之中。创刊于 1937 年 1 月 29 日的《新中华报》也是其中之一，而《红色中华》就是它曾经响亮的名字。

作为党在中央苏区创办的第一份中央政府机关报，《红色中华》

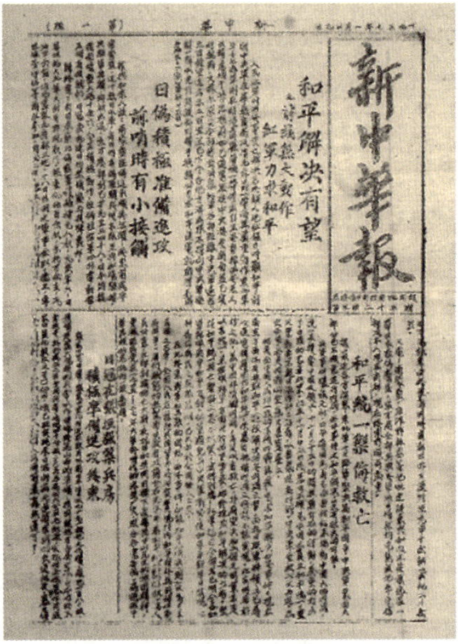

新中華報

和平解決有望

日偽積極準備進攻 前哨時有小接觸

和平統一禦侮救亡

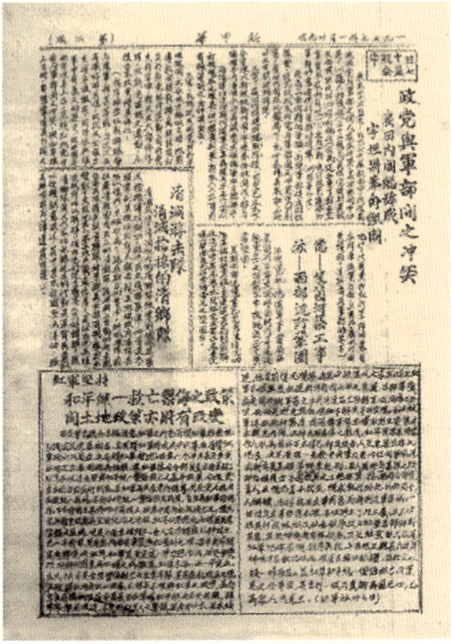

政党與軍部間之冲突

廣田内閣總辭職 宇垣將奉命組閣

紅軍堅持 和平統一救亡禦侮之政策 關於土地政策亦將有改變

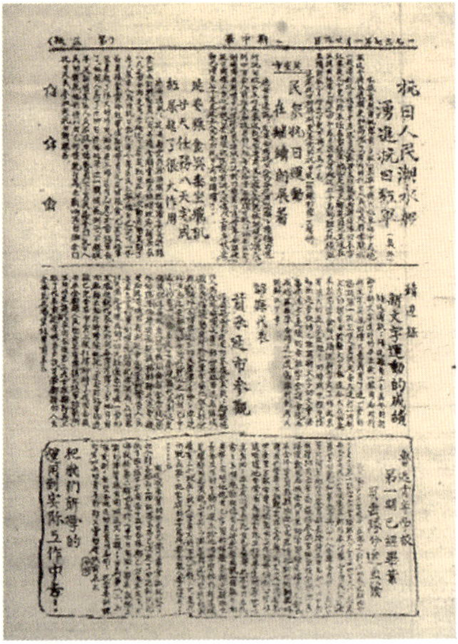

抗日人民潮水般湧進抗日紅軍

民眾抗日運動在繼續的展開

新文字運動的成績

延安市參觀

把我們所學的運用到實際工作中去！

《新中华报》

曾经承载了诸多的荣光与挑战。1934 年 10 月，长征开始，《红色中华》停刊，直到 1935 年 11 月复刊于陕北。1937 年 1 月，国内抗战形势日益严峻，国共实现第二次合作。《红色中华》顺应局势，更名为《新中华报》，继续发行。

《新中华报》与《红色中华》一脉相承，继续作为中华苏维埃共和国的机关报。伴随着第二次国共合作的顺利达成，《新中华报》有了新的使命。一方面，它和诸多报刊一样宣传抗战；另一方面，《新中华报》尤其关注文艺建设。苏区文艺、青年呼声、边区文化……这些独特的文艺板块属于《新中华报》的第四版版面。除了文艺板块外，《新中华报》的前三版大多关注抗战，包括各国对战争的评论以及国际战争形势等。

和民国时期的众多报纸一样，《新中华报》也有着自己的副刊，如《动员》与《新生》。这些副刊内容丰富，大多与文艺有关，不仅会讨论写作上的技巧方法，还会研究戏剧与诗歌。正如它自己所说的那样："这个《动员》，并不是什么新设的副刊。它只是将原有的《工人之路》《青年呼声》《国防教育》《边区文化》……扩大、综合起来的一个副刊。由于这种改编，副刊的活泼性、战斗性，一定会渐渐地提高起来。"

1937 年 9 月，随着陕甘宁边区政府的成立，《新中华报》成为陕甘宁边区政府的机关报，直至 1938 年 12 月停刊，共出版了 146 期。1939 年 2 月，《新中华报》（刷新版）创刊，期号为："刷新第一号"，成为中共中央委员会的机关报之一，共出版了 230 期。1941 年 5 月，《新中华报》与《今日新闻》合并，更名为《解放日报》。

从《红色中华》到《新中华报》，再由《新中华报》走向《解放日报》，一份完整的党刊历史，清晰地展现在我们面前。《新中华报》作为其中重要的一环，承上启下，不仅启发了众多民众，也让抗战的火炬不熄，引领着全国抗战走向胜利。

《解放》为解放

动员与组织全中国广大群众，围绕着抗敌战争，一切为着抗战的胜利，紧密地把握着全中国广大群众热心救国的怒潮，把他们团结得像铁一般一样，上下一心，来抵抗敌人的侵略，这是战胜敌人的先决条件。

——《解放》“动员起来，组织起来，争取全民族抗战的胜利”

解放，一个贯穿近代中国的重要词语，短短二字，道出了多少革命者的殷殷心声。全国抗日战争爆发后，解放与救亡的呼声日益高涨，前线战事牵动人心，后方报道紧跟而上。形势的不断变化，使党的宣传喉舌——报刊也面临着一次又一次的调整。1937 年 4 月 24 日，继《红色中华》更名为《新中华报》后，《解放》周刊在延安崭露头角。

动员抗战是《解放》最重要的主题。抗战关乎全民族的生死存亡，《解放》受到中共高层的极大重视。除张闻天担任主编之外，吴亮平、陈昌浩、博古、陈伯达等人都曾参与这份刊物的编纂，毛泽东与周恩来

《解放》创刊号

《解放》评论

也常常为其撰稿。最初《解放》被设定为周刊，但由于战事原因，实际出版时间并不固定。

和战时的许多报刊一样，《解放》每一期的栏目并不固定，而是灵活机动，随局势的变化而变化。栏目的设置也是长短消息结合，还有专门的特辑。特辑往往围绕抗战核心主题，不拘泥地区与国籍，对内有“纪念七七事变”特辑，对外有“西班牙的反德国法西斯战争”特辑，等等。

或许很多人会有这样的疑问，既然已经有了《新中华报》这份机关刊物，为何又要创办《解放》呢？这两份报刊的确存在许多相似之处，它们都是全民族抗战的舆论中坚力量，但细致考察，又能发现它们之间细微的差别。相较《新中华报》而言，《解放》在出版上更加灵活，能帮助《新中华报》分担一定的压力。不仅如此，它们的侧重点也有所不同，《新中华报》重视消息的及时报道，而《解放》更侧重于时局的评论。同时发行两份具有官方意义的刊物也是中国共产党在抗战时期自我保护的重要策略。面对国民党或明或暗的打压，《解放》与《新中华报》相辅相成，悉心保存和培育着革命的有生力量。

除了发表评论之外，《解放》还承载着整个解放周刊社推广新书的功能。《列宁丛书》《两个策略》《左派幼稚病》等一系列重要书籍出版后，都经由《解放》进行宣传。

1941 年 5 月 16 日，大名鼎鼎的《解放日报》在延安创刊，为了能够集中精力更好地创办《解放日报》，在出版完第 134 期后，《解放》正式停刊。《解放》虽然终刊，但它为抗战作出的贡献却不会被磨灭。它为抗战而生，正如毛泽东在《解放》周刊封面所题写的那句话一样：“坚持抗战，坚持统一战线，坚持持久战，最后胜利必然是中国的。”

红刊档案

张闻天（1900—1976），无产阶级革命家、政治家、理论家、忠诚的马克思主义者，中国共产党早期领导人之一。中华人民共和国成立后，历任中国驻苏联大使、外交部第一副部长、中共中央政治局候补委员等职。

吴亮平（1908—1986），无产阶级革命家、马克思主义理论家、翻译家。中华人民共和国成立后，历任中共上海市沪西区委书记、化学工业部副部长等职。

第四章　血字

（1937—1945）

全国抗战期间的时代主题是救亡图存、民族解放。中国共产党致力于维护与巩固抗日民族统一战线，充分利用媒介工具进行抗战动员工作，团结一切可以团结的力量，在辽阔的中华大地上掀起一浪高过一浪的抗日救国浪潮。

从《抗战》到《全民抗战》

日本的侵略是法西斯的专擅行为，我们的抗战是民族求生的全体行动，胜利非属我们，属于谁呢？

——郭沫若：《我们为什么抗战？——为保卫自己的祖国，为保卫世界的文化，为保卫全人类的福祉》

1937 年 7 月 7 日，日本帝国主义发动全面侵华战争。国难当头，邹韬奋挺身而出，以笔为剑，于 1937 年 8 月 19 日在上海创办《抗战》刊物，扛起抗日救国的宣传大旗。

《抗战》为三日刊，兼有新闻与杂志双重特征。发刊词中明确提出，本刊物旨在“对直接间接和抗战有关的国内和国际形势，作有系统的分析和报道”，同时要“反映大众在抗战期间的迫切要求”。基于此，刊物设有社论、社评、时评、短评、战局一览等栏目，登载时事与政治。文章中则常见郭沫若、邹韬奋、柳湜、李公朴等对无辜死难民众的痛苦悲鸣，对侵略战争非正义性的愤懑和抵制，显现出强烈的社会

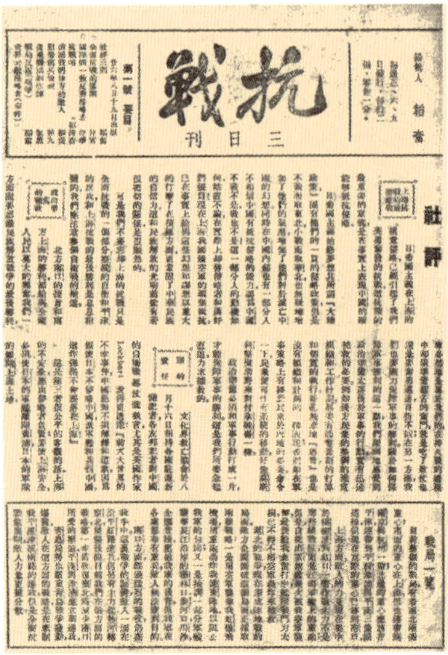
抗戰

三日刊

社評

《抗战》第一期

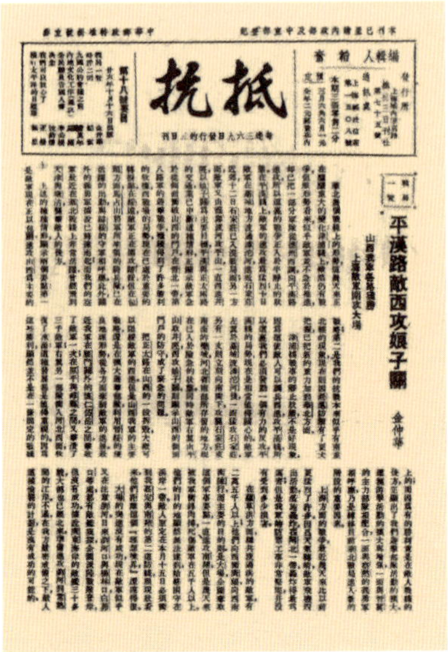
抗戰

平漢路敵西攻娘子關

《抗战》

《全民抗战》百期纪念号

责任感。

在腥风血雨的年代，《抗战》的出版饱经磨难。1938 年 9 月，由于租界当局施加压力,《抗战》从第七期起更名为《抵抗》。同年 12 月，上海沦陷，《抵抗》被迫停刊。邹韬奋辗转奔走香港、广州，为复刊工作而努力。赴汉口后，恰逢七七事变一周年纪念，邹韬奋与沈钧儒商议，将各自创办的《抗战》和《全民周刊》合并，集中力量进行宣传，提醒民众勿忘国耻，号召广泛的抗日联盟。新的杂志《全民抗战》由此诞生。

《全民抗战》在内容上突出“全民性”，以配合抗战不断变化的局面。邹韬奋在百期纪念号中强调：“坚持抗战，巩固团结，推进民主，是我们在抗战建国时代中目前最重要的任务，是我们愿与全国同胞共同勉励积极努力的任务。”在这一宗旨的指引下，沈钧儒、柳湜、胡绳、张仲实等各界人士将爱国思想诉诸笔端，在《全民抗战的使命》《我们要认清的两点》《论人民战线》等文章中针砭时弊，讴歌为抗战牺牲的仁人志士，呼吁建立抗日民族统一战线，形成团结一致、抵抗侵略的舆论阵地，从而得到人民群众的广泛支持。

作为抗战时期影响最大的刊物之一，《全民抗战》最高的销量曾达到 30 万份，为笼罩在战争阴霾下的中华民族播撒下无数救国与希望的种子，进而在读者的观念中生根、发芽，成长为抵抗侵略者的坚强思想屏障。

1941 年 2 月，《全民抗战》因刊载批评皖南事变的社论而被查封，这一在中国现代新闻史上留下浓墨重彩的刊物被迫画上了休止符。但它所承载的思想与精神，激励鼓舞着一代代爱国青年，满怀赤诚地投身于反压迫、反侵略的正义斗争之中，为国家独立和民族解放奋斗不息，破浪前行。

红刊档案

沈钧儒（1875—1963），爱国民主人士，社会活动家、政治家、法学家。“中国民主同盟”和“中国人民救国会”的领导者，救国会“七君子”之一。

柳湜（1903—1968），长期从事中国共产党教育、宣传工作。中华人民共和国成立后，曾任教育部副部长等职。

胡绳（1918—2000），马克思主义理论家、哲学家、史学家。中华人民共和国成立后，历任中共中央党史研究室主任、全国政协副主席等职。

张仲实（1903—1987），著名马列著作翻译家、编辑出版家。中华人民共和国成立后，历任中共中央马恩列斯翻译局副局长等职。

《救亡日报》在轰炸中来去

我们，有南口雄关死战的罗团；我们，有宝山孤军死战的姚营；我们，有忻口大拼命的郝梦龄；而今，闸北口又有八百勇士，在焦土的血战中驰骋！

——《救亡日报》“八百战士专刊”，林林：《八百勇士礼赞》

“共同抗日”的号角吹响后，国共两党搁置分歧，共同建立抗日民族统一战线，实现了第二次合作。宣传方面，国共两党也积极寻求联合建立舆论阵地。1937 年 8 月 24 日，国共两党分别出资，各派成员，以上海文化界救亡协会为名，联合创办了《救亡日报》。

报社社长为郭沫若，总编辑为夏衍、樊仲云，编辑委员会的成员有巴金、王任叔、阿英、茅盾、胡愈之、夏丏尊、章乃器、张天翼、邹韬奋、郑振铎、萨空了、顾执中等。从这份名单不难看出，《救亡日报》在文化界的地位不言而喻。编辑部人员皆为当时文化界知名人士，他们分文不取，全凭抗战到底的决心和爱国的热忱撰稿和经营。

《救亡日报》开辟有“国内外大事”“时局情形”“战地采访”及“文艺副刊”等栏目。正如刊名所言，报社同人尤其关注救亡运动。

他们号召每一位爱国人士“必须有忍痛牺牲的决心”，抛头颅、洒热血，冲锋于阵前，挽救国家于危亡之际，维护民族自决和独立。上海沦陷后，《救亡日报》被迫停刊。不久，该报在广州重整旗鼓。1938 年 1 月 1 日，郭沫若在“粤版”复刊中致辞：“救亡就是我们的旗帜，抗战到底就是我们的决心，民族复兴就是我们的信念。”

《救亡日报》是文化统一战线的具体产物，有效集结了文艺界的抗战力量，成为全民族抗战的文化堡垒。在广州发行期间，周恩来多次指示《救亡日报》总编辑夏衍：“办报的总方针应该是宣传抗争、团结、进步，但要办出独特的风格来，办成一份左、中、右三方面的人都要看，都喜欢看的报纸。”这份报纸承载的救亡精神，凝结了抗战力量，使广大兵民在枪林弹雨的炮火中愈加顽强。

1938 年 10 月 21 日，《救亡日报》因广州沦陷，再次停刊。1939 年 1 月 10 日，郭沫若、夏衍等人四处筹款，在桂林再次复刊。这时的《救亡日报》已经完全适应了战争要求，不断改进，采编、印制以及发行都步入正轨。遗憾的是，由于国民党右派分子始终敌视共产党，在党、政、军、意识形态方面恶意竞争，导致国共之间矛盾重重，报社中一些国民党方面的工作人员接连离开。1941 年皖南事变后，国共两党之间矛盾更加激化，原本合办报纸的两党成员分道扬镳，最终国民党宣布退出《救亡日报》，还将报纸列入“黑名单”。1945 年 10 月 10 日，《救亡日报》更名为《建国日报》，在上海恢复出版。但这份在全国抗战中发挥重要作用的报纸只刊行不到半个月，就被国民党当局查禁，被迫终刊。

《救亡日报》在抗战统一战线的背景下诞生，发行期间始终牢记“抗日救亡”的使命，服从于党的指挥。可以说，《救亡日报》是鼓舞动员民众参与抗战的中坚力量，是国共两党携手抗日的历史见证。经过报纸的宣传，中国共产党的革命理论和斗争方法传播到群众之中，赢得了群众的支持和认同。以报纸为媒介，中国共产党同许多爱国志

救亡日報
沫若
拂曉起一場血戰
蘊藻浜日軍完全肅清
我中路軍到梧州路與右翼聯絡
日軍敗退外虹橋一帶情形狼狽
敵在虹口縱火焚燒
敵艦猛烈炮轟浦東
日進攻張垣
東京發生軍人暴動
郭沫若
發刊辭

《救亡日报》创刊号

救亡日报社桂林旧址

士建立了联系。于是，《救亡日报》成为党团结和争取左翼进步人士的重要平台，报纸的发展历程成为爱国群众向党积极靠拢的一个历史缩影。

红刊档案

郭沫若（1892—1978），现代文学家、历史学家、考古学家、社会活动家。中华人民共和国成立后，历任中国科学院院长、中央人民政府政务院副总理等职。

夏衍（1900—1995），中国近代著名文学、电影、戏剧作家和社会活动家，中国左翼电影运动的开拓者、组织者和领导者之一。中华人民共和国成立后，历任上海市委常委、文化部副部长、中国文联副主席、中顾委委员、全国政协常委等职。

“孤岛”里的《每日译报》

亲爱的读者们，切莫为我们这个小小的挫折而灰心，中国的文化事业一定要蓬勃起来的，这同中国抗战一样，必然得到最后胜利。我们自然要更坚决地更沉痛地奋斗下去，“碗里不见镬里见”，后会有期。

——《每日译报》副刊《译报周刊》最后一期“告别读者”

1937年八一三事变后，上海沦陷，只有租界好似一座“孤岛”，立于日寇的包围中。日本侵略者加大反动宣传力度，对中国的新闻出版实施高压政策，上海许多抗日救亡刊物被迫停刊，抗日宣传力量大为削弱。

在危急情势下，中共江苏省委及时作出调整，利用“在租界发行外国报纸合法”的政策，于1937年12月9日创办了《译报》。《译报》主要转译外文报刊支持中国抗战的内容，隐蔽地通过国际新闻宣传抗战，这在当时可谓世界新闻史上的创举。遗憾的是，《译报》在日方的高压下，因“无登记手续”而停刊。然而，停刊并未熄灭爱国人士的办报热情，经夏衍、梅益等人积极斡旋，《译报》更名为《每日译报》，借英商大学图书公司的名义注册出版。

复刊后的《每日译报》，继续伪装为外国报纸，精心选编外文报刊中的抗战文章，揭露日寇侵华的恶劣罪行，宣传党的抗日主张。1938 年 1 月 21 日，《每日译报》在创刊号发表《毛泽东对英记者发表重要谈话——“中国绝大多数民众仍要抗战到底，如少数人采取投降路线，则全国决心抗日分子将坚决反对”》的重要文章，向沦陷区读者传达中国共产党的抗战政策。一时间，《每日译报》如同暗夜中的光辉，吸引了读者的广泛关注，发行量很快突破一万份。

《每日译报》设有“新闻”“社论”“通讯”等栏目，转译有利抗战的外国新闻和世界反法西斯斗争的情况。“专电”“特稿”栏目中则刊载中国共产党的“全民抗战”主张，报道八路军、新四军前线作战情况，许多消息在当时的上海都属于“独家新闻”。《每日译报》还办了副刊，陈望道、王任叔、阿英等文化界人士咸集于此，发表爱国文章，激励处于黑暗中的上海民众，帮助他们树立抗日信心。《每日译报》栏目特设“救难特刊”，倡导流离失所的民众互帮互助，共渡难关。

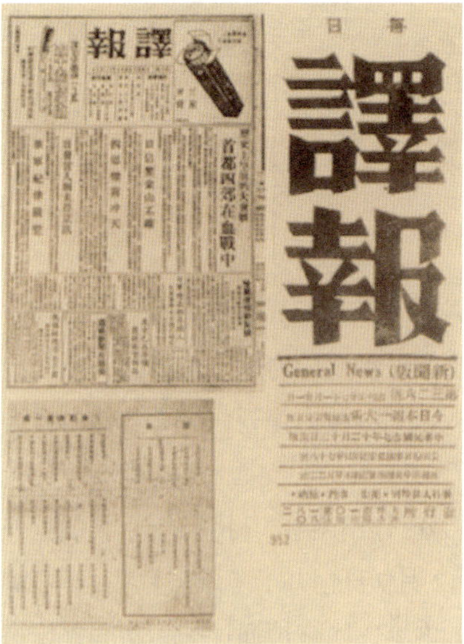
譯報

首都四郊在血戰中

每日

譯報

General News (新聞版)

《每日译报》

创刊一周年时，《每日译报》发表纪念性文章——《一

《每日译报》编辑人员在工作

年中的奋斗》，明确提出该报的五大宗旨：“维护中华民族的独立、自由、平等”“拥护民主政治，和睦民主集团间的邦交”“巩固集体安全”“主张国际主义”“建立世界和平”。报纸开展的爱国宣传，有力地团结了上海民众，增强了人民持续抵抗的信念。

1939年5月18日，《每日译报》被迫停刊，仅存续了一年多时间，出版了12期。然而，以《每日译报》为阵地的中共江苏省委和上海各界爱国人士，仍然在“孤岛”里继续抗争，如同一把锋利的匕首，刺进日本侵略者的心脏，为中国共产党团结上海民众抗日救亡发挥了关键作用。

红刊档案

梅益（1914—2003），新闻家、翻译家，《钢铁是怎样炼成的》译者。中华人民共和国成立后，历任中央广播事业局局长、中国大百科全书出版社总编辑等职。

《晋察冀日报》
“三千文字内做文章”

《晋察冀日报》是统一边区人民的思想意志和巩固团结，共同抗日的武器，也是边区人民忠实的言论代表和行动方针，它将成为边区文化战线上铁的正规军。

——彭真为《晋察冀日报》题词

《晋察冀日报》原名《抗敌报》。1937 年 12 月 11 日，宣传抗日救国的《抗敌报》在战火纷飞中诞生。它是中国共产党建立的第一个敌后抗日根据地——晋察冀根据地的机关报。

1938 年 3 月 5 日，抗敌报社遭到日寇轰炸，被迫暂时停刊。副社长邓拓临危受命，担任总编。他上任后，对《抗敌报》进行了大刀阔斧的改革，将三日刊改为双日刊，由石印改为铅印。为了确保连续出报，编辑部想出了“八匹骡子拉办报设备”“造土纸印刷”等好办法，

抗敵報

晉察冀軍區

抗敵報社出版

第十九期

國內要聞

我軍進攻杭州極有進展

平汗綫敵軍連日增兵 我已有新佈置新計劃

救濟難民

《抗敌报》

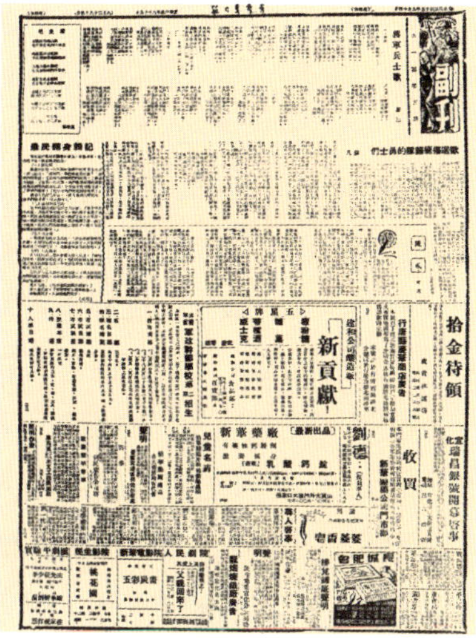
新貢獻

拾金待領

《晋察冀日报》

晉察冀日報

張垣日報社啓事

張垣解放以來 鞏固治安獲初步成績

社論 鞏固革命的社會秩序

張市長廣播演講 嚴重警告破壞份子

毛泽东题写的报头

在遇袭时能做到快速转移，有效应对了敌人的突袭。

1940年夏，日本侵略者看到《抗敌报》办得有声有色，便蓄意破坏。他们偷偷发行伪造版的《抗敌报》，以图破坏抗日根据地的宣传工作。为防止群众混淆名称一样、旨趣完全不同的两种报纸，打击日寇的嚣张气焰，晋察冀军区政治部决定对《抗敌报》进行紧急改版。1940年11月7日，《抗敌报》更名为《晋察冀日报》，毛泽东亲自为其撰写报头，新的报纸改为每日发行。

在邓拓等报社领导的带领下，《晋察冀日报》贯彻紧密联系群众的办报方针，使之成长为边区政府固若金汤的宣传阵地。一方面，《晋察冀日报》以读者为中心，遵循“三千文字内做文章”的办法，刊载的思想理论、新闻报道、文学作品等内容通俗易懂，切合群众的日常生活和实际文化水平；另一方面，编辑部非常重视群众提供的消息，“办报纸不但要依赖报社队伍的力量，而且要依靠广大群众以及通讯员，拥有人数众多的一支社外新闻队伍”，与群众积极互动。群众也乐意为报社提供消息，一来一往，令通讯更加顺畅，新闻消息及时而准确。

《晋察冀日报》是党宣传抗日精神的前沿阵地，涌现出很多今天仍脍炙人口的名篇名作，如《狼牙山五壮士》《平西跳崖五烈士》《爆炸英雄李勇》《纪念连》《血战羊观》《回民支队的母亲——马老太太》等。这些报道高度弘扬了抗日军民的英勇奉献牺牲精神，成为鼓舞根据地群众坚持抗日的力量源泉。

从1937年12月创刊至终刊，《晋察冀日报》存在10年6个月零3天，出版报纸2855期，是“中国共产党在抗日根据地最早创立、连续出版时间最长的报刊”，在红色刊物历史上占据极为重要的地位。同时，它也是今天党最重要的宣传阵地——《人民日报》的前身。1948年6月14日，华北中央局决定将《晋察冀日报》和《人民日报》合并为新的《人民日报》，作为华北中央局的机关报。《晋察冀日报》

成为历史，但它的灵魂并未消逝，而是以崭新的面貌，继续激荡时代之声。

红 刊 档 案

邓拓（1912—1966），著名新闻工作者，中国现代杂文家、诗人、政论家、历史学家。中华人民共和国成立后，历任人民日报社社长、中华全国新闻工作者协会主席等职。

群众看《群众》

坚持抗战需要依赖群众的力量，中国能够愈战愈强就是因为群众在抗战中的力量愈发挥愈大，抗战胜利的可靠程度就要看群众的力量发挥到什么程度来决定。

——《群众》“本刊三周年致读者”

1937年7月7日，日本帝国主义发动全面侵华战争，在民族危亡之际，国共两党实现了第二次合作，一致对外。中国共产党领导的报刊从只能秘密地在根据地发行，转变为可以面向全国公开出版，获得了“言论开放、出版自由”。1937年12月11日，在武汉创刊的《群众》周刊，就是由中国共产党领导、在国民党统治核心区发行的第一份党刊。

《群众》与大名鼎鼎的《新华日报》可谓“一母同胞”。周恩来等人起初打算先创立《新华日报》，但国民党顽固派故意阻挠，导致《新华日报》的出版一拖再拖。由于当时期刊出版比报纸出版容易，所以《群众》得以率先出版。

作为中国共产党直接领导的两份机关刊物，《群众》与《新华日报》关系紧密，但分工有所不同：《群众》是“党刊”，是“理论刊物”，常以马列主义理论教育读者；《新华日报》则侧重于报道时事政策。

党的权威声音通过《群众》发出。党的重要领导人毛泽东、周恩来、朱德等，都曾在《群众》上撰文，如毛泽东的《国民精神总动员的政治方向》，周恩来的《抗战两周年》，朱德的《八路军半年来的抗战经验及教训》等。同时，《群众》的理论性和专业性，使它成为当时党内人士学习的重要指导材料。党要求“《群众》上中央政治局负责同志的文章，必须在支部及各级委员会上讨论和研究”，这使《群众》在党的政策的上传下达、贯彻落实中发挥了一定作用。

《群众》还是宣传抗日、团结各阶级力量的重要阵地。在《群众》创刊号上，社长潘梓年发表了《抗战的现阶段》一文，鼓舞全国同胞“要认识过去抗战的军事上的成绩与教训”，中华民族具有“抗战胜利的伟大能力”，给予了广大民众抗战的信念和决心。此后，《群众》始终围绕着国共“合作抗日”的宣传主题，即便有些社论、新闻报道被国民党方面刻意扣押、删改，编者始终采取迂回方针，未刻意宣传扩大矛盾，使得《群众》在国统区得以长期生存。

《群众》的栏目包含社论、短评、言论、通讯、时局缩影、启示、漫画、诗歌等。根据文稿收集和时局变动情形，各栏目随时调整，显示了极强的灵活性。武汉沦陷后，《群众》先后辗转于重庆、上海和香港，历经了抗日战争和解放战争的胜利。直至中华人民共和国成立后的 1949 年 10 月 20 日，报纸发行最终的港版第 143 期，结束了它为党的宣传事业奋斗的十二年征程。

作为中国共产党在国统区出版的唯一大型期刊，《群众》面向社会各阶层公开出版，及时传达党的声音，有效扩大了马克思主义在国统区的影响，团结了国统区中一切可以团结的力量。毛泽东曾称赞《群

《群众》

众》是“党领导下的又一个方面军”，这支“军队”始终站在党宣传阵地的最前沿，为党的伟大事业鼓与呼。

红刊档案

潘梓年（1893—1972），著名新闻工作者、哲学家。《新华日报》的主要创办者，被誉为“中共第一报人”。中华人民共和国成立后，历任中国科学院哲学研究所所长等职。

《新华日报》

“抵得上一个方面军”

本报愿将自己变成一切愿意抗日的党派、团体、个人的喉舌，本报愿在争取民族生存独立的伟大战斗中做一个鼓励前进的号角。

——《新华日报》发刊词

1938年1月11日，继《群众》面世后，《新华日报》也在武汉创刊，这是中国共产党在国民党统治核心区发行的唯一一份机关报，是抗战的前沿舆论阵地。

由于这种特殊性，《新华日报》受到党的高度重视，一大批党的领导者如叶剑英、董必武、王若飞、邓颖超等，都为《新华日报》投写文章。

周恩来更是积极组织、倾力建设报纸。在筹备办报期间，他便同国民党代表谈判斡旋，成功争取到《新华日报》在国统区发行的权利。

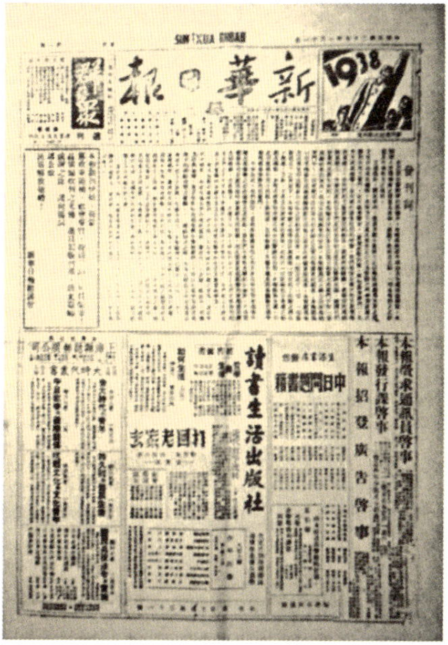

新華日報

1938

發刊詞

本報徵求通訊員啓事

本報發行啓事

本報招登廣告啓事

讀書生活出版社

中日問題書籍

打回老家去

新華日報

中外印刷所

社論

論奧國大事變

八卦丹

朝陽學院招生

結婚啓事

《新华日报》

此后，他又说服曾受到国民党迫害的左翼知识分子潘梓年担任报社社长，自己则亲自担任党报委员会成员，还为《新华日报》创刊号题词——“坚持长期抗战，争取最后胜利”。在日寇攻占武汉城郊的危急时分，周恩来前往新华日报社，口述完《新华日报》的最后一份声明——《告别武汉父老兄弟》后，才紧急撤退。《告别武汉父老兄弟》中有这样坚定的话语：“我们只是暂时告别武汉，我们一定要回来的，武汉终究要回来的。”遗憾的是，刊载着这篇社论的 1938 年 10 月 25 日汉口版《新华日报》已遗失，至今仍未被发现。《新华日报》转移到重庆后，周恩来更是加强领导，在报纸上撰写大量社论、文章，如《在困难面前站立起来》等，极大地激励了全国民众的抗日斗志。

不同于当时中国报社“经营”“采编”各自分管的通行体制，《新华日报》仿照苏联报纸体制，设立由周恩来、博古、王明等人组成的“党报委员会”，由党直接领导报纸；设立“董事会”，成员有王明、邓颖超等人，负责报纸经营；设立“编委会”，潘梓年任社长、华岗任总编辑、章汉夫任编辑部主任，负责日常编辑事务。

《新华日报》以共同抗日为办报方针，报纸定位明确，栏目也十分清晰：一版是社论，二版是国际新闻，三版是国内新闻，四版是“团结”副刊和读者信箱。《新华日报》利用“中共机关报纸”的身份，宣传党的政治主张，报道国内外重大事件，团结一切抗日力量，巩固民族统一战线。

1941 年 1 月 6 日，国民党顽固派制造了震惊中外的皖南事变。1 月 11 日晚得到消息的《新华日报》第二天就率先披露了国民党军队袭击新四军这一严重事件。后来，国民党当局扣押《新华日报》关于皖南事变的相关报道，并派检查人员和宪兵坐镇编辑部，监视编排、印刷。1 月 18 日，《新华日报》排印两种版面，用没有题词的版样蒙过当晚新闻检查人员的视线，实则刊发了由周恩来题写的“为江南死国难者志哀！”的悼词和“千古奇冤，江南一叶；同室操戈，相煎何

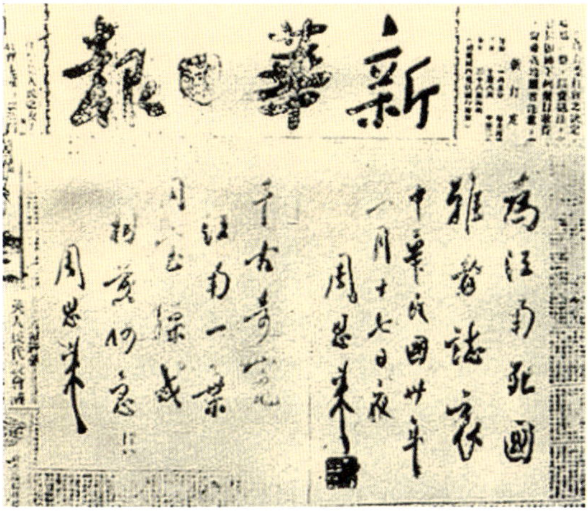

《新华日报》刊发周恩来题词

急！？”的挽联，向全国人民揭露了皖南事变的真相，抗议国民党顽固派破坏抗战、反共反人民的罪行。国民党当局得知后派出大批宪警拦截刊有题词的《新华日报》，但为时已晚，当日加印了 5 倍之多的报纸，已悉数到达读者手中。如今这份报纸的原件依然保存完好，见证了那一段悲壮的历史沧桑。

全国抗战胜利后，《新华日报》的关注重点转向国内民生和争取和平建国。但国民党方面的新闻舆论逐渐暴露出它试图一党独裁、蓄意破坏民主的丑恶嘴脸。到了国共两党关系破裂的内战阶段，国民党已不满足于严苛的新闻审查制度，势必要拔下这颗“眼中钉，肉中刺”，严禁《新华日报》继续出版。1947 年 2 月 18 日，《新华日报》在国统区发行了最后一期，结束了九年不屈不挠斗争的历史。

《新华日报》在党的新闻报刊史上占有举足轻重的地位，它是一面“插在国统区的红旗”，昭示着中国共产党为争取民族独立、建立新中国奋斗不息的伟大精神。同时，因为《新华日报》是唯一一份在国统区公开发表的大型党报，读者群体来自各个阶层且数量庞大，所以报社构建起了一个严密的报纸发行网络，在全国范围都起到了优秀的宣传效果和示范作用。可以说，《新华日报》的确经得起毛泽东的称赞——“我们的《新华日报》抵得上一个方面军”。

《新闻记者》以笔为枪

我们要坚持着我们的武器，以保卫我们的岗位。

——《新闻记者》创刊号图片配文

中国共产党深知既要靠“枪杆子”赢得战争，也要靠“笔杆子”鼓舞动员，所以十分重视舆论宣传。1937 年 7 月，周恩来赶赴上海，在视察上海地区党组织工作时，指示夏衍要“加强新闻工作”，团结新闻界力量，形成统一战线。

在党的关心和指导下，上海新闻统一战线筹备建立。1937 年 11 月 8 日，在上海的南京饭店，新闻界人士召开了一次联合会议，成立了“中国青年新闻记者协会”。不久，上海沦陷，“中国青年新闻记者协会”迁到武汉并更名为“记者学会”。1938 年 4 月 1 日，作为“记者学会”会刊的《新闻记者》正式出版发行。

《新闻记者》是由进步青年记者组织的、以讨论新闻学术问题为中心的刊物。主编由杰出的新闻记者范长江担任，主要办刊人员有邹韬奋、恽逸群、傅于琛等报界知名人士。可以说，《新闻记者》是当时中国“一流报人”的集中地。

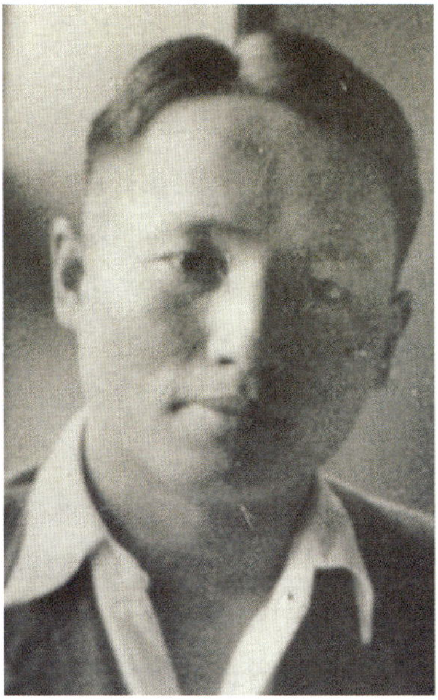

范长江

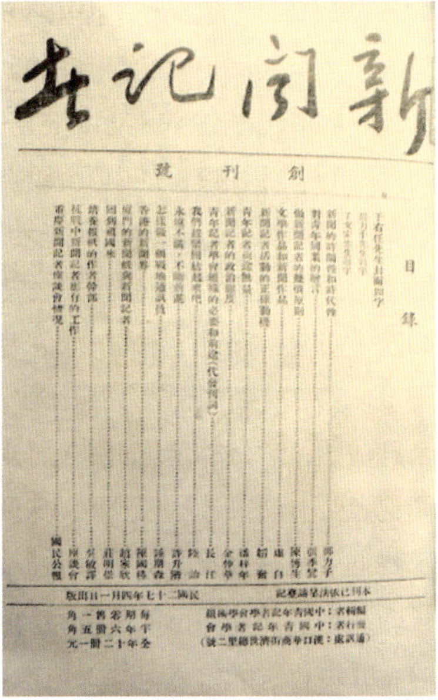

新聞記者

創刊號

目錄

新聞的時間性和時代性……邵力子
對青年同業的贈言……張季鸞
做新聞記者的幾個原則……陳博生
新聞記者的政治態度……金仲華
青年記者學會組織的必要和需要（代發刊詞）……長江
我們應該團結起來吧……陸詒
廈門的新聞紙與新聞記者……趙家欣
抗戰中新聞記者應有的工作……座談會
重慶新聞記者座談會情況……國民公報

本刊已依法呈請登記　民國二十七年四月一日出版

編輯者：中國青年記者學會編輯組
發行者：中國青年記者學會
（通訊處：漢口華商街濟世里二號）

每期零售一角
下半年六期五角
全年十二期一元

《新闻记者》创刊号

中国青年新闻记者协会

在创刊号上，范长江提出《新闻记者》的两大重要任务："第一，是为了我们新闻记者的自身；第二，是为补救目前新闻界的缺陷。"为此，《新闻记者》设有学术论坛、理想与修养、经验之谈、特写精选、新闻界动态等栏目，其中发表的文章关涉新闻理论、新闻目标、新闻政策、新闻撰写方式等。新闻记者们聚集于此，学习新闻理论，交流经验心得，提高业务能力，加强新闻号召力。杂志为当时的新闻记者构建了研究、探讨学术的一方天地。

围绕在《新闻记者》周围的一些左翼青年承担起时代赋予的重任，亲赴前线，争做战地记者，他们以笔为枪，书写"战时新闻"。《新闻记者》不仅刊登一些战地纪实和通讯，如《敌机二十一架葬身武汉》《我们生长在警报下》等，更多的是探讨如何写好战时报道、战地通讯的文章，如邹韬奋的《抗战建国时期中新闻记者的任务》，勾适生的《战地记者的任务：提出战地上的问题》，刘尊棋的《我随军采访和报道的经验》，石燕的《立体化的战地采访》等，这些文章为战地记者们提高业务水平，更好地进行抗日宣传发挥了重要作用。

《新闻记者》初期为月刊，后因战火蔓延、编辑组织松散等问题，先后辗转于汉口、长沙、桂林、重庆等，改为不定期出版。1941 年 4 月 1 日，"记者学会"被国民党当局查封，《新闻记者》也被迫停刊。

两年多的发行期内，《新闻记者》始终追随"记者学会"在《简章》中提出的目标——"促进中国新闻事业之发展，求取新闻事业及其从业人员之合理保障，以致力于中华民族之解放与建设"，努力团结民众，壮大新闻队伍，为党的新闻报刊发展培养新生力量。不仅如此，作为一本左翼色彩浓厚的杂志，《新闻记者》中有关"抗战新闻"的内容比例很高，这些文章对于抗战新闻的书写具有理论指导意义，在全国的抗战宣传中发挥了积极作用，是红色报刊史上不可多得的宝贵财富。

红刊档案

范长江（1909—1970），新中国新闻事业的奠基人和开拓者，创办了“中国青年新闻记者协会”，是第一个报道工农红军的记者。中华人民共和国成立后，历任新华社总编辑、人民日报社社长、全国科协副主席等职。

坚守《文艺阵地》

这阵地上将有各种各类的“文艺兵”在献出他们的心血；这阵地上将有各式各样的兵器——只要是为了抗战，兵器的新式或旧式是不应该成问题的。我们且以为祖传的旧兵器亟应加以拂拭或修改，使能发挥新的威力。

——《文艺阵地》发刊词

1938 年初，新闻类报刊已在全国抗战炮火中迅速成长，而团结和领导全国文艺界人士的专门杂志还未出现。在这一背景下，新闻界人士联合文艺作家，加紧补备大敌当前的文艺战线的缺口。1938 年 2 月 7 日，生活书店的创办者邹韬奋和徐伯昕邀请著名作家茅盾来到汉口，共同商议创办一份集创作、翻译和评论于一体的综合性文艺杂志。4 月 16 日，《文艺阵地》在广州创刊，茅盾主要负责编辑工作，生活书店承担出版和发行业务。

茅盾在发刊词中阐述《文艺阵地》有两大任务：一是“文艺为战

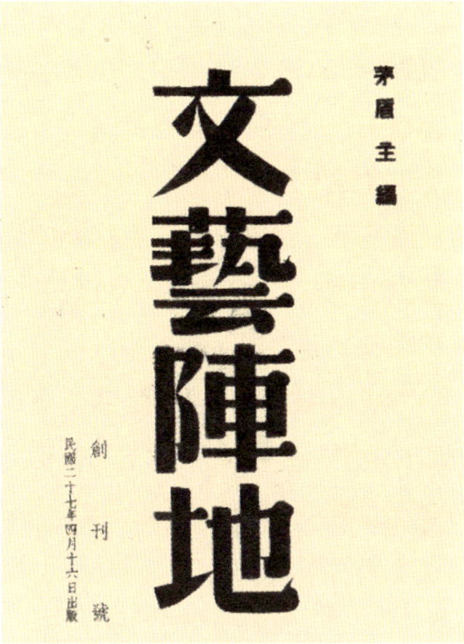

茅盾主編

文藝陣地

創刊號

民國二十七年四月十六日出版

《文艺阵地》创刊号

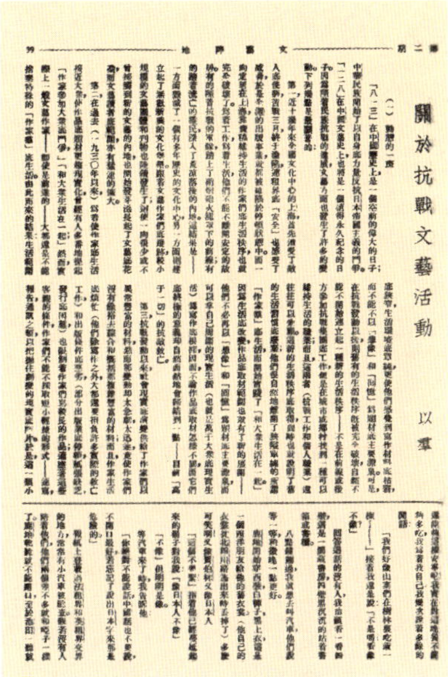

關於抗戰文藝活動

以羣

（一）對歷史的一瞥

叶以群撰写的文章

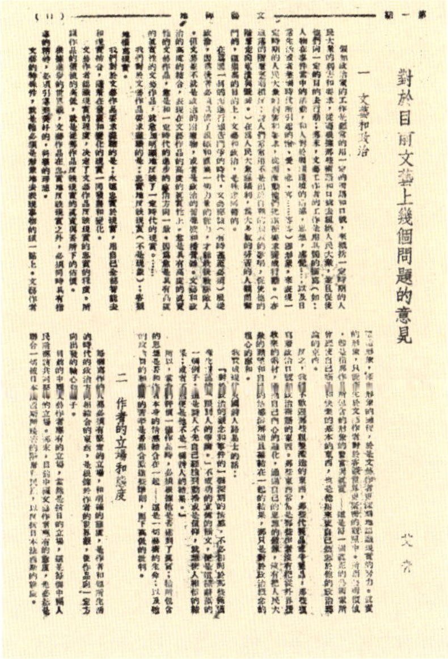

對於目前文藝上幾個問題的意見

艾青

一　文藝和政治

二　作者的立場和態度

艾青撰写的文章

斗服务”，刊载的文学作品应配合战争的需要；二是“集中研究理论”，使之成为作家们“探讨问题”的交流阵地。《文艺阵地》汇集了一大批知名作家，如叶圣陶、萧红、老舍等人，他们通过自己的笔尖，发出战斗的呐喊，有力地团结了爱国进步的文艺力量。

《文艺阵地》的出版过程可谓一波三折。最初杂志定在广州印刷出版，然而当时的广州经常遭到日寇飞机的轰炸，印刷条件难以保证，抢印的样稿错漏百出。这对于要求甚高的茅盾来说，自然难以接受，于是决定将杂志转到香港印刷。但当时香港也被日本人占领，香港当局怕得罪日本人，严格限制刊物的出版，所有“敌”字均以“X”代替。这样，以抗日为中心内容的《文艺阵地》根本无法印行。万般无奈之下，茅盾冒着巨大的风险，另辟蹊径，将《文艺阵地》放在“孤岛”上海排印，然后将秘密印好的稿子转运至香港，再分发到内地读者手中。

茅盾担任主编的《文艺阵地》一共出版了 18 期。广州沦陷后，茅盾决意前往新疆。动身之前，他将《文艺阵地》托付给另一名左翼作家楼适夷。1938—1939 年，抗日战争局势日趋白热化，刊物的出版愈加受限。楼适夷临危受命，由香港辗转至上海，他克服重重阻碍，坚守《文艺阵地》长达两年。楼适夷延续了茅盾的杂志定位，强调杂志要“集中全国优秀作家的最新劳作，多多介绍新的文艺战士。探讨抗战文艺运动中的一切问题，建立新的现实主义文学的理论基础”。

1940 年 8 月，《文艺阵地》被国民党当局查禁停刊。同年冬，茅盾从新疆抵达重庆，决定复刊。他邀请楼适夷参与，但后者因在上海安家，无法前往。茅盾召集叶以群、艾青等人，于 1941 年 1 月重新恢复了《文艺阵地》。然复刊未及一年，再次遭到查禁。从此，《文艺阵地》更名为《文阵新辑》，持续出版了六年。

一些左翼文化工作者随着《文艺阵地》跌宕起伏的出版历程也获得了成长，在新闻领域取得了一定的造诣。除茅盾和楼适夷主编杂志之外，还有周文、郑伯奇、王任叔、冯乃超、蒋锡金等负责《文艺阵地》

在全国各地的发行工作。经过新闻工作的锤炼，他们不再局限于文艺工作者的身份，还成为党的新闻事业的中坚力量，《救亡日报》《抗战文艺》《边区群众报》《新华日报》等党的优秀红色刊物中，都活跃着他们的身影。

作为一份左翼色彩明显的刊物，《文艺阵地》不仅利用文艺手段宣传了党的政策，团结了广大群众，而且培养了一支听党指挥的新闻队伍。许多文艺工作者迈进新闻领域，学习新闻传播本领，推动了抗战文艺运动的发展。这些人怀揣巨大的爱国热情办报，在最黑暗的岁月中守望相助，出色地完成了党赋予的光荣任务。在他们的坚持与努力下，《文艺阵地》成为文艺界统一战线的重要标识，为全国抗战胜利作出重要贡献，是全国抗战时期发行时间最长、深受群众欢迎的红色文艺刊物。

红刊档案

徐伯昕（1905—1984），出版家，生活书店创始人之一，中国民主促进会的缔造者之一。中华人民共和国成立后，历任中央人民政府出版总署办公厅副主任、中国民主同盟中央委员、中国民主促进会中央副主席等职。

楼适夷（1905—2001），现代作家、出版家、翻译家，高尔基《在人间》一书的的译者。中华人民共和国成立后，历任人民文学出版社副社长兼总编辑、作家出版社总编辑等职。

《前线画报》刻影

我们是民众的武装

从无畏惧

绝不屈服

永远抵抗

直到把日寇驱逐出国境

自由的旗帜高高飘扬

——《前线画报》第 17 期《八路军进行曲》

作为中国共产党抗日的主力，八路军战士不仅要有英勇的体魄，还需一定的精神滋养。因此，创办一些为军事服务的优秀读物，就成为时代的呼唤、历史的必然。

《前线画报》可谓是在八路军战士的热切期许中创刊的。1938 年 7 月 1 日，八路军总政治部出版了第一册《前线画报》。这份 32 开的月刊杂志成为“前线战士的读物”，并且肩负着“用通俗而生动

《前线画报》第12期封面刊登彭德怀画像

江丰

蔡若虹

的方式来达到武装战士的头脑的任务”，因而备受瞩目。

当时已名声斐然的江丰、蔡若虹两位美术家先后担任杂志主编。此外，为杂志供稿的，既有著名诗人萧三、公木等，也有华君武、陈叔亮、王曼硕、吕骥、朱吾石等一批鲁迅艺术学院的师生。他们用画笔描绘时代剪影，在笔端诉说国家命运。

自创刊以来，《前线画报》始终以反映“前线”情形为主题，记录八路军战斗、生产、学习的精彩瞬间，刻画战争中的英雄人物，描绘前线战事情况，表现前线军民之间的亲密合作，揭露敌人的凶残面貌，等等。创刊一周年时，杂志刊载了《〈前线画报〉的一周年》一文，其中有这样一句话——“争取内容之更加前线化，多反映前线的指挥与壮烈行动”，可见杂志着力于突出军事化的风格，积极发挥鼓舞全国抗战的宣传作用。

诚如其名，《前线画报》以“画”为主要表现形式，有单幅画、连环画、漫画、彩色画、木刻画、照片、诗歌图等，种类多样，画面栩栩如生。版面内容经过精心编纂，一些图片为单色，一些图片则用红、绿、黄套色刻印，并配以简要精准的文字表述。图与文交相辉映，赋予了杂志极强的艺术感染力，极易引发读者强烈的共鸣。

《前线画报》坚持出版了四年多，一共发行 40 多期。虽然期数不多，但是在艰苦卓绝的抗日战争中，它始终保持着与前线战士们同呼吸、共命运的步伐，反映出时代跳动的脉搏，以丰富多彩的内容和高昂的革命斗志，为战争阴霾下的军民增强了抗日必胜的信念，给予军民冲锋向前的无尽力量。

1942 年 4 月，因日寇疯狂反扑，《前线画报》已经出现“寄往前线不便，前方材料亦难收集”的困局，“加之纸张缺乏”，基本的印刷已无法保证。迫不得已，这份陪伴着八路军战士行军征战的优秀刊物，只能停止出版。

回顾中国共产党的新闻报刊史，《前线画报》的风格在众多刊物中可谓独树一帜。它通过揭露日寇和敌伪的凶残行径，激发了军民坚决且顽强的斗争信念；通过分享战斗理论和经验，提高了八路军的战斗素质；通过介绍军民合作和敌后抗日根据地建设的优秀典型，凝聚起全体爱国者的力量。因此在出版的四年多时间里，它凭借画报中栩栩如生的图案与简单明快的语言，让无数八路军战士在炮火的轰隆声中，依旧能看到抗日胜利的曙光，并坚持前进，永不退缩！

红刊档案

江丰（1910—1982），中国新兴版画艺术的开拓者之一。中华人民共和国成立后，历任中央美术学院院长、中国美术家协会主席等职。

蔡若虹（1910—2002），著名美术家、社会活动家，新中国美术的奠基者之一。中华人民共和国成立后，历任中国画研究院副院长、中国美术家协会副主席等职。

《大众报》胶东12年

我们的心，

还在坚定地鼓荡；

我们的印刷机，

又在隆隆地震响。

任你们烧吧！杀吧！

我们是不死的凤凰！

——《大众报》复刊首期“劫后”

1938年夏，胶东港口和铁路沿线被日寇占领。在这危急时分，胶东区党委为向孤悬敌后的胶东人民传递党的声音，鼓舞群众抗日救亡，便筹措资源，打算创建一块新的舆论阵地。

8月13日，《大众报》正式发行。中共胶东特委宣传部副部长贺致平为首任社长。报纸为铅印4开版，内容包括社论、国内外新闻、地方新闻和副刊。

《大众报》是一份名副其实的“大众报纸”，它依靠人民群众办报，面向人民群众发行，凝集人民群众力量，受到人民群众的广泛支持和拥护。《大众报》每发行一期，胶东地区的群众都会争相传阅，将其视为宝贵的“精神食粮”，报纸从每期出版500份迅速上升为上千份。

《大众报》的热销给敌人造成了极大恐慌，他们对胶东根据地进行频繁“扫荡”，千方百计地试图拔除“钉”在根据地上的《大众报》。为使胶东人民的精神食粮得以延续，报社的同志们克服了巨大困难，常常在行军或者转移的路上写稿、排版、印刷。一些同志甚至奉献出了宝贵的生命。1939年12月10日，日寇疯狂“扫荡”胶东掖县及其周围山区，当时胶东党委和《大众报》编辑部都在隶属掖县三元镇的村子里，报社一些同志在转移过程中不幸被日寇包围，社长阮志刚及30多位同志壮烈牺牲。

但《大众报》的同志们并未因这次严重的挫伤而一蹶不振，反而越战越勇。经短暂调整，《大众报》又顽强地复刊。在战火的洗礼中，

印刷中的《大众报》

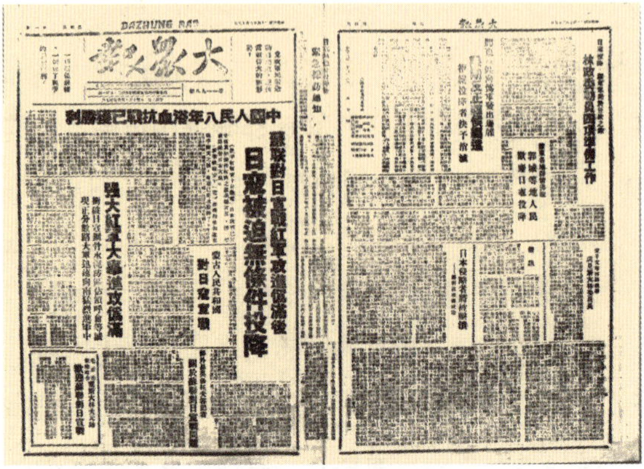

大眾報

中國人民八年浴血抗戰已獲勝利

蘇聯對日宣戰紅軍攻進偽滿後

日寇被迫無條件投降

《大众报》

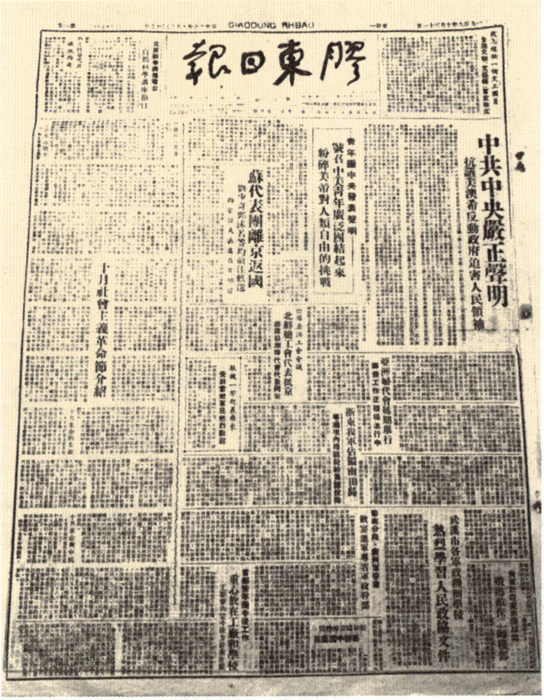

膠東日報

中共中央嚴正聲明

蘇代表團離京返國

十月社會主義革命節介紹

《胶东日报》

在敌人凶残的“围剿”下，《大众报》坚持出版，指导着胶东地区敌后抗日根据地的建设。

抗战胜利后，根据形势的变化和人民群众的新需求，《大众报》增加了新内容。1946 年 4 月 1 日，改版后的《大众报》增设了“胶东子弟兵”“火炬”“大众戏剧”“大众卫生”“农友”“工农园地”“新教育”“工商副刊”等专刊，报纸的娱乐性增强，内容更加丰富多彩。

1948 年 12 月 1 日，为突显报纸的地方性特色，同时也为区分中共山东分局机关报《大众日报》，《大众报》更名为《胶东日报》。1950 年 4 月，随着中共胶东区党委的撤销，发行近 12 载、出版了 2869 期的《胶东日报》也落下了帷幕。

可以说，作为胶东地区创办较早、发行时间较长的党报，《大众报》始终在胶东地区发挥着战斗号角的作用，为党的奋斗过程留下了一份极为生动的历史记忆。

红刊档案

贺致平（1912—1993），曾任胶东抗日军政学校校长、中共胶东特委宣传部副部长、华东局农村工作委员会书记等职。中华人民共和国成立后，历任中央民族学院副院长、中国农业科学院党组副书记等职。

阮志刚（？—1939），革命烈士。曾组织“中华民族解放先锋队”进行抗日救亡。1939 年 12 月，在日寇“扫荡”中不幸牺牲。

《拂晓报》报拂晓

拂晓催我们斗争，拂晓引来了光明。

——彭雪枫：《拂晓报》发刊词

谈到《拂晓报》这份刊物，我们绕不开新四军游击支队司令员兼政委的彭雪枫。1938年秋，日寇在河南进行残酷的“扫荡”，彭雪枫临危受命，率部队挺进豫东。在干部动员大会上，彭雪枫提出要办一份报纸，宣传党的抗日主张，争取群众的支持和拥护。这便是《拂晓报》创办的由来。

彭雪枫

《拂晓报》最初是一份“随军报纸”，以报道军事消息和进行抗日动员为主，创办宗旨是为战争服务，“和我们的指挥员、战斗员发生血肉的关系”“和广

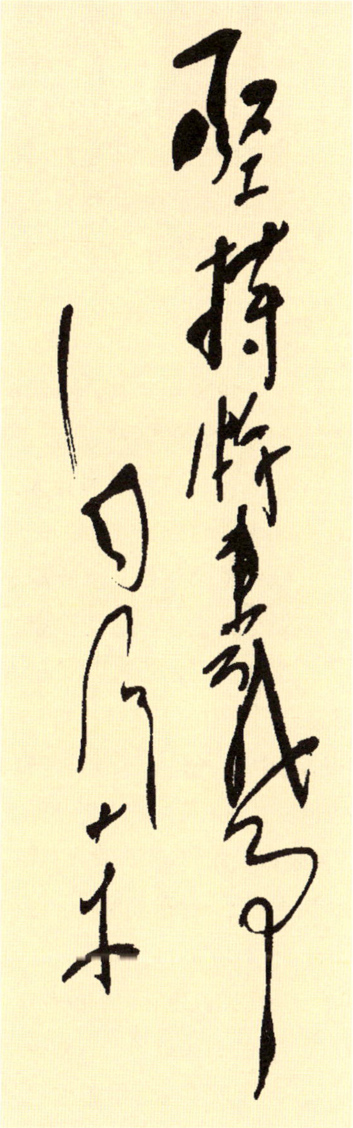

毛泽东题词

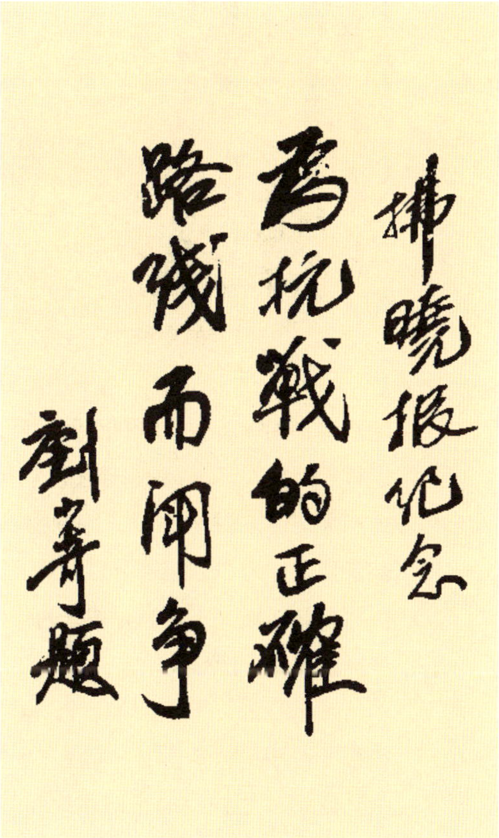

刘少奇题词

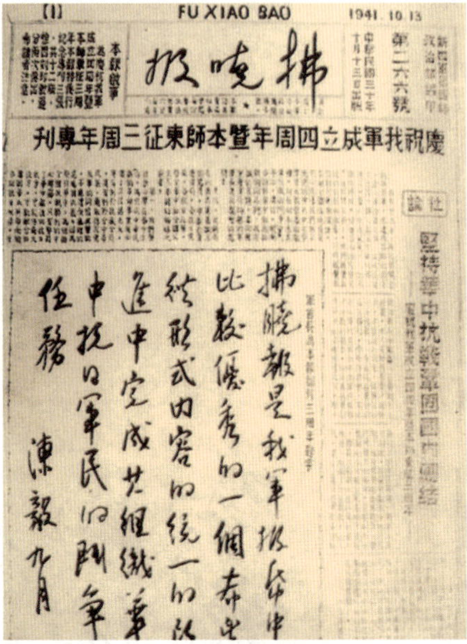

1941 年的《拂晓报》

大群众，各个友军，密切地团结起来”。由于战争形势和客观环境复杂多变，报纸的出版并不定期，也没有明确的版块栏目，只是简单地设有“功劳簿”“行军生活”等几个非正式栏目。

1939 年年初，随着根据地建设的顺利进行，报社队伍也得到发展壮大，读者数量逐渐增加。彭雪枫将《拂晓报》从政治部划分出去，任命王少庸为报社社长，设置社论、本地新闻、国际新闻、副刊四大栏目，每三日定期出版。《拂晓报》的运行开始步入正轨。编辑部还以《拂晓报》为中心，创办了《拂晓汇刊》《拂晓文化》《拂晓画报》等刊物。这些刊物受到了军民的广泛欢迎，被亲切地称为“我们的报纸”。特别是《拂晓报》的油印刻印技术精湛，版面设计新颖美观，当时被誉为华中油印报之冠，曾送莫斯科、纽约展览，被视为珍品收藏。

《拂晓报》办得有声有色，也得到了党中央的高度认可。1939 年，在报纸百期纪念专刊中，毛泽东为其题词“坚持游击战争”，刘少奇为其题词“为抗战的正确路线而斗争”。毛泽东还写信给彭雪枫，称“报纸办得好”，并提出将《拂晓报》“分送各抗日根据地”。《拂晓报》传播到了延安、重庆、桂林等地，成为报界“模范”。1943 年，经国际新闻社社长范长江推荐，《拂晓报》发行至东南亚和欧洲的英、法等国，更加声名远扬。

在《拂晓报》的发展过程中，彭雪枫倾注了大量心力，他曾将这份报纸总结为“心血的结晶”。最初《拂晓报》由彭雪枫组织创办，报头由彭雪枫亲自题写。此后，他还在前线作战的空隙中为报纸撰写文章，现留存的文章有《斗争一年》《〈拂晓报〉的产生和壮大及其今后的方针》《立志做办报专家》等。在他的指导下，《拂晓报》发展得越来越好，到了 1942 年，《拂晓报》更是合并了《人民报》，成为中共淮北区党委的机关报。

1946 年，《拂晓报》出版 1000 期后，为纪念 1944 年 9 月 11 日在与敌伪李光明部队作战时不幸中弹牺牲的彭雪枫，中共中央将《拂晓报》更名为《雪枫报》。被毛泽东等中央领导人誉为“共产党人的好榜样”的彭雪枫将军，与《拂晓报》一道，永载史册。

《拂晓报》，它的名字饱含光明、希望，代表革命报人对“革命曙光即将到来”的美好期冀与憧憬。在艰苦卓绝的抗战岁月中，《拂晓报》作为华中根据地上的抗战号角，先后发挥了军报、党报的作用，引领着华中根据地上的军民，一同迈向了全国抗日战争的伟大胜利。因此，《拂晓报》是淮北乃至中国新闻史上的重要红色刊物之一。

红刊档案

彭雪枫（1907—1944），中国工农红军、八路军、新四军的杰出指挥家、军事家，被毛泽东、朱德誉为“共产党人的好榜样”。1944 年 9 月 11 日在对敌作战时不幸牺牲。

战火中走出的《大众日报》

为大众服务，成为他们精神上的必要因素之一，成为他们自己的喉舌，更成为他们所热烈支持的最公正的舆论机关。

——《大众日报》发刊词

1938 年 12 月，在山东省沂水县王庄的一间泥土房内，匡亚明和几个编辑一起，共同商议着中共中央山东分局机关报的名字，最终，他们将报纸命名为《大众日报》。

1939 年 1 月 1 日，《大众日报》正式创刊。担任报社社长、总编辑的匡亚明曾领导过《前锋报》《日日新报》等，有着丰富的办报经验，这为《大众日报》的创办夯实了基础。

《大众日报》作为机关报，创刊之初就确立了办报理念：既是党的“机关报”，也是“山东人民忠诚的代言人”，因此它侧重于时事新闻报道，整体风格比较严肃。报纸一版至四版分别是要闻、国内新闻、国际新闻、本省综合新闻。1943 年，社长陈沂在《我们怎样改造

大眾日報

《大众日报》创刊号

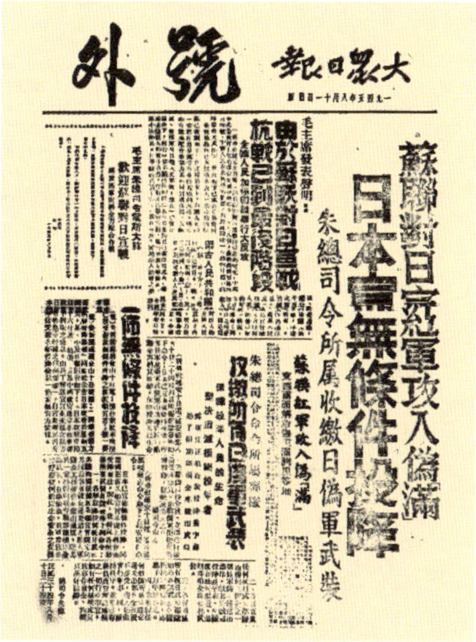

號外

大眾日報

毛主席發表聲明：

由於蘇聯對日宣戰 抗戰已到最後階段

蘇聯對日宣戰紅軍攻入偽「滿」

朱總司令令所屬收繳日偽軍武裝

朱總司令命令所屬部隊

蘇聯紅軍攻入偽「滿」

《大众日报》号外

《大众日报》创刊地

大众日报》一文中也谈到报纸的定位问题，他说《大众日报》不同于“纯粹地方性、群众性的通俗报纸”，更要关注“大政方针的提出，正确报道国际国内特别是全省的大事”。

由于时事新闻的编纂要求很高，编者没有过多时间甄别消息的正误，极易出现报道错误、疏漏等情况。《大众日报》为了确保新闻准确，常对一个重大事件进行连续、综合报道。同时，为提高时事新闻的可读性，《大众日报》采用了“以读者需求为出发点”的方法。报纸在报道重大问题时，则“慎重”又“大胆”地表明立场，如1942年6月，在报道减租减息问题时，发出了《向地主士绅们进一言》《再向地主士绅们进一言》《三向地主士绅们进一言》三篇社论，文字相对温和，立场却不容置疑。既符合中共中央的指示要求，又凸显报纸的先锋作用，体现了报纸别具一格的特色。

《大众日报》始终秉持群众观点，依靠群众办报，不断创新办报形式。面对严酷的战争环境，《大众日报》坚持按照根据地军民的阅读习惯和审美需求进行报道和编排版面，用大众化的语言阐述深刻的道理，比如用群众熟悉的民间谚语“光打雷不下雨”来批评一些地方贯彻党的土地政策不力、干部作风不实的问题，深受群众的欢迎。

虽然在1939年、1941年日寇“扫荡”沂蒙根据地期间，以及1947年解放战争时期，《大众日报》经历过短暂停刊，但是每次复刊时，报纸仍会延续以前的刊号，这使《大众日报》成为从未中断、连续出版时间最长的党报。

1945年，中共中央将《大众日报》改为华东分局机关报。中华人民共和国成立后，《大众日报》成为山东省委机关报。这份坚持以“党的立场，群众的报纸”为宗旨的报纸，迄今已走过风雨兼程的八十余载，却依旧在群星璀璨的新时代迸发出夺目光彩。

红刊档案

匡亚明（1906—1996），马克思主义思想理论家、教育家和社会活动家。曾任中共中央社会部政治研究室副主任、中共山东分局宣传部部长。中华人民共和国成立后，历任东北人民大学常务书记兼校长、国家古籍整理出版规划小组组长等职。

陈沂（1912—2002），中国人民解放军高级将领，作家。中华人民共和国成立后，历任解放军总政治部文化部部长、上海市人大常委会副主席兼财经委主任等职。

《八路军军政杂志》

为抗战服务

抗战是长期的与残酷的，发扬八路军的成绩，纠正八路军的缺点，首先对于提高八路军的抗战力量是迫切需要的；同时对于以八路军经验贡献抗战人民与抗战友军，也属需要。

——《八路军军政杂志》发刊词

1939年1月，毛泽东亲笔写下《八路军军政杂志》的发刊词：“停止敌人的进攻，准备我们的反攻。”此时，党中央已经判断抗日战争进入战略相持阶段，因此，决定创办一份机关刊物来指导八路军的建设，《八路军军政杂志》历史性出场。

1939年1月15日，《八路军军政杂志》在延安创刊，为月刊，24开本。党中央对这份刊物高度重视，任命八路军总政治部宣传部部长萧向荣为刊物主编，毛泽东、王稼详（祥）、萧劲光、郭化若、肖向荣五人组成

《八路军军政杂志》创刊号及毛泽东所撰写的发刊词

编委会。毛泽东为杂志明确的任务是，“为了提高八路军的抗战力量，同时也为了供给抗战友军与抗战人民关于八路军抗战经验的参考材料”。

《八路军军政杂志》在党的机关刊物中独树一帜。从前党没有办过专门的军事杂志，这份杂志便成为党所领导的人民军队的第一份正规刊物。它主要为战争服务，栏目有“译丛”“通讯”“木刻”等，内容包含党的政治思想、敌情分析、战情汇报、后勤补给等。报纸还强调“军政合一”，每期都会刊载政治思想教育的文章，毛泽东的《新民主主义的宪政》就发表在这份杂志上。

《八路军军政杂志》是一份高水平、高层次的杂志，编纂要求很高，故从党中央的核心领导到八路军的党政干部、前线战地记者都为杂志撰稿。时任中共中央军事委员会主席的毛泽东曾在杂志上发表《关于目前国际形势与中国抗战的谈话》《第二次帝国主义战争讲演提纲（九月十四日在延安干部大会上讲演）》《抗战与外援的关系》

等重要军事思想和理论性文章。八路军高层领导，如刘伯承、贺龙分别发表过《论游击战与运动战》《一二〇师抗战二年来的总结》，分享战斗经验。此外，杂志还刊载战地故事，如战地记者范瑾的《边德中：一个通讯员的故事》、马寒冰的《印度救护队访问记》等。这些文章从多角度、多层次分析抗战情况，为八路军将士们提供一个良好的交流平台。

值得一提的是，杂志刊载《战术发展的基本因素》《论新战术》《埋伏战术》等一系列文章，援引古今中外军事战略和战术，开阔了军队指挥员的视野，提高了战士的战斗能力，对于军队作战有切实的指导作用，受到了干部们的热情支持。“每个干部都把它看得如同至宝，每个干部都要求人手一份。”同时，“通讯”一栏中刊载八路军英勇战绩，如《连续的伏击》《弟兄们的先锋》等文章，讲述了八路军战士在作战中善用计谋、身先士卒的情况，给予人民以强烈的抗战胜利信心，有力地巩固了抗日民族统一战线。

1942 年 4 月，《八路军军政杂志》因日寇频繁“扫荡”而被迫停刊，三年多时间，共出版 39 期。作为党的思想宣传武器，《八路军军政杂志》对提高八路军指战员的政治理论和军事素质起到关键作用，为抗日战争的最终胜利作出了卓越贡献。

红刊档案

萧向荣（1910—1976），中国人民解放军优秀政治工作者，中国人民解放军开国中将。曾任八路军总政治部宣传部部长、第四野战军政治部宣传部部长等职。中华人民共和国成立后，历任广东军区政治部主任、中央军委副秘书长等职。

《中国妇女》塑造新妇女

妇女解放，突起异军，两万万众，奋发为雄。男女并驾，如日方东，以此制敌，何敌不倾？到之之法，艰苦斗争。世无难事，有志竟成。有妇人焉，如旱望云。此编之作，伫看风行。

——毛泽东：《四言诗·题中国妇女之出版》

谈及中国共产党创办的妇女刊物，一定离不开1939年6月1日在延安窑洞中诞生的《中国妇女》杂志。这份由中共中央创办、中央妇委会主办的妇女刊物，是妇女运动的重要舆论阵地，是引导妇女抗战的“指路人”。

诚如《中国妇女》之名，妇女是杂志的唯一“主角”。作为党的理论宣传的喉舌，《中国妇女》积极宣传党的妇女解放思想，激发广大妇女支援抗战的意识，大力推动陕甘宁边区的妇女运动，为铸造一支“妇女军”提供了强有力的保障。除此之外，《中国妇女》还关注妇女的参政、教育、家庭婚姻、健康卫生等问题。杂志设有“通讯”“专

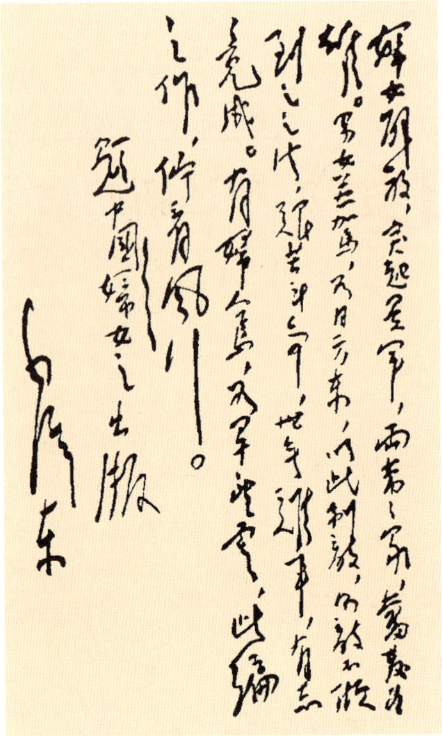

毛泽东为《中国妇女》创刊题词

载”“翻译”“本刊特写”“和母亲们谈谈心”“学习与研究”“诊疗室”“小信箱”等栏目，关注妇女生活的各个方面。正是这种“纯粹性”，使《中国妇女》成为凝聚女性力量的一方天地。

今天再翻开《中国妇女》杂志，会发现很多妇女解放运动的真知灼见。例如，邓颖超发表的《抗日民族统一战线中的妇女运动》一文，称妇女“应该充分表露自己先锋的姿态，担负起妇女解放的伟大任务”，倡导妇女解放与自身觉醒。《中国妇女》的作者还有康克清、蔡畅、范瑾等女性革命家，她们执笔敢言，大力宣扬妇女解放，使《中国妇女》成为“全国妇女同胞的喉舌”。

1940 年 6 月，为纪念《中国妇女》创刊一周年，杂志刊载一系列文章，系统地回顾了一年来杂志对妇女抗战和思想解放的巨大作用，称杂志“积极宣传中共的路线、方针、政策，指导全国妇女工作”“推进妇女问题理论上的研讨”，这些举措提高了女性自觉充当抗战一分子的觉悟，成为唤醒女性的“新力量”。

1941 年 3 月，受战争、财政、交通等因素制约，《中国妇女》在出版 22 期后停止发行。

中华人民共和国成立后，中华全国民主妇女联合会将《中国妇女》定为机关刊物。此时妇女运动的方向已转向组织生产建设方面，为突出新时期的新任务，《中国妇女》更名为《新中国妇女》，继续为妇女运动发光发热。1956年1月起，《新中国妇女》又改回为《中国妇女》。

《中国妇女》是中国共产党为中国亿万妇女搭建的交流平台，它贯彻党对妇女运动的指示，体现了党对妇女问题的关注。自创办以来，《中国妇女》始终服从于党的呼唤，以马列主义为纲领，在妇女群体中扮演着引导性角色。毋庸置疑，《中国妇女》是中国共产党新闻报刊史中最重要的、具有独特地位和深远影响的女性杂志。

如今，《中国妇女》走过了八十余载岁月。她踏着雨雪风霜，伴随新中国一路走来，还将义无反顾地继续走下去！

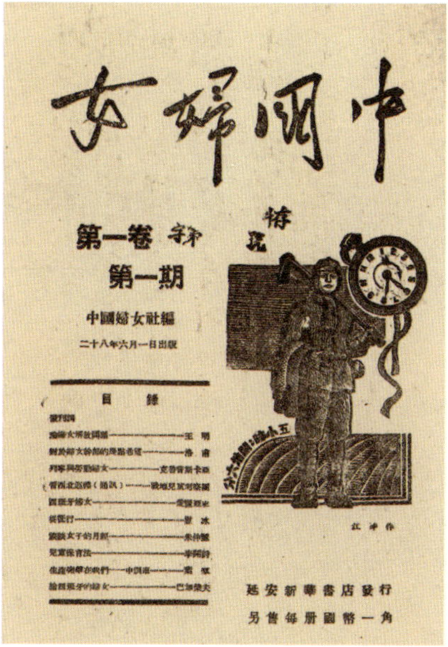

《中国妇女》创刊号

《中国妇女》刊登的抗战木刻画

《共产党人》有力量

为了中国革命的胜利，迫切地需要建设这样一个党，建设这样一个党的主观客观条件也已经大体具备，这件伟大的工程也正在进行之中。帮助进行这件伟大的工程，不是一般党报所能胜任的，必须有专门的党报，这就是《共产党人》出版的原因。

——毛泽东：《〈共产党人〉发刊词》

1939 年 10 月 4 日，毛泽东挥笔写下重要指示——“统一战线，武装斗争，党的建设，是中国共产党在中国革命中战胜敌人的三个法宝”，这是中国共产党从十八年斗争经验中凝练而来的“法宝”，首次出现在《共产党人》杂志的发刊词中。

《共产党人》在延安创刊后，由主编张闻天和副主编李维汉负责编印工作。创刊之初，定为每月出版一期，但因受战争影响，办刊物资缺乏，导致《共产党人》的发刊时间极不稳定，短则一月几期，长则几个月一期。

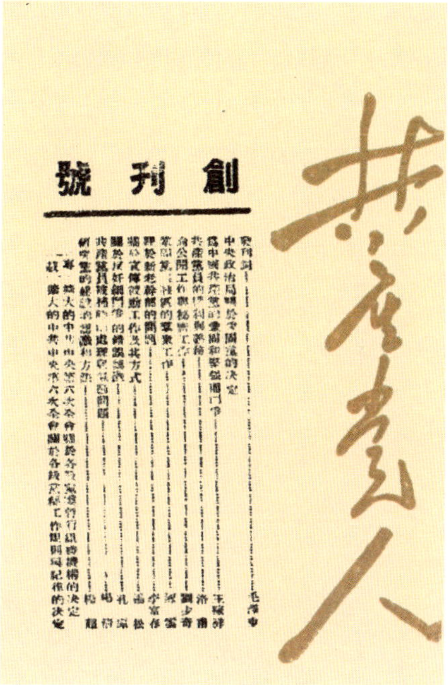

創刊號

發刊詞……毛澤東
中央政治局關於鞏固黨的決定
爲中國共產黨的鞏固和布爾塞維克化而鬥爭……王稼祥
共產黨員的權利與義務……洛甫
論公開工作與秘密工作……劉少奇

《共产党人》创刊号

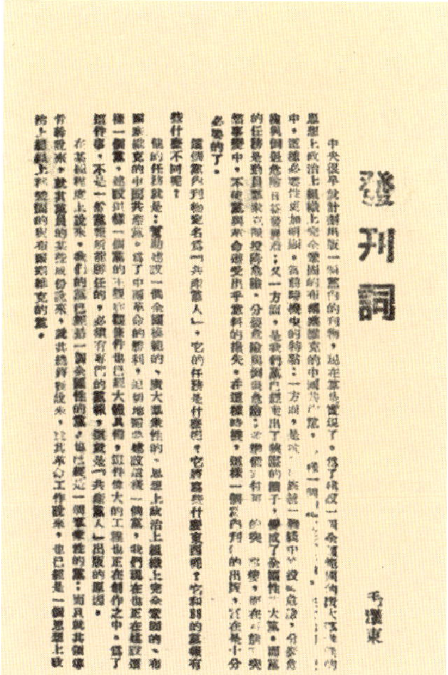

發刊詞

毛澤東

毛泽东撰写的发刊词

杂志的名字已开宗明义，它是为了“帮助建设一个全国范围的、广大群众性的、思想上政治上组织上完全巩固的布尔什维克化的中国共产党”而创办的。当时，党的队伍逐渐壮大，但许多党员没有经过系统性的理论学习，所以创办一份面向党内的理论刊物来提升党员的理论水平，是恰逢其时的。

《共产党人》的主旋律是介绍党的理论和纲领。为杂志撰稿的作者都有很高的理论水平和丰富的工作经验，毛泽东、刘少奇、陈云、王若飞、董必武等都是杂志的撰稿人。他们亲身经历数十年革命斗争，对于共产主义理论和中国国情都有深刻的理解，所撰写的理论性文章深入浅出，切合一般党员的认知，是抗战时期党员阅读学习的重要文献。

杂志最突出的特色是直接刊发党中央的文件，传达指示精神。此外，一些内容紧紧围绕着“党的建设”展开，包括党内纪律、党员责任与义务、联系群众、政治信仰等方面，如《没有调查者没有发言权》《论公开工作与秘密工作》《党员军事化》《应该严守党的秘密》《准备根据地变为游击区的武装斗争》……这些文章对党员的工作作出详细指导，对党员自身提出严格要求，有利于党组织的建设。在剩余版面中，还会刊登马克思主义者的名句，用以激发党员昂扬向上的革命斗志。

与一般的公开刊物不同，《共产党人》是面向党内的，刊载着大量党的方针政策和思想理论。因此，杂志的出版、发行、流通都需要严格保密。但随着日寇对抗日根据地的封锁和国民党顽固派反共情绪的弥漫，一些中共地下党员被迫暴露身份，《共产党人》已然成为一份“危险刊物”。1941 年 8 月 20 日，中共中央决定将其停刊。

《共产党人》为共产党员坚定信仰、保持党的纯洁性发挥了重要作用，在党内享有极高声誉。它如一眼泉水，为如饥似渴地探知马列主义思想的共产党员提供了滋养；亦如一盏明灯，在漆黑夜晚中指引着共产党员徐徐地、坚定地向前。

炮火灭不掉的《冀中导报》

冀中报人显示着他们无上的英勇和对新闻事业的负责，奠定了坚持冀中新闻工作的一块苍石。

——范瑾：《冀中的新闻工作是怎样坚持的？》

全国抗日战争爆发后，为开辟舆论阵地，宣传抗日救国主张，中国共产党积极组织抗日根据地的新闻建设，党报、党刊如雨后春笋般蓬勃发展。《冀中导报》作为中共冀中区委的机关报，应运而生。

《冀中导报》的前身是《导报》。《导报》当时已经承担起作为党报的责任，宣传中国共产党的抗日方针政策。由于日寇在冀中根据地疯狂“扫荡”，《导报》只存续了短短几个月。在八路军数次粉碎敌人的进攻之后，冀中抗日根据地得以巩固，新闻出版环境也逐渐好转。1939 年 12 月，《导报》更名为《冀中导报》，正式复刊。

与“出生”在大城市的报纸不同，《冀中导报》是一份在冀中抗日根据地“土生土长”的报纸。负责报纸编采工作的并不是专业的新闻工作者，而是根据地半路出家的革命报人。创刊时社长为彭槊，他曾经担任《自卫报》和《抗敌报》的社长；1939 年报纸初次复刊

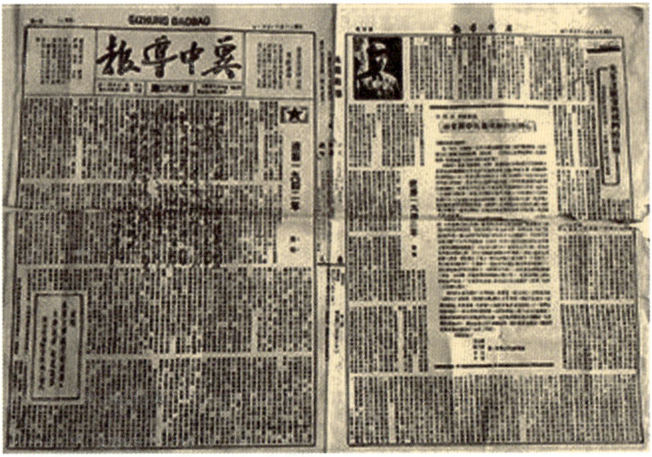
冀中導報

《冀中导报》

后的社长为范瑾，她有地质学背景，自参加革命工作后一直在宣传前线，先后在八路军总政治部前线记者团、冀中导报社、新华社工作；1945 年报纸再次复刊后的社长为王亢之，他在青年时期就参与学生运动，支持革命，加入共产党后一直从事宣传工作，曾是深泽县委机关报《号角报》、中共冀中七地委报《新民主报》（后改为《黎明报》）的社长。《冀中导报》的几任社长都没有过专业的新闻学习经历，只是在从事党的新闻工作中不断摸索成长。虽然办报环境恶劣，条件艰苦，但几代革命报人凭借“野火烧不尽，春风吹又生”的坚韧品质，使党的宣传事业在抗日根据地根深枝茂。

《冀中导报》的发展过程充满艰辛。《导报》发行之初，面对日寇的疯狂进攻，报社跟随冀中党委不断转移，导致报纸无法连续出版，被迫停刊。1939 年 12 月，《冀中导报》采用范瑾提出的“依靠群众掩护、坚持分散活动”的方针，使得报纸顺利复刊。由于办报设备不便转移，遂将日刊改为三日刊，铅印改为油印和石印。报社刚成立时，因缺少与延安新华社沟通的设备，获取外部新闻的途径很少，所以《冀中导报》

鲜有国内外的新闻报道，其内容多侧重于宣传抗日救亡。随着报社与党中央通讯的逐步完善，1942 年的《冀中导报》开始大量刊发延安新华社的电讯。

与此同时，日寇在冀中地区进行“大扫荡”，《冀中导报》的出版条件日趋恶劣，总编辑朱子强只能带领报社成员“流动办报”和“游击办报”，坚持出版了几期，最后被迫再次停刊。1945 年 6 月 15 日，在冀中党委的组织下，曾分散转移到冀中周边各地的报社成员重新集结起来，恢复出版《冀中导报》，并增设《平原》为文艺副刊，增加了报纸的生动性。在全国抗战的八年间，《冀中导报》三次出刊，共出版 470 多期，成为指导冀中人民对敌斗争的有力武器。

1948 年 5 月，毛泽东率领中共中央进驻河北西柏坡，听闻《冀中导报》编辑部同志们一直期冀着他为报纸题写报头，便欣然应允。待编辑部同志们见到从西柏坡送回饶阳的报头，却发现是“河北日报”而非“冀中导报”。原来此时正值解放战争临近胜利，为符合新的行政区划，毛泽东为《冀中导报》题写了新的报头——“河北日报”。大家想到报头的这一层深意，即河北省即将全部解放的消息，不禁喜出望外。于是，自 1949 年 1 月 1 日起，《冀中导报》正式更名为《河北日报》，步入了全新的历史阶段。

河北日報

爲進一步統一地建設新民主主義的河北省而奮鬥

——代發刊詞

適應新的勝利形勢 河北省正式組成

河北省人民政府佈告

《河北日报》创刊号

幸得几代革命报人的接力传承，才使《冀中导报》在抗日战争、解放战争中坚持出版，成为宣传党的政策的一扇窗口。广大冀中群众通过阅读报纸，了解到党的政策，受到革命启蒙教育，更加热切地投身到救国和解放的伟大事业中。可见，《冀中导报》在党的领导下，担负起冀中地区机关报的职能，在传递战争消息、鼓舞动员群众方面功不可没。

红刊档案

彭桨（1916—？），后改名为彭法荪，新闻工作者。曾在冀中敌后根据地参与抗战宣传工作。中华人民共和国成立后，进入教育领域工作，20 世纪 50 年代开始在济南三中任教，山东省作家协会会员。

范瑾（1919—2009），原名许勉文，曾担任八路军总政治部前线战地记者。中华人民共和国成立后，历任天津市委宣传部副部长、北京市副市长等职。

王亢之（1915—1968），编辑、记者。中华人民共和国成立后，历任天津市委宣传部部长等职。

朱子强（1919—1984），新闻工作者。中华人民共和国成立后，历任河北日报社社长、中共河北省委宣传部部长等职。

《中国文化》共建精神家园

中国的历史分期问题，包括其他学术问题，只有通过不同意见的争辩交锋，才能到达真理的彼岸。《中国文化》应该给大家探索真理提供一个园地。

——艾思奇

早在延安时期，党就已经认识到“文化抗战”的重要性，于是便积极领导、团结文化界人士进行“文化抗战”。1940 年 2 月 15 日创刊的《中国文化》，是延安知识分子“抗日救亡”的重要标识，也是党发展“抗战新文化”的有益成果。

《中国文化》是陕甘宁边区文化协会的机关刊物，每月发行一期，艾思奇担任主编，周扬、丁玲、张仲实、范文澜、萧三组成编委会。杂志上刊载的文章多出自胡乔木、冼星海、郭沫若、徐特立、艾青等名家之手，质量和水平都极高。栏目则不固定，每期根据来稿而设定，灵活多变。形式包括研究、短评、杂感、创作、小说、诗歌等，内容涵盖政治、经济、哲学、历史、文学诸多方面。

杂志能够在短时间内办得有声有色，离不开主编艾思奇的努力。

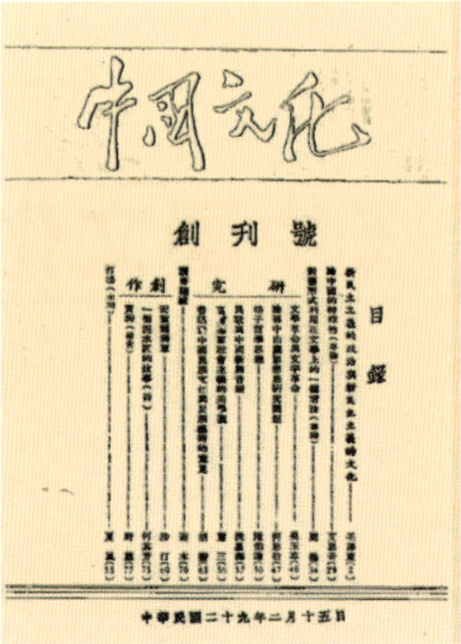
中國文化

創刊號

目錄

研究

創作

中華民國二十九年二月十五日

《中国文化》创刊号

艾思奇

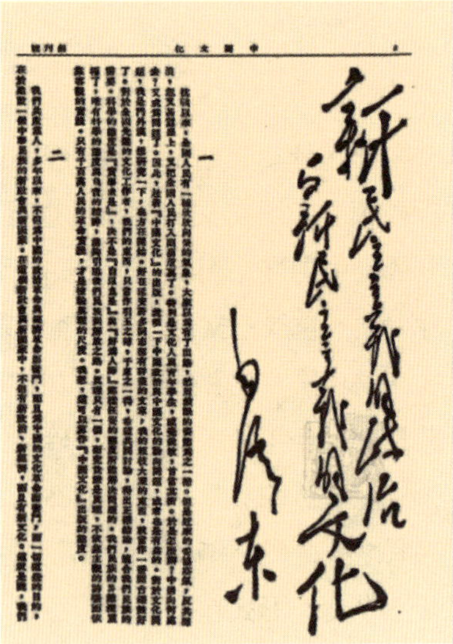

《中国文化》刊登毛泽东文章

作为一名哲学家，他并不故弄高深，讲些玄而又玄的道理，而是致力于使哲学通俗化，这体现在他最著名的理论著作《大众哲学》中。同样，在《中国文化》的“哲学讲座”栏目中，艾思奇笔耕不辍，接连发表了《什么是辩证法》《哲学是什么》《论质量的相互转变》等文章，以通俗易懂的方式将马克思主义哲学讲解给群众听。毛泽东十分欣赏艾思奇，说他是“学者、战士、真诚的人”。

《中国文化》是在党的领导和关怀下成长的。“中国文化”四字是毛泽东亲自所题。在创刊号上，毛泽东发表了《新民主主义的政治与新民主主义的文化》，提出要批判性地继承中华民族的传统文化，发展民族新文化，提高民族自信心。后来，这篇文章在转载时重编，并更名为众所周知的《新民主主义论》。毛泽东的题词更是指明了杂志的发展方向：“延安文化界活动起来，为战胜日本帝国主义，建设新民族文化而奋斗。”

那么，什么是“民族新文化”？艾思奇将其凝练为“鲁迅精神”。他曾在杂志上发表《鲁迅的方向就是中华民族新文化的方向》，文中指出“鲁迅精神”就是“向民族的压迫者战斗，向社会的压迫者战斗，向吃人的旧制度战斗和吃人的旧礼教战斗”。因此，《中国文化》的任务就是团结文化界力量，以文化为纽带，将中国亿万民众相连，共赴国难，浴血奋战。

由此，《中国文化》刊载的文艺作品便有着明确的政治取向。艾思奇在杂志上发表《五四文化运动的特点》《当前文化运动的任务》等文章，对中国文化界存在的问题进行批判，提出要建设新时期的“抗战文化”。叶蠖生在《抗战以来的历史学》中也认为当时历史学的目标是“适应抗战需要”。

1941年，受战争局势影响，陕甘宁边区的许多报刊都陷入出版困境，《中国文化》也不例外，8月20日被迫终刊，共出版15期。《中国文化》从创刊到终刊仅短短一年半的时间，但是它为抵制党内错误思想渗透作出了卓越贡献，成为引领抗战时期“民族新文化”发展的向导。它有利团结了文化界人士，并以文艺形式宣传党的政治思想，加强了群众对党的理解和认同，在党的思想建设中所发挥的作用不容小觑。

红刊档案

艾思奇（1910—1966），著名马克思主义哲学家、教育家和革命家，被称为“人民的哲学家”。中华人民共和国成立后，历任中共中央高级党校副校长、中国社会科学院哲学社会科学学部委员等职。

叶蠖生(1904—1990)，马克思主义政治家、历史学家、哲学家。中华人民共和国成立后，历任中央出版总署党组书记、编审局局长等职。

《边区群众报》与民同乐

争取识字不多的人能够读懂，不识字的人也能够听懂。

——《边区群众报》的口号

抗战时期，中国共产党开辟的各大根据地都办有不少党报、党刊，它们是宣传党的政策纲领的喉舌，一般表现形式都比较严谨正式。但中共陕甘宁边区党委机关报——《边区群众报》，却与我们所熟知的党报风格有所不同。

1940 年 3 月 25 日，在毛泽东的提议下，由有过办报经验的周文任社长，同时联合边区党委宣传部部长李卓然、杜桴生等人，一同创办了这份大众性、通俗性的《边区群众报》。

初创时的《边区群众报》是十天出版一期。十期之后，改为每周出版一期。在报道新闻信息方面，周报往往不如日报迅速，信息具有滞后性，这是该报的局限。但时间差也给报社整理、核实新闻消息以缓冲期，利于新闻的准确性，利于综合全面报道。

《边区群众报》是一份综合性的报纸，它的内容涵盖了党的理论政策、时事新闻、劳动生产、文艺作品、卫生知识等方方面面，可以说是边区群众的“百科全书”，也是边区群众生活的真实写照。

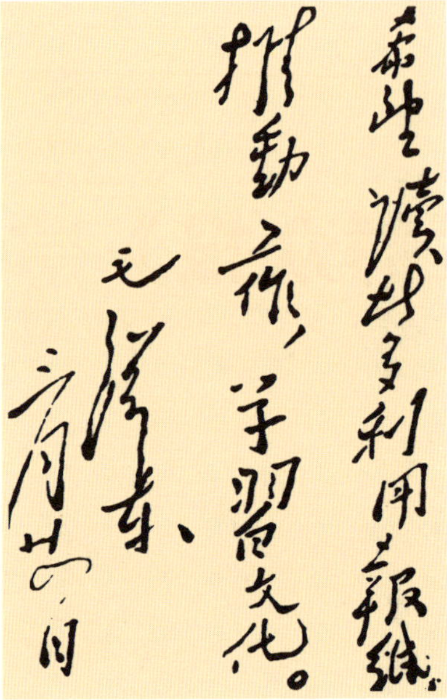

毛泽东题词

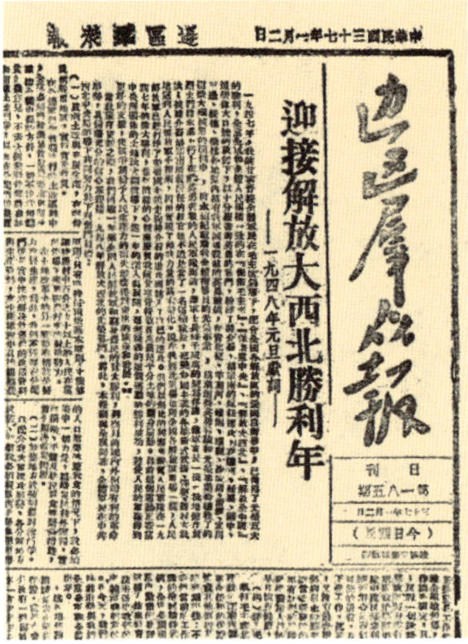

邊區群衆報

迎接解放大西北勝利年

——一九四八年元旦獻詞——

《边区群众报》

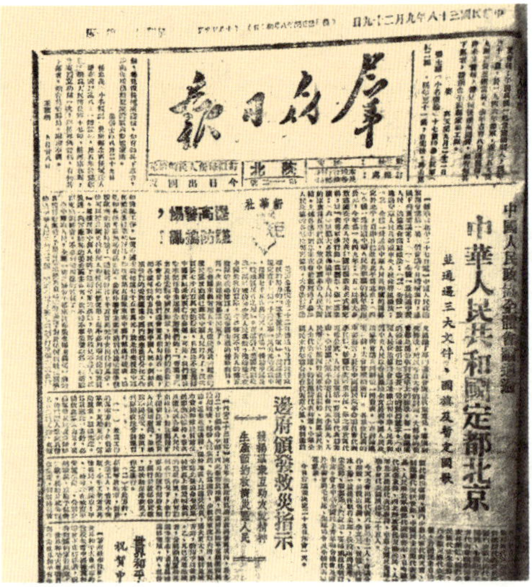

羣衆日報

中華人民共和國定都北京

邊府頒發救災指示

《群众日报》

《边区群众报》的最大特色是立足群众。报纸的名字已彰显出其“目光向下，重在群众”的宗旨。为使报纸通俗易懂，符合边区群众的认知水平，编辑采取了特殊的校稿方式。稿子写好后，由全社人员共同讨论修改，务必使所有人都读懂、爱读，方算合格。还有信天游、陕北民歌、陕北说书等民间表演艺术形式也被编辑使用在宣传中，效果相当显著。比如作家柯蓝撰写的发表在《边区群众报》的小说《抗日英雄洋铁桶》，采用章回体，吸收大量生动的民间用语，特别受群众的喜爱。

为您读红刊

此外，这份报纸还成为普及教育、扫除文盲的材料，边区群众利用报纸，不仅提高了知识水平，而且丰富了文化生活。在报纸创办六周年时，毛泽东题词：“希望读者多利用报纸，推动工作，学习文化。”正是由于《边区群众报》读起来有趣生动、朗朗上口，在陕甘宁边区十分受欢迎，发行量达一万份以上，这在只有150万人口的陕甘宁边区，不能不说是个奇迹。群众曾为报纸编了一首歌谜：“有个好朋友，没脚会走路；七天来一次，来了不停口；说东又道西，肚里样样有；交上这朋友，走在人前头。”这首歌谜生动形象地再现了《边区群众报》的精彩内容和它在群众生活中显现出的实际意义。群众将报纸称呼为——“咱们的报纸”，也切实表明了群众对报纸的喜爱程度。

1947年4月21日，《边区群众报》收编《新闻简报》后，变为日刊发行。1948年1月10日，《边区群众报》更名为《群众日报》；1954年10月6日，《群众日报》更名为《陕西日报》，继续为党和广大群众服务。

名字在中国人心中蕴含着特殊的意义，报刊亦是如此。《边区群众报》这个名字，就注定它唯一的出发点、落脚点都是群众，它立足于广大的边区群众，边区群众也在传颂着它，彼此间始终紧紧相连、密不可分。同时，《边区群众报》也没有辜负党中央的期待，为开展群众扫盲运动发挥了开拓性作用，成为群众理解党的思想、路线、方针、政策的重要读物。

沂蒙（那个）《鲁南时报》

人人（那个）都说（哎）沂蒙好，沂蒙（那个）山上（哎）好风光。

青山（那个）绿水（哎）多好看，风吹（那个）草低（哎）见牛羊。

自从（那个）起了（哎）黄沙会，大家（那个）小户（哎）遭了殃。

……

八路（那个）神兵（哎）从天降，要把那些害人虫（哎）消灭光。

沂蒙山的人民（哎）得解放，男女（那个）老少（哎）喜洋洋。

——鲁南抗战民歌《打黄沙会》

1939年，抗日战争已进入战略相持阶段，八路军第一一五师成功抵达鲁南并开辟了鲁南抗日根据地。党的组织和宣传工作亟须在初建的根据地开展，于是，各类党报、党刊应运而生。其中，有这样一份报纸，它在鲁南地区“及时传播中共中央的声音，鼓舞和指导鲁南人民的革命斗争”，它就是中共鲁南区委员会机关报——《鲁南时报》。

《鲁南时报》是在八路军第一一五师所创办的《时事通讯》的基础上发展起来的。它于 1940 年 7 月 1 日创刊，报头由八路军第一一五师政委罗荣桓亲自题写。首任社长是区党委宣传部部长林乎加，总编辑是白刃。初创的《鲁南时报》为 8 开 4 版：第一版刊登要闻，第二版关注国际时事，第三版报道鲁南地区新闻，第四版刊登文艺作品。1941 年春，它曾短暂停刊，同年 11 月复刊后，改为 4 开 2 版，发行量由最初的几百份发展到 1.2 万份，可见其在鲁南地区的影响力。

《鲁南时报》创办之时，正值全国抗战最艰苦的时期。因为整个报社只有一台油印机，所以同志们便想出了用锅灰、松香自制油墨的方法来节省经费。与此同时，报社成员身兼数职，既是作者、编辑，又是油印员和发行员，只为了让“鲁南之声”继续在鲁南大地上嘹亮

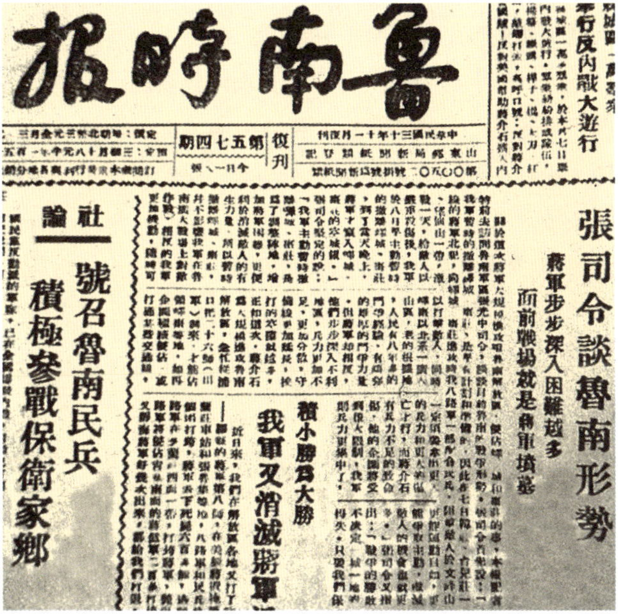

魯南時報

復刊

第五七四期

反內戰大遊行

張司令談魯南形勢

蔣軍步步深入困難越多

而前戰場就是蔣軍墳墓

社論

號召魯南民兵

積極參戰保衛家鄉

積小勝為大勝

我軍又消滅蔣軍

《鲁南时报》

回响，鼓舞人心。报社没有固定的地点，负责编印的同志们只能随军“打游击”，在山沟里东躲西藏地进行转移，还要随身背负沉重的印刷设备。有时印刷设备、纸张等来不及转移，只能藏在山洞或者老乡家里，到达安全地点后，编印同志们再紧张又快速地出报。由于办报条件极为恶劣，每次只能印出几百份报纸，因此干部和群众更将数量稀少的报纸视为珍宝。

报社经过几年积淀、发展，由20多人发展为200多人，力量逐渐壮大。印刷技术也越来越好，油印逐渐改为石印、铅印。但编辑们始终没有丢弃老的油印印刷机。此举有两方面的原因：一是他们深知当前战局不稳，要保证相对稳定的印刷出版，非油印不可；二是当石印机出现故障时，能用油印机顶替。以《鲁南时报》为中心，报社还新增了一些专门性刊物。如不定期出版的党内刊物——“鲁南参改消息”，专门介绍党的方针政策，供鲁南党委内部参阅，较好地将党中央的指示精神通过报纸传达给基层党组织。

在《鲁南时报》创刊五周年时，鲁南区党委书记王麓水总结了报纸的贡献，他说：“《鲁南时报》和鲁南的各部门全体成员一样，始终和鲁南人民在一起，在残酷的三角斗争中坚持过来了，这是《鲁南时报》的荣誉。”

1947年，国共两军在鲁南山区爆发激战。《鲁南时报》的编辑成员采取了“化整为零”的方式分散转移，并且坚持在敌后继续出报，传播党的声音。1948年9月26日，《鲁南时报》在出版702期后，和《鲁中大众》合并，更名为《鲁中南时报》。

《鲁南时报》是一份随军报纸，报社成员是在“炮火中，碉堡下，坚持着工作”，他们冲锋在前线，不怕艰苦，不畏牺牲，报道党和八路军顽强战斗的真实情况，将革命人物的英雄事迹传播到敌后根据地。《鲁南时报》再现了群众为反抗剥削压迫而流下的血与泪，反映了革命报人为革命胜利而坚持奋斗的大无畏精神。在宣传马克思主义和党中央的路线方面起到了相当重要的作用，是中华民族从苦难走向辉煌的见证者之一。

红刊档案

林乎加（1916—2018），曾组织“胶东青年抗日救国会”。中华人民共和国成立后，历任北京市市长、农业部部长等职。

白刃（1918—2016），著名作家，长期从事党的新闻宣传工作。中华人民共和国成立后，历任中国作家协会理事、中国戏剧协会理事等职。

晋西北之光《抗战日报》

党报要坚持为根据地人民服务的方针。抗日根据地的主人翁是广大人民，首先是广大的工农兵群众。我们的报纸应当成为广大人民的喉舌，成为工农兵的公务员。

——《抗战日报》创刊词

1940年春，阎锡山发动了“十二月事变”，进攻中国共产党领导的山西抗日力量——新军，新军被迫奋力还击，将阎锡山的旧军赶出了晋西北，肃清了顽固派势力，并合并了晋西南和晋西北，建立了统一的晋西北抗日根据地。

在此之前，晋西南区有党报《五日时事》，晋西北区有党报《新西北报》。晋西北抗日根据地建立后，《五日时事》和《新西北报》不再适应形势需求，便停刊了。这时，发行一份面向整个晋西北抗日根据地的报纸，成为根据地党委新闻宣传工作的当务之急。经过紧锣密鼓的筹办，1940年9月18日，在山西兴县石楞子村，晋西区党委

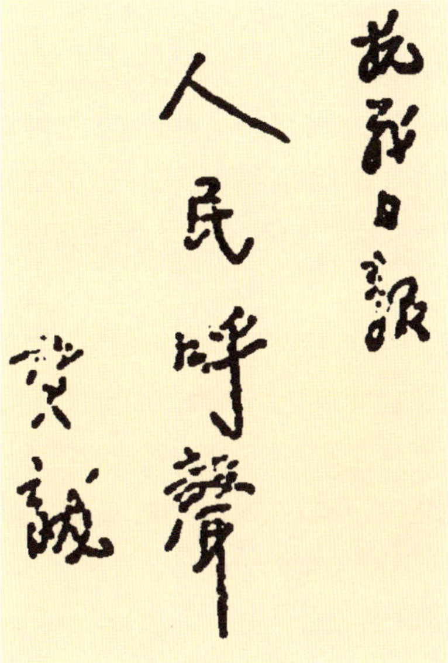

贺龙题词

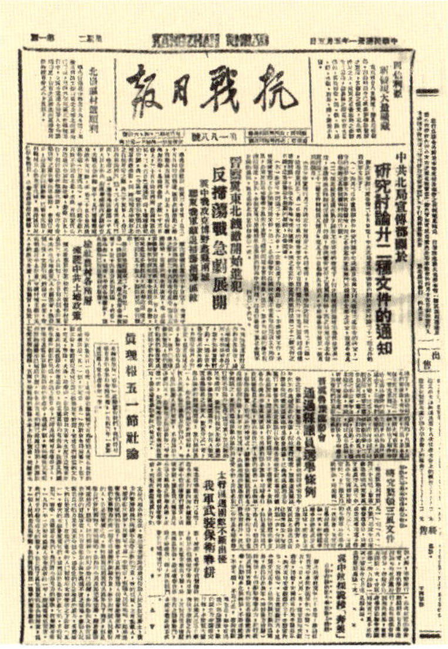

抗戰日報

中共北局宣傳部關於研究討論廿二種文件的通知

反掃蕩戰急劇展開

貫徹五一節社論

《抗战日报》

晉綏日報

今日本報要目

晉西北行署教育會議

確定教育工作的方針任務

社論

晉西北目前教育工作的方針與任務

《晋绥日报》

机关报——《抗战日报》第一次面向读者发行。

区党委宣传部副部长廖井丹兼任报社社长，具有丰富办报经验的赵石宾担任总编辑。他们充分考虑到《五日时事》和《新西北报》的部分编辑和记者有着丰富的撰文、编辑、发行经验，便吸收这批优秀的新闻工作者进入抗战日报社。这一举措为报社的发展奠定了有利基础。

《抗战日报》的报头由毛泽东亲自题写。在创刊号上，贺龙撰写了“抗战日报，人民呼声”的题词，期望报纸立足群众，为人民群众发声。报纸的发刊词更是明确提出报纸的任务是“抗战到底，团结到底，建设晋西北”。所以在内容安排上，《抗战日报》以报道晋西北抗战情况为主，兼顾当地的生产建设问题，力图团结一切可以团结的力量，巩固根据地建设。

同多数党报一样，《抗战日报》的形式相当“标准化”，四版分别为社论、国际新闻、国内新闻、副刊，既清晰明了，又正式严肃。值得注意的是，《抗战日报》开了晋西北地区“铅印报纸”的先河。相较于石印和油印，铅印简单方便、制版美观、速度快、效率高，具有更大的优势。因此，作为党报的《抗战日报》率先使用铅印印刷，以应对读者范围广、发行数量大的现实需求。

在发展过程中，《抗战日报》三次改版，由三日刊改为两日刊，接着又改为日刊。与此同时，报纸积极响应“全党办报”的号召，密切联系群众、依靠群众，向着“地方化、通俗化、杂志化”的方向不断努力发展。

全国抗战胜利后，《抗战日报》完成了宣传抗战的历史使命。1946 年 7 月 1 日，更名为《晋绥日报》，继续为晋西北人民服务。

《晋绥日报》继承了《抗战日报》出色的宣传能力这一优良传统，它关注国统区的最新动态，揭露国民党反动派发动内战的阴谋，歌颂人民解放军的英勇事迹。尽管出自深山，它却有放眼全国的视野和胸怀。

1949 年 5 月 1 日，山西全境在人民群众欢天喜地的锣鼓声中宣告解放。这意味着《晋绥日报》完成了它的使命。于是就在同一天，《晋绥日报》发布了最后一期，结束了将近十年的征程。

抗战时期，《抗战日报》担负起了机关报的责任和使命，将全部的力量都奉献给了党和人民，它将思想转化为武器，是晋西北抗战中不可或缺的重要组成部分。正如贺龙所说："《抗战日报》犹如晋西北抗日根据地的一面旗帜，广布新民主主义的光华，团结着全晋西北的群众，奋斗前进。"

红 刊 档 案

廖井丹（1914—2006），长期从事党的政治宣传工作。中华人民共和国成立后，历任新华日报社社长、中共中央宣传部副部长等职。

赵石宾（1914—1942），晋西北新闻事业的开拓者之一。曾任黄河出版社总编辑兼编辑部主任、《牺牲救国》报总编辑等职。

《新文字报》的“文字革命”

文字必须在一定条件下加以改革，言语必须接近民众，须知民众就是革命文化的无限丰富的源泉。

——毛泽东：《新民主主义的政治与新民主主义的文化》

陕甘宁边区分布着广大农村地区，教育条件相对落后，边区群众想要学会识字，进而能够读书看报，是极不容易的一件事情。1940 年秋，为了普及基础教育，陕甘宁边区政府指示吴玉章开展“拉丁化新文字扫盲运动”。1940 年 11 月 22 日在延安创刊的《*Sin Wenz Bao*》（即《新文字报》），就是这场扫盲运动的重要见证。

“拉丁化新文字扫盲运动”在吴玉章的领导下，有步骤、有方法地推广开来。吴玉章、林伯渠、萧三、刘长胜首先在苏联语言学家龙果夫的帮助下创造了一种“新文字”，这种“新文字”由拼音和文字组合而成，写法简单，便于群众学习和掌握，能快速达到“扫盲”的效果。紧接着，为拓展师资，培养干事，边区开展新文字冬学教师培训班，创办了新文字干部学校。到了 1940 年年底，陕甘宁边区成立了推广“新文字”的组织——新文字协会，毛泽东亲自出任该协会的名誉主席。

吴玉章

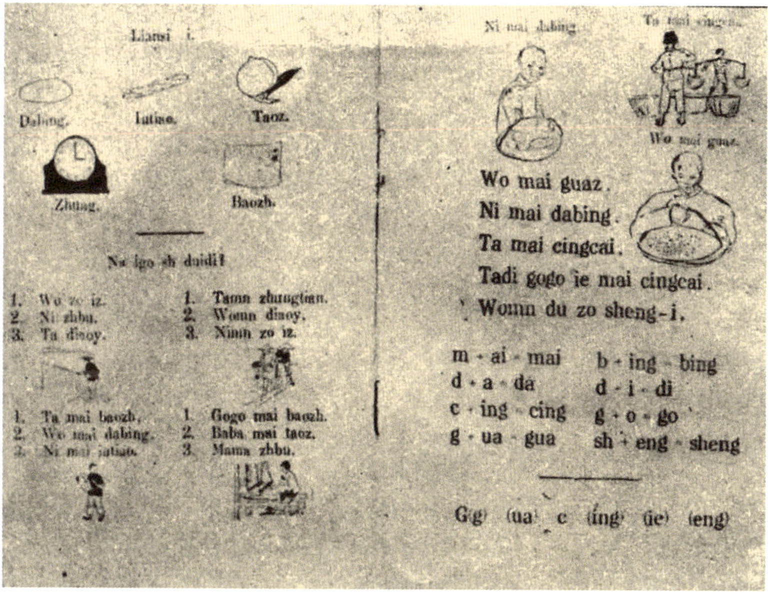
Wo mai guaz.
Ni mai dabing.
Ta mai cingcai.
Tadi gogo ie mai cingcai.
Womn du zo sheng-i.
m - ai - mai
b - ing - bing
d - a - da
d - i - di
c - ing - cing
g - o - go
g - ua - gua
sh - eng - sheng
1. Gogo mai baozh.
2. Baba mai taoz.
3. Mama zhbu.

拉丁化“新文字”

4开2版的《新文字报》是新文字协会的会刊，每周发行一期。吴玉章虽然事务繁忙，但是每期报纸都亲自校对，顾不上爱惜自己的身体，曾因工作劳累过度而病倒，痊愈后又立即投入“新文字”的宣传推广之中。《新文字报》发刊词提出“新文字是劳动者的文字”，办报的目的“是要替我们三万万六千万不识字的男女同胞，打开一条热闹的新世界道路”。报纸一经发行，便受到边区群众的热切欢迎，每期发行量最高可达四五千份。

考虑到读者多是不识字的群众，因此报纸选取的内容比较简单，刊载的时事新闻基本是缩略版本，方便群众阅读。此外，报纸还较多关注教学方法和教学情况，以充当“教辅”材料。

党中央高度重视《新文字报》的“扫盲”作用。1941年5月15日，毛泽东在第一期改版的报纸上题词：“切实推行，愈广愈好。”朱德也对报纸今后的工作方向提出明确要求：将“大家适用的新文字，努力推广到全国去”。

为了增强趣味性、吸引更多读者，报纸增加了木刻插图，一边报道群众学习新文字的进度，一边宣传党中央的政策方针、介绍抗战英雄和边区劳模的先进事迹等，这在很大程度上提升了陕甘宁边区群众阅报和认字的积极性。为了提高印刷效率，增加发行数量，《新文字报》还将油印改成铅印。

1943年1月，边区“新文字”冬学结束后，“拉丁化新文字扫盲运动”停了下来，《新文字报》也随之停刊。报纸存在了两年多的时间，共出版110多期。可以说，在党领导人民群众艰苦奋斗的岁月中，《新文字报》发挥了宣传党的思想和普及基础教育的双重作用，对群众性扫盲运动的开展起到了重要支撑作用。

《江淮日报》模式

共产党和八路军、新四军作为民主的势力，愿意为大多数人民、为老百姓服务，为抗日各阶段联合的民主政权而奋斗。这种政权不是一党一派一人所得而私的……共产党除了人民的利益与目的外，没有其他的利益与目的。

——胡服（刘少奇）：《论抗日民主政权》，《江淮日报》创刊号

1940 年 12 月 1 日，华中抗日根据地烽火连天，硝烟弥漫。《江淮日报》肩负着党和人民的期冀，于苏北盐城创刊了。

《江淮日报》是中共中央中原局的机关报。在其发刊词上有这样一段文字："《江淮日报》既是党报，又是华中人民的喉舌，是党联系广大群众的纽带，是建设华中敌后抗日民众根据地的有力工具"。这几句由华中军区司令员陈毅所写的话，振聋发聩，全面说明了报纸肩负的历史使命——团结爱国力量，统一爱国战线，抓好"抗战"和"根

据地建设”两大中心环节，为全国抗战胜利而努力奋斗。

因此，《江淮日报》成为团结华中地区新闻界、文化界的舆论阵地。声名卓著的哲学家冯定、作家丘东平、画家许幸之、话剧家刘保罗、作曲家章枚、剧作家江岚等，以报纸为媒介，撰文绘画、学习交流，与《江淮日报》共同成长。

时任中原局书记的刘少奇为报纸发展付出了诸多心血。报纸正式发刊时，“江淮日报”几个字就是由刘少奇亲自题写。报纸创办后，他叮嘱副社长兼总编王阑西要“办好党报，依靠广大干部和群众办报”，并时常给予编辑部成员宏观性的指导。不仅如此，刘少奇还经常为报纸撰写重要社论，即便有时抽不出空写稿，也会亲自审核。

《江淮日报》是华中根据地的第一张党报，据王阑西回忆：“在当时的中国，由共产党直接领导的公开出版的大型日报，除延安《新中华报》、重庆《新华日报》外，它大概居于第三位。”《江淮日报》作为一份“大报”，名副其实。它每期的发行量能达到数万份，既面向华中的苏、浙、皖、豫、鄂数省，也面向国内的各大抗日根据地、沦陷区，还发行至香港和东南亚华人团体中间，发行传播之广、受众之多，由此可见。

1941 年中原局改为华中局后，《江淮日报》随之成为中共中央华中局机关报。1941 年 7 月，在日寇“扫荡”中原地区的危急形势下，为避免党组织和军队行军转移的消息走漏，《江淮日报》不得不隐匿声音，停止发行。

《江淮日报》虽然出版不到一年，但是它将抗日的火种播撒在华中地区军民心中，使得“星星之火，可以燎原”。此外，由部分江淮日报社成员创办的《盐阜报》，继续记录着华中人民群众英勇奋斗的事迹，延续着《江淮日报》团结群众、爱国抗争的精神，并迈向新的征程。

在斗争形势复杂且恶劣的华中根据地，《江淮日报》为全民族抵

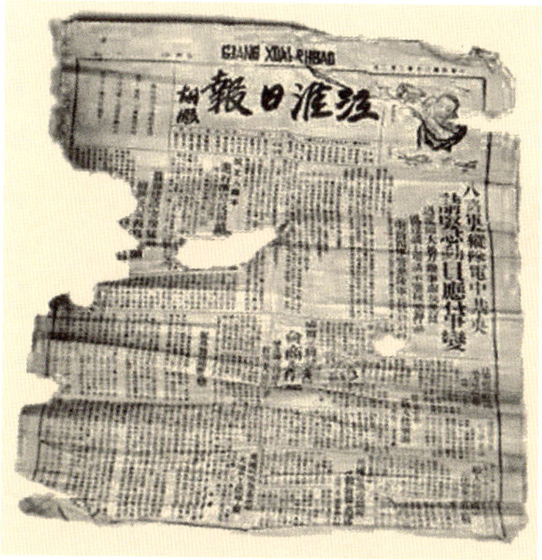
江淮日報

《江淮日报》

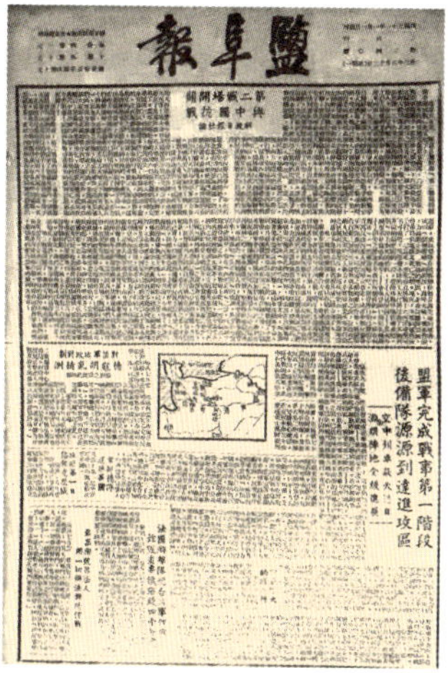
鹽阜報

盟軍完成戰事第一階段
後備隊源源到達進攻區

《盐阜报》

御外侮、共同抗日照亮了前路，为党宣传政策纲领、联系群众发挥了作用。它是党最有力的抗日宣传助手之一，是无数爱国人士精神家园的捍卫者。

红刊档案

王阑西（1912—1996），曾加入中国左翼作家联盟。历任中共鄂豫边区党委宣传部部长、广东省副省长、文化部副部长等职。

香港明灯《华商报》

我们现在要充分地利用香港这块特殊的阵地，团结并争取更多的在港文化界人士，以形成强大的舆论宣传阵地。

——廖承志

1941 年皖南事变后，国共两党在新闻宣传方面的竞争日趋“白热化”。中共舆论环境趋差，左翼报刊被禁止在国统区内发行。因此，中共南方局便将目光投注在出版环境相对宽松、文化多元的香港，期望在香港开辟出一块新的舆论阵地。

当时，许多重要刊物都在香港陆续复刊，而重中之重的，则是中共南方局香港分局创办的《华商报》。这份报纸在香港秘密发行，以香港民众和南洋华侨为主要读者群。值得注意的是，为“保持低调，不露锋芒”，报社法人和总经理由商人邓文田担任，但实际主持者则是著名新闻记者范长江。报头也是从孙中山的墨迹中，分别找出“华”“商”“报”三个字拼在一起，以增强香港市民的亲切感。

至于为何以“华商”命名，中共南方局香港分局领导人廖承志

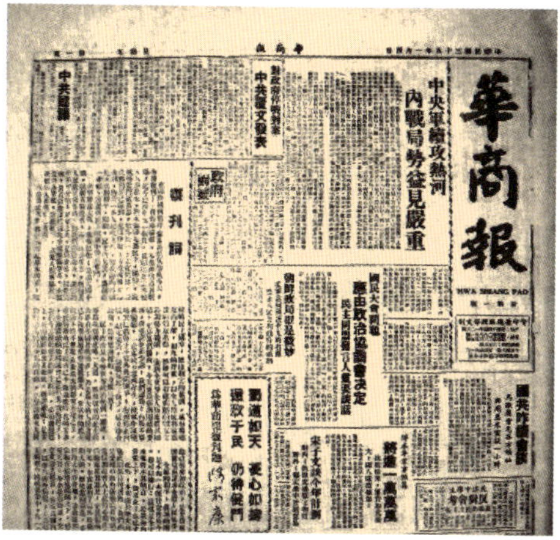

華商報

HWA SHANG PAO

中央軍搶攻熱河 內戰局勢益見嚴重

《华商报》

《华商报》驻广州办事处旧址

解释了三点原因：一是“含有华侨商人自己办报的思想”；二是“充分体现报纸统一战线的实质”；三是“能广泛地增强华侨、工商及社会各界对报纸的感情，扩大报纸的发行量和阅读面”。这与报纸发刊词中所提出的目标是一致的，即“在抗（战）建（国）的过程中，就海外舆论界的岗位，担当起号召、推动的任务”。

《华商报》的发展可分为两个时期。从1941年4月8日到12月10日是《华商报》的“初创期”。这一时期，报社集结了一批文化界、新闻界知名人士，如邹韬奋、范长江、夏衍、廖沫沙、张友渔等，他们为报纸的统筹、撰稿、经营等工作付诸全力。从内容来看，《华商报》一方面关心国际反法西斯战争的情况，另一方面关注国内抗日战争的消息和宣传爱国教育。

从1946年1月4日到1949年10月15日是《华商报》的“复刊期”。这一时期，报纸的主要负责人是总经理萨空了和总编辑刘思慕。由于抗战已经取得胜利，报纸的宣传方向便进行了调整，开始宣传“反对一党独裁，主张和平建国”，与中共中央的政治路线保持一致。

《华商报》最大的亮点是传播延安文艺。副刊以小说、诗歌、戏剧等丰富多彩的形式讴歌党的方针政策，号召海内外爱国人士携手并进，加入统一战线，为“抗战建国”而努力奋斗。如故事画《平型关之战》生动形象地描绘了八路军战士在抗战中英勇杀敌的场景；1948年，正值内战，报纸上刊载了多篇解读《白毛女》的文章，作者们一致认为这场戏剧具有深刻的革命意义，表明了坚决同共产党站在一条战线的政治立场。因此，它被誉为“四十年代高挂在香港这块英国殖民统治的地方上空的一盏明灯”，成为香港最重要的抗战文化阵地。

中华人民共和国成立后，《华商报》的工作人员离开香港，前往广州，并投身于《南方日报》的筹办工作中，《华商报》则于1949年10月15日停刊，落下帷幕。但幸运的是，它没有湮没在历史的尘沙之中，其承载的爱国精神和发挥的团结作用，将永远停驻在人民的心间。

红刊档案

廖承志（1908—1983），无产阶级革命家、社会活动家，党和国家的优秀领导人。历任中华全国总工会宣传部部长、八路军香港办事处负责人、中共中央统战部副部长、全国人大常委会副委员长等职。

萨空了（1907—1988），著名新闻工作者，爱国民主人士。曾任中央人民政府新闻总署副署长、中国民主同盟副主席等职。

邓文田（？—1985），香港华比银行经理，爱国民主人士。曾为抗日救亡和解放全中国捐款捐物，支持中国共产党的革命事业。

烽火使命《冀鲁豫日报》

文化工作服从于政治任务。无论哪一种势力或哪一种派别的文化工作，都是服从其政治任务的。

今天的中国，不管在政治上、军事上和经济上，都存在着三种不同的势力，即抗战民主派，日寇、汉奸、亲日派，和大地主大资产阶级的反共顽固派。这三种势力的斗争，也尖锐地表现在文化领域。各种势力的文化工作都是与其政治任务密切联系着的，所谓超政治的文化是不存在的。

——邓小平：《一二九师文化工作的方针任务及其努力方向》

1937 年，刘伯承和邓小平率军挺进太行山地区，开辟了华中敌后抗日根据地。1941 年 8 月 1 日，《冀鲁豫日报》作为中共冀鲁豫区委机关报，承载着党和人民的殷切期望，正式发刊，陈沂兼任社长和总编辑。

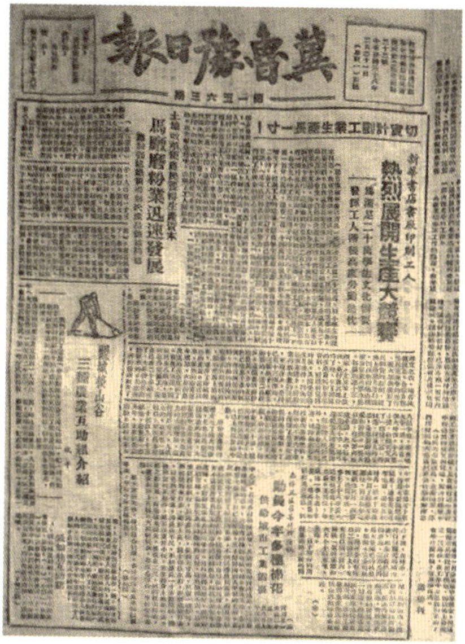

冀魯豫日報

熱烈展開生產大競賽

馬頭磨粉業迅速發展

動員今年多種棉花

《冀鲁豫日报》

平原日報

關於濮陽專區運糧事件
省人民政府公開進行檢討
並將檢查經過及對失職幹部
處理意見報告中央人民政府

中共平原省委員會
檢討濮陽運糧事件錯誤
並請求華北局給予處分

平原省人民政府佈告

《平原日报》

谈及华中地区抗日情况时，我们常常第一时间会将“晋冀鲁豫”几地联系起来。由此会产生这样的疑问：“报纸为什么会叫‘冀鲁豫日报’而不叫‘晋冀鲁豫日报’呢？”事实上，冀鲁豫抗日根据地和晋冀鲁豫抗日根据地的地理范围并不完全重合，两者分属于不同的军区。1941 年后，虽然前者在行政管辖方面隶属后者，但是前者仍然存在着。

《冀鲁豫日报》由中共鲁西区党委所属的《鲁西日报》和（老）冀鲁豫区党委所办的《卫河日报》合并而成。创立时，正值抗日根据地人民“咬紧牙关、坚持抗战”的关键时期。报纸能够在隆隆炮火中坚持发行，经历了难以想象的困难和艰险。报社成立时，由于办报设备稀缺，只有一台老旧的铅字手摇印刷机，铅字盘内还缺字，印报员只好手刻铅坯，才能勉强维持印刷。与此同时，日寇频繁“扫荡”使得出版环境愈加恶劣。为避免报纸暴露于日寇之下，报社进行过多次转移，最后建在了鄄城县边庄村的地下室内。

凭借隐秘的位置和人民群众的掩护，一期期报纸从地下室编印出来，辗转发行到各大抗日根据地。艰难的办报条件没有压垮报社人员，反而激励着他们继续坚持和奋斗。到 1944 年，随着战争局势好转，根据地不断发展壮大，军队收缴的敌方印刷设备和采买到的一些印刷物资，已足够报社使用。至此，《冀鲁豫日报》顽强地挺过了艰苦的初创时期，并扎根在冀中平原上，为之后宣传工作的展开打下了坚实基础。

《冀鲁豫日报》是一份“为党发声音，焦点落在党的政策上”的报纸。抗战时期，它呼吁建立民族统一战线，为打倒日本侵略者贡献力量。抗战胜利后，报纸转而关注国内战情，如 1947 年 1 月 1 日的元旦特刊上，刘伯承和邓小平分别为报纸题词，表达党已在战略上“转入反攻”，号召群众“为民族独立与人民解放事业而斗争”。

不仅如此，《冀鲁豫日报》始终以群众为核心，它的办报方针就是“为群众、写群众、群众写”。“为群众”指群众是报纸的忠实读者，所以报纸的定位是“通俗易懂”，使群众能读懂、喜欢读；“写群众”指群众成为报纸的内容，报纸内容反映群众生活，如报道群众武装组织的抗日活动、群众的生产活动、群众文化教育工作的发展情况等；“群众写”则指群众是报纸的创作者，他们在“大众呼声”“批评与建议”“有问必答”等栏目中充分表达自身的需求，提出对报纸的建议。

作为一份综合性刊物，《冀鲁豫日报》既包含新闻通讯、社论、报告等严肃正式的报道，也会在文艺版刊载诗歌、戏曲、小说等文艺作品，形式多样，能够满足群众的多元化需求。1948 年 5 月 1 日，《冀鲁豫日报》改版，增设了“天下事”“生产知识”“物价行情”“小医院”等专栏，报道群众关心的时事新闻、生产信息和生活常识。

1949 年 8 月 21 日，《冀鲁豫日报》停刊，八年多共出刊 1742 期。《平原日报》拿起“接力棒”，作为中共平原省委机关报，为中华人民共和国成立初期平原省的政治、经济、文化发展鼓与呼。

历史虽已逝去，但《冀鲁豫日报》作为党的冀中平原宣传史中不可或缺的重要角色，激发了党和军队的革命激情，让人们更加理解红色的过往。

《笔谈》文学场

此刊出世的时候，轰轰烈烈的八一三纪念刚刚过去，所谓“孤岛”的上海，今天究竟是怎样一个地方，大家是时时在关心的……不甘为亡国奴的中华儿女在此“孤岛”上艰苦斗争了四年多，而在文化战线上的斗争，成绩尤其灿烂。我们借此机会，对“孤岛”上的文化人致真挚的敬礼！

——《笔谈》创刊号“编辑室”栏目

1941 年，茅盾离开西北，再次来到香港。此时的他已在多年颠沛岁月中积攒出丰富的办报办刊经验，可称得上是一位资深报人了。

当时香港已有不少大型的综合类文艺刊物，茅盾“经过反复思考，决定办一个小品文刊物”，于是，1941 年 9 月 1 日，半月刊《笔谈》与读者正式见面。

主编茅盾在创刊号中并未表露杂志的宗旨与体例，而是“让创刊

《笔谈》

又一次站上歷史的哨崗

——紀念十月革命二十四週年

喬木

二十四年了。然而，閉目一想，二十四年前那偉大的歷史畫面栩栩如在目前，那在人類的歷史上永垂不朽的日子——一九一七，十一月七日。

事件的內容是那樣的富豐，概括的再述是不容許的；然而，爲了喚起我們的回憶，如下的一些事件是值得再抄一次的：

十一月二日，彼得堡軍事革命委員會着手準備起義。

十一月四日，彼得堡蘇維埃武裝遊行，彼得堡游泳在羣衆集會的海洋裏。

十一月五日，彼得堡方面最後的軍事力量，彼得和保羅二大要塞的士兵，宣佈歸附蘇維埃。

十一月六日，臨時政府採取緊急步驟，撲滅革命軍事委員會，封閉多數黨報紙，同時調集大軍入城，鎮壓事變。

十一月七日，午前二時武裝起義開始……

緊跟着十一月七日午前二時所發生的一連串的改變了俄羅斯，改變了世界的事件是我們熟知的；然而，每當歷史的車輪開始激烈的轉變的時候，總有一些人迷失歸路；這樣的事情今天固然是層出不窮，就是在二十四年前的那一天，同樣是史不絕書。

隨手拈來，一個美國的記者當時就在他的日記上記過如下的一段插話：

「星期三，十一月七日（一九一七），起身甚遲。當我走上尼夫斯基街的時候，彼得和保羅二大要塞的午砲已經在響。寒意侵人的一天……

在摩爾斯加亞廣場轉變的地位，我跑到官保爾上尉那裏，他是少數黨衛隊的隊員，少數黨軍事局的書記。當我問他武裝起義是不是真的發生了的時候，他疲倦地縮着肩頭回答道：

『鬼知道！多數黨可以抓到政權，不過他們掌握那政權不能超過三天以上。他們沒有管理政府的人。不過也好，讓他們試試看——試試就會完結他們的……。』

在斯摩倫尼蘇維埃大會的會場門口，我碰到了里亞薩諾夫，他是總工會的副主席，臉上的顏色看上去很黑，他嚼着他那灰色的小鬚，正在那里叫：

『那簡直是發瘋，發瘋，歐洲的工人階級是不會

— 2 —

《笔谈》刊登署名为乔木的文章

号自己说话”，这体现出他对杂志的信心。正如茅盾所言，纵然同一时期香港有许多优秀刊物，如远近闻名的《华商报》《大众生活》《知识世界》《耕耘》等，但《笔谈》在其中并不落于下风。它以鲜明强烈的风格、包罗万象的内容，吸引着各阶层的读者。出版的第一期就再版了五次，可见受欢迎程度之高。

《笔谈》之所以能在竞争激烈的香港出版业占据一席之地，原因在于茅盾超强的号召力与影响力，吸引了郭沫若、胡风、柳亚子、叶以群等一大批知名作家为杂志撰稿。这些作家虽然分散在全国各地，但都想方设法地将稿件辗转送至香港。“如柳亚子每次都是从重庆邮寄稿件过香港海关，以便其完成‘辛亥革命’掌故的专栏‘羿楼日札’”，据统计，杂志“每期都连载有柳亚子的专栏‘羿楼日札’”，发行的七期中“一共刊登了胡风的7篇作品，茅盾的5篇作品”。纷至沓来的稿件，为《笔谈》的发展和壮大奠定了坚实基础。

此外，茅盾本着“必不是滥竽充数”的理念，只选取内容好、质量高的稿件。形式方面则不拘一格，无论是时论拔萃、读书札记、游记、逸事、杂感，抑或是诗歌、小说、戏曲、报告文学，都可刊载。在这一方天地间，各种风格的作品如同百花齐放般出现，既“杂”又“精”，满足了不同读者的需求。

更为重要的是，《笔谈》着重突出“政论”和“时评”栏目，反映出明显的政治倾向，这在当时香港的刊物出版界独树一帜。例如，杂志刊载了中国共产党领导人之一董必武的《答徐老延安赠别》，诗中写道“阋墙不可再，巢覆当共愕”，其深意是在批判一些国民党顽固派热衷于党派对立，呼吁国共之间应携手抗敌。政论性文章的时间跨度较为宽泛，不局限于时事。从辛亥革命到抗日战争的政治事件，皆可作为素材进行评论。在《笔谈》之后，《大众生活》等报刊也加强了在时事、政治方面的报道。可以说，《笔谈》是香港地区富有政论性色彩杂志的先驱代表。

太平洋战争爆发后，中共南方局秘密营救在香港的左翼文人，茅盾就是撤离人员之一。因此，《笔谈》只存续了短短 3 个月，在 1941 年 12 月 1 日的第七期后，便不再出版。

《笔谈》是左翼进步力量创办的杂志，它向香港地区的爱国人士传播了中国共产党的思想主张。在烽火岁月中，这本薄薄的杂志以其坚定的立场、高水平的内容、丰富多彩的形式，凝聚了海内外华人的斗争意志，“对于鼓舞斗志、激发全体中华民族坚持抗战曾经起过不可低估的作用”，值得被历史永远铭记。

《晋察冀画报》的战场镜像

五年的抗战，晋察冀的人民究竟做了些什么？一切活生生的事实都显露在这个小小的画刊里。它告诉了全国同胞，他们在敌后是如何坚决英勇保卫着自己的祖国；同时也告诉了全世界的正义人士，他们在东方在如何艰难困苦地抵抗着日本强盗！

——聂荣臻：《题词》

1939 年 1 月，冀西平山县蛟潭庄街头，一场特殊的摄影展正在如火如荼地举行。这次摄影展上展出的都是小幅照片，一张张照片背后，记录着最真实的点滴百态——战争与生活在此处交会。对于平山县的大部分百姓来说，这是他们第一次见到照片，不少人发出了惊讶的叹息，不知那一方小小的纸片如何锁住那些活生生的过往。摄影展成功举办之后，晋察冀根据地上的新闻摄影工作者倍受鼓舞，苦练技能。出于革命宣传工作的需要，晋察冀军区决定创办一份大型摄影画报，以取得更好的宣传效果。于是，1942 年 7 月 7 日，党领导的抗日根据

晋察冀画报社初期的领导人沙飞（社长，右）、罗光达（副社长，中）、赵烈（指导员，左）

创刊号制铜板（沙飞摄）

《晋察冀画报》创刊号

地第一份以刊登照片为主的综合性画报——《晋察冀画报》诞生了。

提起画报，许多人脑海中第一时间浮现的必然是封面精致的《良友》与高楼林立的上海。有这种印象不无道理，因为近代中国最著名的一批画报都出现于上海一类的大都市，无论是《良友》还是《点石斋画报》，都可谓摩登与新潮的象征。但这份《晋察冀画报》却与众不同，它不是诞生在城市，而是出现在乡村；它不属于喧闹的人群与鳞次栉比的高楼，而属于作风严明的共产党和八路军。一切为群众鼓动服务，是它从未忘却的宣言。

新闻摄影、美术与文艺是《晋察冀画报》的主要内容，作为一份抗日战争时期出现的画报，如何从后方支持战斗是它所关注的核心。《晋察冀画报》的所有编辑成员都是军人，整个画报也由军队提供物资，报社更是直接隶属晋察冀军区政治部。翻开创刊号的扉页，一张聂荣臻的照片映入眼帘，彼时的他，正担任着晋察冀军区最高领导人这一要职。而无论是对八路军的记录，对生产进行曲的描绘，还是对白求恩大夫的赞美，以及对世界反法西斯战争的遥望，无不体现着它在艰苦战争中所起到的独特作用。

这份画报起于蛟潭庄，却怀着满腔热忱，走向了更远的地方。随军发行是《晋察冀画报》最主要的传播方式，但与此同时，大量的零售与邮寄也让越来越多的人看到了这片土地上真实的一隅，承启蒙者有之，受鼓舞者亦有之。青年志在千里，但见此情此景，入军心切，盼浴血杀敌。而对于蛟潭庄的大部分村民而言，阅读《晋察冀画报》或许是他们第一次真正地见到那些薄薄的“照片”，并从照片之中获得了与现实及战火的连接。画报既属于城市，同时也属于乡村。

照片背后是战争，是生活，是党领导下军队的成长，是群众的眼睛，它们还原着那些过往流逝的岁月，保留着一颗颗赤诚的红心，即便相纸泛黄，书页残缺，也永不改变。那一份份《晋察冀画报》本身，也成为一张张被历史所凝望的珍贵照片。

至 1948 年，《晋察冀画报》共出版 13 期。重庆《新华日报》是这样评价《晋察冀画报》的：“这样华丽的画报，竟然是在敌后那样艰苦战斗的地方出版的么？当我们看到《晋察冀画报》的时候，不能不大吃一惊，它叫我们珍贵，叫我们再三翻阅，不忍释手，对着那五彩套版的木造纸封面一再凝视……自然这些纸张是战利品，敌后艰苦的军队不但从敌人那里夺取武器来武装自己，而且夺取物质来充实自己的精神食粮，因为他们在艰苦战斗的情况下，也不忘记在文化上的教养与提高。”诚其然也，《晋察冀画报》是党摄影画报的起点，创造了红色战地摄影的奇迹。

红 刊 档 案

沙飞（1912—1950），中国革命军队第一位专职摄影记者，党领导的第一个新闻摄影机构的第一任领导者。曾拍摄鲁迅最后的影像、白求恩大夫在晋察冀边区、抗日战争和解放战争等许多著名照片，引起广泛轰动。

赵烈（1920—1943），革命烈士。1938 年北上延安参加革命，先后在陕北公学、中国人民抗日军政大学学习，后任晋察冀军区政治部摄影干事。1943 年 11 月在日寇进攻根据地时壮烈牺牲。

《战场画报》定格抗战

枪炮子弹是我们杀敌的重要武器，图画也是我们杀敌的重要武器之一。这正因为它的特点是以形象的方法来表现活生生的现实，所以最容易为大众了解与欢迎，因而也就最容易变为坚强的物质力量。

——黄镇：《战场画报》发刊词

时光倒流，时针与分针回溯，退至 1942 年的夏天。闷热的暑气席卷着太行抗日根据地，日寇的夏季“扫荡”刚刚结束，艰苦的抗争仍在持续。八路军将士们咬牙坚持，等待胜利的曙光。此情此景之下，颇具艺术气质的八路军第一二九师政治部副主任黄镇开始思考这样一个问题：如何才能让美术发挥作用，更好地服务于战士和人民？几经思考，他作出决定，要牵头创办一本画报。至于名字，必须言简意赅，便叫《战场画报》。

当时，刘伯承和邓小平两人正担任太行抗日根据地的主要负责人。听闻这一消息后，他们给予黄镇极大的鼓励。《战场画报》的筹备工

黄镇

《战场画报》创刊号

高帆

作轰轰烈烈地展开了，仅有几人的美术组不眠不休，日夜赶工，终于在1943年新年来临之际，将这一份画报呈现在世人面前。新年新气象，刘伯承、邓小平同时为其题词。刘伯承的题词是：“胜利到来之前必须越发结合群众机警顽强进行斗争。”邓小平写道：“画报应该反映部队的生动事实，成为教育的有力武器。”

翻开这本8开的《战场画报》，黑红两色映入眼帘，无论绘画还是雕版，都生动形象，描绘着八路军第一二九师经历的战斗场景。我们最熟悉的百团大战尽在其中，战士们的英勇形象被一一刻画，烽火连天之中，画笔化身为最有力的匕首。任何报刊的发展都并非一帆风顺，《战场画报》也不例外。创办之初，《战场画报》只是单张印刷的4开版面。这是因为人手紧缺，除黄镇以外，只有熊雪夫、梁坤生、高帆、邹雅与艾炎等几个人共同编辑。1943年5月后，第一二九师政治部迎来了新生力量——部分从鲁迅艺术学校毕业的同志加入了政治部并且从事美术工作，《战场画报》也因此增版，进入新的发展阶段。

说起《战场画报》，它与《晋察冀画报》之间还有一段有趣的故事。1943年，《战场画报》编辑部的同人第一次接触到印满照片的《晋察冀画报》，内心颇为震动，也希望能在《战场画报》上登载照片，忠实记录太行抗日根据地的情况。当时的《战场画报》还不能照相制版，只能刊登木刻和线条简单的美术作品。1944年6月，部队领导决定出版摄影画报，于是黄镇指派摄影组的高帆前往《晋察冀画报》编辑部取经，学习经验。高帆接到任务后，揣着一颗手榴弹和一沓厚厚的照片出发，跋山涉水来到晋察冀根据地。他跟随《晋察冀画报》主编沙飞学习办画报的经验，在掌握了制版技术并筹措到制作画报的材料后，又踏上归程，将所见所闻的一切也筹措到了太行山。终于，在1944年8月，一份印有照片的《战场画报》第12期鲜活而出。在中国共产党开辟的敌后根据地，《战场画报》成为继《晋察冀画报》之后第二份“以刊载新闻摄影照片为主的大型综合画报”。

1945 年上党战役之后，《战场画报》为适应新的形势，更名为《人民画报》，隶属晋冀鲁豫军区。从此，《战场画报》以新的面貌继续为人民军队和人民群众服务。

《战场画报》真实地记录了中国共产党进行抗战的场景，再现了部队将士战斗、学习和生活的画面，是反映战时情势的优秀刊物。通过一幅幅图片，广大群众了解到前线将士奋勇杀敌和顽强抗争的动人事迹，对胜利充满信心。这铸成了巨大的力量，鼓舞着前线将士克服重重困难、始终坚持抗战。因此，《战场画报》成为联结军民的纽带，构成了抗战文化的有机组成部分，对抗战的最终胜利产生了不可磨灭的积极影响。

红刊档案

黄镇（1909—1989），无产阶级革命家、外交家、艺术家，著名的“将军大使”。中华人民共和国成立后，历任外交部副部长、文化部部长、对外文化联络委员会主任等职。

高帆（1922—2004），画报专家、摄影艺术理论家、军事摄影家，曾任《人民画报》负责人。中华人民共和国成立后，筹办并主编了《中国摄影》，任中国摄影家协会主席。

《山东画报》的使命

秋风凉，树叶儿黄，战士杀敌在前方，我为战士缝棉装；一针一线缝进俺的心愿，缝进俺的希望，缝好军装上前线，打走鬼子兵，赶走那群野豺狼。

——莒南县抗战歌谣

对于不断发展的党的宣传阵地建设而言，20 世纪 40 年代既是属于抗战的艰难岁月，又是属于画报的光辉岁月。炮火连天之中，一份份画报如雨后春笋一般成长在土地之上，用画笔与相机记录着战争与生活的点滴。其中，创刊于 1943 年的《山东画报》就是最典型的例子之一。

《山东画报》是在山东军区政治部主任萧华的倡导下创办的。1942 年，萧华在晋东南太行区八路军总部汇报工作时，被彼时刚刚创办的《晋察冀画报》所吸引。他意识到画报一定能够在抗战动员工作中展现出优秀的宣传效果，于是便集结了一批美术工作者，开启了《山东画报》的历史。

《山东画报》诞生于山东省莒南县抗日根据地，和那个年代的诸

《山东画报》

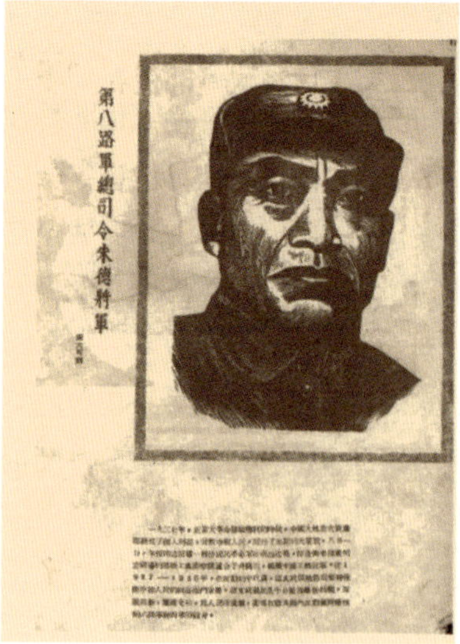

朱德像（第 25 期刊载）

罗荣桓像（第 25 期刊载）

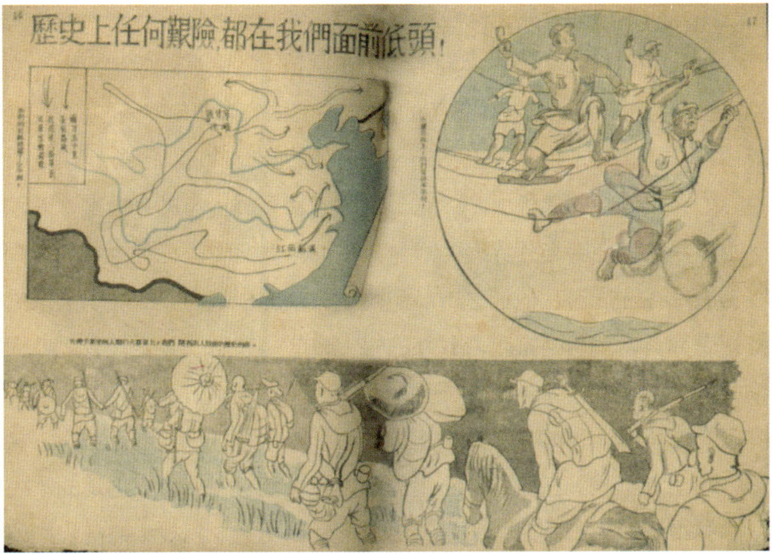

《山东画报》刊登的抗战漫画

多画报一样，它直接归属于山东省军区政治部。但从第二期开始，山东画报社成立，《山东画报》便改为编辑部编纂，经由当地新华书店发行。《山东画报》历经曲折，曾在 1947 年 4 月配合华东军区成立改版为《华东画报》，出版两年后停刊。中华人民共和国成立之后，《山东画报》于 1958 年复刊，复刊后也波折不断，直到 1978 年才渐趋稳定，成为山东省最重要的画报刊物之一。

记录抗日根据地的真实情况是《山东画报》最重要的使命，摄影与美术作品则是最主要的呈现形式。《山东画报》的辐射范围极广，从战场到村庄，由抗日至民生，无一不包。不仅如此，《山东画报》还带有极强的地方色彩。画报社建立伊始，山东的抗战情况虽有所好转，但无论在物资还是人才上都极为缺乏。然而，编辑部的诸位同人并未被这样的困难所击退，而是在组织摄影培训的同时前往上海采购设备，学习其他地方画报的办报经验，一步一个脚印，将《山东画报》

的骨骼与肌理渐渐填充，慢慢完整。

假如您有机会翻看一期期的《山东画报》，会在封面与内页上见到许多熟悉的面孔，比如1945年的第25期上便有朱德与罗荣桓的肖像。善用肖像，也是《山东画报》的一大特点，更是20世纪40年代党所主办的一批画报的共性所在。对于当时的诸多战士与民众而言，阅读画报，是他们能够与外界产生最大接触的方式之一。在那个年代，图画与照片往往能够在他们之中产生超越文字的影响力。而对于画报的发行者而言，利用画报记录战斗的根本目的是鼓舞战斗，刊登重要人物的肖像正有此神奇功效，以达到士气鼓舞，民意沸腾。战争仍在继续，胜利的号角却已然吹响。

《山东画报》在党的群众工作中发挥了积极作用，根据地的军民从画报中了解到革命形势，对党更加信任和支持。画报中的一幅幅照片，是八路军将士英勇奋斗篇章中一个个永恒的注脚，这使得画报本身成为山东人民最为珍视的抗战史料之一。

蹚过历史的悠悠长河，《山东画报》历经风雨，带着时代所馈赠的荣耀与勋章，来到我们每个人面前。画报无声，过往无言，但过去的一切都不曾被忘却，沉淀在一幅幅画卷与相片之中，历久弥新。

红刊档案

萧华（1916—1985），中国人民解放军高级将领，17岁担任少共国际师政委，22岁任八路军东进抗日挺进纵队司令兼政委。中华人民共和国成立后，历任中央军委副秘书长、总政治部主任、中央军委常务委员等职。

铁血丹青《胶东画报》

《胶东画报》在历史与文化的任务上，它应当而且必须要用工、农、兵的血和汗，来描绘他们的斗争，要用工、农、兵的感情来体现他们的生活，要用工、农、兵团结各个阶层人士的态度，来记载他们大公无私的民主精神。

《胶东画报》是毛泽东旗帜下的产物。因此，它必须贯彻毛泽东的思想，必须遵循毛泽东所指的方向，同时在新文化事业中，他又必须成为对敌斗争的锐利武器！

——《胶东画报》创刊词

一份画报的诞生，背后往往蕴含着一个时代的呼声，创刊于 1944 年 6 月的《胶东画报》很好地印证了这一点。倘若我们想要了解这份已

鲁萍（社长）

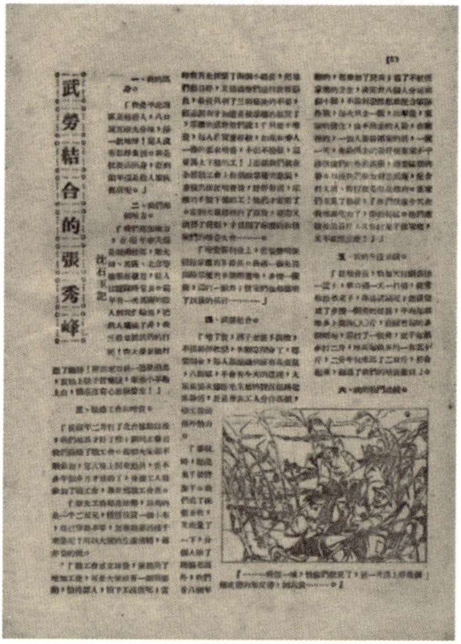

《胶东画报》

然远去的地方画报，就不得不将时间拉回至最初的 1940 年。

胶东，一个对于大多数人而言陌生又熟悉的地名，它曾是八路军第一一五师在山东开辟的五大抗日根据地之一。1940 年，胶东军区正式成立。随着军区各项配套机构的逐渐完善，在文艺工作领域，胶东画报社应运而生。最初画报社只有 5 个人：鲁萍、李善一、李恕、丁炎、温国华。即便是最为巅峰的时期，画报社也只有十几人。可正是这一方小小的天地，却肩负了三份报刊的编辑任务，《胶东画报》自然是重中之重。

《胶东画报》立足于胶东地区，诞生在胶东的牟平县埠西头村，这本 16 开的双月刊忠实地记录着战场上的风云变幻与根据地的生产生活。虽名为画报，但《胶东画报》的实际内容非常丰富，栏目多样，不仅有图片新闻与摄影作品，还设有诗歌、谚语、故事等常规栏目，以画报为名，承载了一份复合文艺刊物的使命。而由于人员缺少，事务繁杂，编辑人员常常身兼数职，采编一体。他们既是专业的约稿人与采访者，同时又是负责校对与印刷的排版者，个中艰辛，不难想象。而若非出于信念与热爱，是断然无法做到这些的。

《胶东画报》创刊没多久，中国人民就迎来了抗日战争的伟大胜利。因此，这份刊物主要侧重对解放战争中的重大战役进行摄影报道，表现出人民解放军势如破竹和国民党军队接连败退的战斗景象。画报的主要功能是以直观的画面激励群众支持中国共产党，在政治宣传方面发挥了较大作用。

与其他同类型的画报相比，《胶东画报》的封面独具特色，它热衷于使用英雄人物作为画报封面，无论大小英雄，都是它倾心的对象。全副武装的战士，缴获敌人武器的喜悦，粮食丰产露出的笑容，这些本有可能消散在历史中的平凡瞬间被一本画报原原本本地留存下来，直到今日，我们仍能透过照片感受到当年的那份喜悦与豪情。在特别的年代，总有无数挺身而出的英雄，支撑起一片蔚蓝天空，或许当年热衷于以英雄作为封面的《胶东画报》编辑们未曾想到，大浪淘沙，洗尽铅华，他们终有一日，也会成为后人眼中的英雄。

中华人民共和国成立后，胶东军区撤销，《胶东画报》的历史也就此终结。从 1944 年到 1950 年，前后六年，汗水浇灌，但这份终结没有遗憾，只有无悔与喜悦。《胶东画报》以真实且生动的画面，再现了胶东人民在党的领导下艰苦奋斗的过程，记录下革命斗争中无数感人至深的故事，诉说着党在解放战争中波澜壮阔的历史，成为革命事业极为珍贵的史料之一。

红刊档案

鲁萍（1920—1990），历任胶东画报社社长、政治部副主任、文化部部长。中华人民共和国成立后，历任山东省文联副主席等职。

李恕（1914—1990），曾任晋察冀军区政治部秘书科科长、组织部组织科科长。中华人民共和国成立后，历任回民学院副院长、院长，中国伊斯兰教经学院副院长等职。

《群力报》俯身为工农

《群力报》的出刊，它是永远忠实于工农大众的。它是坚决给胶东的工农大众服务的，替工农大众说话，帮助工农大众学习，把各种工作和知识，用工农大众能懂的话，短小的篇幅写出来，识字少的人，也能看明白了，作为工农大众学习的场所，工农大众心里有想说的话，也可以在小报上说出来。

——张修己：《头一期的话》

1945年2月，抗战胜利的曙光已现，但局部地区的形势仍不乐观。此时胶东正处于反封锁与反“扫荡”的斗争之中。这场艰苦的战争，从1941年开始，已走过四年岁月。胶东群众在长期的战争环境中自发联合起来，分别组成了农民、妇女、青年、儿童等抗日救国会，以团体力量支援抗战。

1944年冬，胶东各界抗日救国联合会会长张修己决心创办一份属

张修己

于大众的通俗读物来协助抗日。当时，张修己加入党组织多年，曾担任过胶东军政委员会委员、胶东区党委民运部部长等职，有丰富的抗日斗争经验，明白新闻宣传对于抗战的重要性。于是，他以胶东各界抗日救国联合会会长的身份，筹办了一份报纸。

这份报纸应当有一个响亮的名字，张修己想到了一个合适的词——群策群力。在他看来，抗战从来不是某个党派或某支军队的私事，而是关乎整个民族生死存亡的大事。怀着这样的期盼，1945 年 2 月 7 日，《群力报》诞生了。创刊之初，它作为胶东各界人民抗日救国总会的机关报，承担了当地的抗战宣传任务。至 1948 年 1 月，《群力报》成为中共胶东区委员会的机关报。

在胶东地区，与《群力报》同时具有影响力的还有两份报刊：一是《大众报》，二是《前线报》。这两份报刊，一份面向党内干部，阐述理论；另一份则从属军队，指导战斗。《群力报》填补了胶东地区面向大众报刊的空白，它是一份以工农大众为主要读者的报刊。这三份报纸相辅相成，共同构建了抗战后期胶东地区的文化战场，推动历史的车轮，滚滚向前。

作为一份要送到老百姓手中的报纸，《群力报》的办报风格非常接地气。《群力报》的版面设计简单明了，分四个部分，涵盖新闻评论、本地资讯、战斗消息、国外新闻等栏目。报纸的第四版作为“副刊”登载诗歌故事，以老百姓容易理解且喜闻乐见的方式宣传抗战，鼓舞人心。

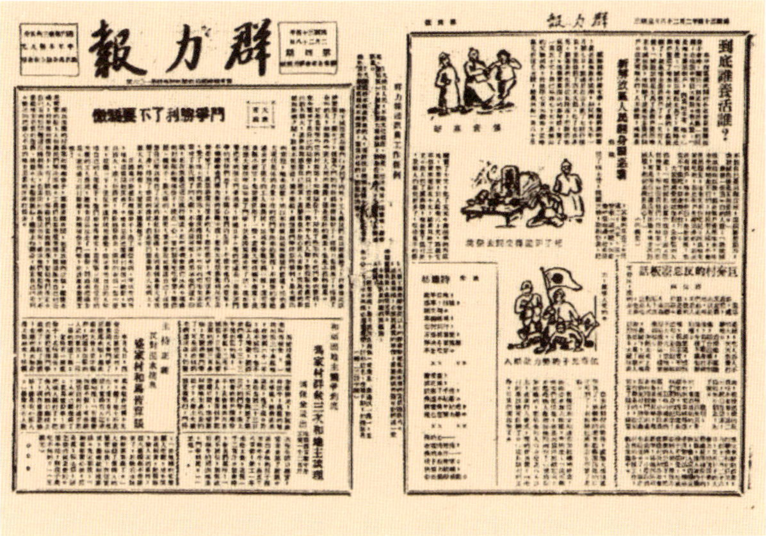
群力報

到底誰養活誰？

《群力报》第四期

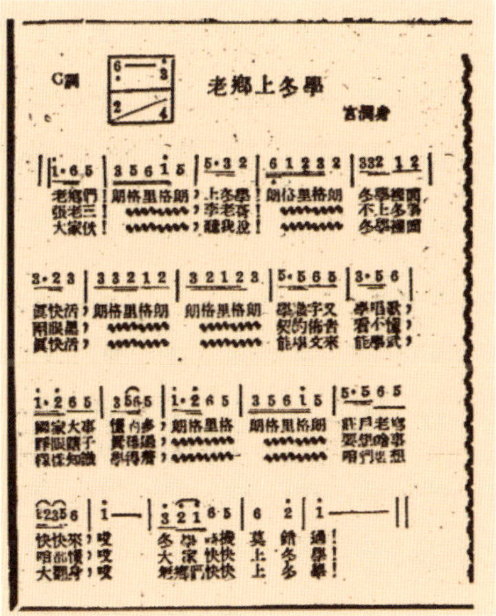

《群力报》第 57 期

《群力报》高度重视对群众进行思想和行动指引，报纸常常登载党关于土地改革的政策纲领，宣传党的主张，引导广大群众投身革命洪流。报纸还关注着群众生产、生活的细枝末节，常刊载与农业生产知识相关的科学性文章，以解决群众的生产问题。通过报纸宣传，群众清楚了党会始终与他们站在同一战线上，党奋斗的方向便是群众幸福的将来。因此，他们会自觉地参与到革命斗争中，身体力行地为党的事业贡献力量。可以说，正是在《群力报》的宣传动员下，党和胶东地区的群众更加紧密相连。也因如此，《群力报》深受群众喜爱，发行量最多时高达 5 万多份。

《群力报》非常重视热心投稿的群众，对广大人民群众积极投送的稿件，编辑部总是充满耐心与理解。倘若稿件最终没被编辑部采纳，编辑会一一地给作者回信，告诉稿件未被录用的原因。有时，编辑会在原稿上直接修改，重新反馈给作者。这种细致与耐心打动了许多前来投稿的普通群众，他们因此倍受鼓舞，以更加饱满的热情投身创作。

1948 年 6 月，《群力报》随着胶东军区的裁撤而退出了历史舞台。正如它名字中被寄予的殷殷期待一般，它听见了人民的声音，并给予了最真诚的回应。

作为“群众性报纸”的优秀代表，《群力报》在发展过程中始终秉承“为人民服务”的理念，发挥了党的机关报的政治引领功能，成功地实现了教育和团结胶东地区群众的目标，是当时通俗报纸的代表。同时，凭借报社工作人员持之以恒的努力，《群力报》从通俗性报纸转型为机关报，获得了党和群众的高度认可，为胶东地区的新闻事业作出了重要贡献，是中华人民共和国成立前胶东地区极具号召力的报纸之一。

红 刊 档 案

张修己（1908—1986），长期在胶东地区进行党的地下工作，曾担任中共胶东特委保卫局局长、胶东区党委民运部部长。中华人民共和国成立后，历任淄博市副市长、国家建筑工程部行政司司长等职。

《冀热辽画报》虽短犹长

最后消灭日本侵略者的任务落在我们解放区军民身上，尤其我冀热辽军民面临挺进东北，收复全部失地的日子已经不远了。我们把这些斗争记载下来，反映出来，以激发人民的战斗意志，巩固胜利信心，是怎样迫切需要啊！

——《冀热辽画报》创刊献词

说起《冀热辽画报》，就不得不提到另一份著名的画报——《晋察冀画报》，这两份在中国近代出版史上均占有一席之地的重要画报实际上同根同源，有着密不可分的关联。而相比于长盛不衰的《晋察冀画报》，只出版了一期的《冀热辽画报》生命极为短暂，尽管如此，它依然在全国抗战的艰难时刻，留下了不可磨灭的篇章。

《冀热辽画报》地处冀东，与另一端的《晋察冀画报》遥相呼应。从 1942 年开始，晋察冀画报社就已经派遣了多名骨干前往冀北，扩大

罗光达

摄影队伍，记录冀北动态。随着战局的不断扩大，对于宣传的要求也逐步提高。直到 1944 年，晋察冀军区作出决定，要在冀东同样成立一家画报社，作为晋察冀画报社的分社，当时正在画报社工作的罗光达接受了这个任务。他一路穿越平张铁路封锁线和怀柔、密云等地，最终到达冀热军区，开始了画报的筹备工作。1945 年元月，冀热军区改为冀热辽军区，当年 7 月 7 日，《冀热辽画报》正式出版。

由罗光达带领的一群编辑对这次出版十分用心，在创刊号正式面世之前，他们甚至进行了三期单张画刊的试版，听取反响。而在气势恢宏的创刊号之中，所选取的内容也可谓丰富多彩，精心打磨。倘若我们仔细查看这份报刊，就会发现它的封面与封底都套有印彩，不仅着眼于东北与渤海两地的战局，更着眼于新解放区的诸多动态。更为用心的是，《冀热辽画报》还刊载了两幅三色套版的敌我形势图，让读者对战事有了整体与直观性的把握。那一张张生动的照片背后，蕴含着无尽的历史深意。创刊号出版的日期也颇有意味，特别选取了七七事变八周年的时间节点，纪念与继承之意跃然而出。

虽然《冀热辽画报》只发行了短短一期，但它却是继《晋察冀画报》

《冀热辽画报》

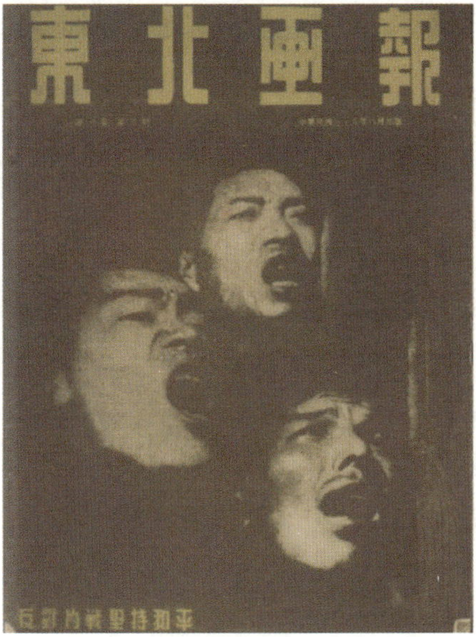

《东北画报》

后党在敌后根据地所主办的第二份大型新闻摄影画报。发行的那一期共印刷约 500 本，总页数高达 70 张，不仅留在了冀东当地，更是远送延安与重庆，影响不凡。在抗战即将胜利之际，人民军队没有松懈，《冀热辽画报》就是最好的说明。这份画报为鼓舞根据地的广大军民坚持抗战而发挥了号召作用，站好了抗战宣传的最后一班岗。

如此用心的报纸之所以只办了匆匆一期，是因为日本的迅速投降。抗战胜利后，罗光达率众人前往东北进行新闻报道，画报已经有了新的使命，须得加以改造。军区在此时发送通知，决定将《冀热辽画报》改为《东北画报》。历史的车轮滚滚向前，一份又一份凝聚着心血的报刊更迭不断，使命总在变换，但赤诚不变，初心未改。

《冀热辽画报》以鼓舞士气为焦点内容，反映了人民军队在抗日战争最终阶段的英勇表现。它沐浴在党的伟大光辉下，积极配合党的政策任务，及时调整方向，完成宣传转型，是党所创办的画报类刊物中的优秀代表。

红刊档案

罗光达（1910—1997），晋察冀军区政治部新闻记者。中华人民共和国成立后，历任国务院文化组电影口、文化部艺术研究所负责人，中央戏剧学院党委副书记、中央美术学院党委副书记、北京电影学院副院长等职。

第五章　鼓声

（1945—1949）

1945年抗战硝烟刚刚散去，中国又面临着两个前途、两种命运的决战。中国共产党一手拿『枪杆子』，一手拿『笔杆子』，军事战场炮声隆隆，文化战场鼓声铿锵，『我们现在除了打仗还要打笔墨官司』（刘伯承）。最终，解放战争的伟大胜利属于党和人民。五星红旗迎风飘扬，中国从此走向繁荣和富强。

乔装打扮的《时代日报》

经济市场上挂起了风球："新的物价涨风进袭黄浦滩头！"据气象台的报告：这次涨风于周前试探性窜入，惟大股涨风现在方始过沪。这个涨风有多大气魄？在上海弄得人疲马累的吴市长说："难说！难说！"这次涨风起于食油，然后及于纱布，现在则主力军的食米出动了，已经形成了全面进逼的形势。

——《时代日报》"新的物价涨风"

1945年8月15日，一个应当被所有中国人永远铭记的日子。在这一天，日本帝国主义宣布无条件投降，历经十四年的艰苦抗战终于画上圆满的句号。然而，这场战争的结束并不意味着和平与解放的真正来临，另一场决定中国命运的决战即将拉开大幕。日本投降的第二天，一张名为《新生活报》的报纸悄然出现在上海。9月1日，《新

姜椿芳

時代日報

列寧

討論對日和約問題

蘇主先開外長會

對美方片面建議表示拒絕

經社理會蘇聯代表

談發展世界經濟

日本議會今開會

討論經濟措施

商征糧問題

堅決抵抗荷軍

管制原子能問題

美蘇意見仍相左

魏德邁明日來滬

《时代日报》

生活报》正式更名，改为《时代日报》。

《时代日报》，一个富有朝气与希望的名字，出现在此刻的上海再合适不过。这是抗日战争胜利后中国共产党领导出版的第一份报纸。有趣的是，这份报纸并非以中共的名义出版，而是以“苏商”的名号发行，由姜椿芳担任主编。此处的“苏商”，并非江苏籍商人的简称，而是指从事与苏联进行贸易往来的商人。报纸也是以上海苏联对外文化委员会机关报的身份出版。之所以加入苏联因素，是为了减少阻力，当时国民党政权与苏联政府曾签订过友好条约。此外，选择 8 月 16 日出版也别有深意，因为国民党第一批接管上海的队伍将于 8 月 29 日抵达，抢先一步，便不必向当局按程序申请出版。

《时代日报》的主要版面有“要闻”“副刊”与“市政新闻”。它的“述评”部分也格外精彩。“国际述评”放眼世界，“经济述评”关乎民生，“军事述评”保卫安宁，勾勒出全国抗战胜利后上海生活的全新面貌。《时代日报》还有个别具特色的第三版，这一版专门作为“副刊”使用，每天报道不同的主题，包括“新园地”“新语文”“新音乐”“新美术”“新妇女”“新木刻”等。这些文章无一不展现抗战胜利后上海的蓬勃新景。

《时代日报》无愧于时代之名，出版的三年间，始终奋战在战斗最前沿，有无数的声音通过它穿越层层阻碍，回响在更多人的耳边。学生的呼号，抗议美军的高唱，工人运动的呐喊，这些曾被压抑的声音恰恰是时代最真实的回响。《时代日报》在很长一段时间需要进行单打独斗式的抗争，可从另一种意义上来说，吾道不孤，苦心不负。

1948 年 6 月，上海圣约翰大学等三所大学的爱国运动成为《时代日报》报道最后精彩的绝唱。世界反法西斯战争胜利后，美国不仅在清算日本侵略行为时“放水”，甚至还大肆扶植日本，上海青年学生不满于此，开展了轰轰烈烈的“反美扶日”运动。《时代日报》对这场学生运动予以支持，国民党当局则抨击《时代日报》“欲煽动骚乱”，勒令其无限期停刊。但无论现实怎样黑暗，总有光亮破茧而出，向远方翱翔，时代在此，日日焕新。

这份“乔装”的党报，也源源不断地报道党在解放战争中胜利的消息，着重向上海各阶层宣传党的正确主张，成功担当起上海地区的舆论向导。虽然《时代日报》仅仅存续三年，但它一直是上海地下党员交流思想、沟通情况、发出声音的最重要的平台，是党在上海地区对敌斗争的最尖锐的思想武器。

红刊档案

姜椿芳（1912—1987），翻译家，《中国大百科全书》之父。曾任中央宣传部斯大林翻译室主任、中共中央编译局副局长等职。

《吉林日报》长青

中华民族解放了，我们获得了神圣自由平等。人民日报是大家的报纸，它将是人民公开说话的工具，为大众服务，推动大众文化前进，冲破一切障碍。人民日报要大众来爱护，要大众来滋育。

——《本报发刊启事》

提起吉林，首先映入我们眼帘的自然是白雪皑皑的北国风光。在这片广袤而丰饶的土地之上，曾孕育过无数的传奇。抗日战争胜利后，那段饱经苦难的历史从土地的灵魂中抽离，吉林也迈入了新故事的序章。在种种改变之中，有一份报纸格外引人注目，这就是 1945 年 10 月 10 日诞生的《吉林日报》。

说到《吉林日报》，就不得不提到一个“冷知识”。大部分人都不知道，《吉林日报》诞生之初并不以此为名，而是使用了另一个我们熟悉的称呼——《人民日报》。直到办报第三年的春天，它才正式更名为《吉林日报》，成为中共吉林省委的机关报，并一直延续至今。

毛泽东题写的报头

吉林日報

人民解放軍

四面八方包圍北平

佔領豐台 廊房 通縣 良鄉

我全殲敵黃維兵團

工代大會第五日

代表作典型報告

工友積極建廠

工友生產質量提高

《吉林日报》

吉林工農報

第四十八號

新政協籌備會

徵求新中國國旗

國徽和國歌

西北前綫我軍攻勢大捷

殲敵四個軍拿下

長春、永吉等

大部完成

延吉農民積極

《吉林工农报》

《吉林日报》是全国省级机关报中创刊较早的，然而刚开始的发行工作并非一帆风顺，而是历经波折。1946 年 5 月，国民党军队逼近吉林，为躲避风头，《吉林日报》暂时休刊。两个月后，《吉林日报》又重新复刊。1946 年 9 月，它与《吉东日报》合并，全名为《吉林人民日报》。1947 年 3 月，《吉林日报》的名称正式确立。毛泽东为这份地方党报写下了气势恢宏的报头。

翻开当年的《吉林日报》，我们发现它居然是一份双语报纸，除了中文以外，还附有朝鲜语。吉林是朝鲜族聚居的地区，作为地方报纸，服务地方读者，因此也可见到它贴近群众的一面。

解放战争时期，《吉林日报》是地方党委的喉舌，也是人民子弟兵的旗帜，更是民众心声的载体。中华人民共和国成立后，《吉林日报》曾更名为《吉林工农报》。之后在 1952 年 2 月，它又恢复了自己原来的名字。1954 年夏，吉林省行政区划进行了调整，原本独立发行的《长春日报》也被合并进来。经过反复讨论，最终决定还是选用《吉林日报》这个名称，直至今天，《吉林日报》仍是吉林省委的机关报纸。

报纸终会泛黄，但《吉林日报》的时代烙印永不会消逝。解放战争时期，党在吉林地区以《吉林日报》为核心的宣传工作，开展得有声有色。通过阅读报纸，党员提升了理论水平，战士掌握了斗争形式，群众了解到党的决策方向。报纸成为凝聚党的理论思想、方针政策的一面旗帜，并且始终践行着立足人民群众、不断创新发展的目标，出色地完成了时代赋予它的使命。七十多年波澜壮阔的发展历程，使得《吉林日报》成为东北地区众多报纸的优秀模范。如今，它仍然傲立于“桥头”，是吉林省报业的中流砥柱。

海外遗珍《生活报》

经过了三四年的苦难时期，我们重新呼吸自由的空气……我们的眼前展开着崭新的时代。时代不许我们沉默，不许我们有片刻的休息，我们严肃地生活，严肃地工作。

——《生活报》创刊词

中华民族从火坑中跳出来，人民战争及胜利这是2000多年中国历史上空前的激变。只有祖国新生之望，本报才有灿烂的前程，我们为祖国而歌，亦为祖国而泣，我们暴露并抨击祖国的黑暗势力，指引光明的前途。

——《迎接人民胜利之年》

近代中国的海外华文刊物常被学界忽略，尤其是海外华侨所办的进步刊物。身处异国他乡的华人华侨也在思考国家与民族的前途

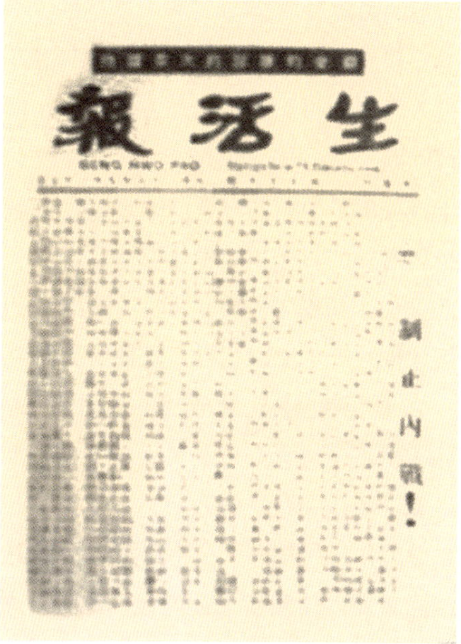
生活報

制止內戰！

《生活报》

命运。其中，印度尼西亚华侨社会中影响颇大的《生活报》就是最典型的例证。

第二次世界大战结束后，中国进入了历史的新阶段。抗战胜利的喜悦并未冲昏人们的头脑，国家依然面临着严峻的挑战。在这样的背景下，1945 年 10 月 24 日，《生活报》在印度尼西亚正式创刊。报社社长黄周规回忆道，《生活报》之所以诞生，是因为“一些爱国有正义感的文教工作者和工商界人士……感到和平后华侨文化教育工作的重要性”。

《生活报》的创办可追溯到 1943 年春。当时黄周规在万隆结识了报人王纪元，两人一见如故，数次会面商谈，决心共同创办一份华文刊物。《生活报》的雏形在双方一次次的交谈中逐渐成型。抗战胜利后，《生活报》正式问世，宣传文化教育和爱国热情，并密切关注印尼的民族独立运动。

以黄周规和杨新容为首的福建籍华侨二十年如一日，将全部精力投入《生活报》的编辑与发行工作。他们格外关注印尼华侨子女的教育问题，创办华文学校，宣传中华文化。报社的负责人之一杨新容早年就加入了中国共产党。1934年，他远赴印尼，直到1953年才重返祖国。身居海外的日子里，他不曾忘记身为一名共产党员的责任。在印尼担任雅加达新华学校校长期间，无论是组织师生支援国内抗战，还是出版宣传共产主义的刊物，处处可见他忙碌的身影。

《生活报》在解放战争时期就刊载支持中国共产党革命的文章，如《将革命进行到底》《丢掉幻想、准备战斗》等，体现出与中国共产党“步伐一致”的政治立场。虽然报纸在印度尼西亚出版，但由于是爱国华侨所创办，风格与国内报纸更为接近。头版刊载国内外要闻，国际新闻以转载新华社电讯、中国新闻社电讯为主，本地新闻则由本地供稿。副刊为娱乐版，据老华侨林育材先生回忆，他儿时经常在副刊上阅读金庸和梁羽生的武侠小说，可见报纸在普通民众中所产生的深远影响。

故乡，是留在每个中国人心中最美好的词汇之一。游子即便远行万里，也依然眷恋故土。在风雨飘摇的年代里，远离故乡的海外游子，身在异地，心回神州。连续出版20年之久的《生活报》，是进步刊物中为数不多的海外遗珍。

《生活报》作为团结海外华人华侨的报纸，一直旗帜鲜明地拥护中国共产党的领导，被誉为“印尼爱国华侨的喉舌”。正因为报纸立场鲜明，所以它受到了广大爱国侨胞的支持和认同，日发行量最高时达5万份以上。一些印尼华侨甚至被《生活报》传播的爱国情绪所感染，自发掀起了回国支援建设的热潮。由此可见，《生活报》能成为印尼影响最大的华文报纸之一，名副其实。

红刊档案

黄周规（1910—1983），致力于华侨事业和爱国统一战线工作，历任雅加达中华侨联总会第一副主席、致公党中央委员会委员、北京市政协常委等职。

王纪元（1910—2001），中国民主同盟会成员，中国青年记者协会成员。中华人民共和国成立后，历任中国新闻社副社长、全国侨联副主席等职。

杨新容（1908—1982），雅加达华侨促进会的创办者。曾任厦门市侨联副主席等职。

《东北日报》在白山黑水

本报是东北人民的喉舌，以东北人民的利益为利益，反映人民的要求，表达人民的呼声……一切为东北人民服务，这就是我们的宗旨，我们的天职。最近中国共产党中央委员会所提出的和平民主团结的建国方针，也是本报今后努力的方向。

——《他是东北人民的报纸》

“靠两万干部、十万兵、一张报纸”，如此嘹亮的口号曾响彻东北大地。1945 年 8 月，侵华日军无条件投降后，东北终于重获新生，得到解放。与此同时，以彭真为代表的中国共产党人反应迅速，在沈阳成立了中共中央东北局。本文开篇提及的那句宣言，便是他们很长一段时间的工作主旨。而“一张报纸”，则是指创刊于 1945 年 11 月的《东北日报》。

彼时东北，百废待兴，作为中共中央在东北地区的权威媒体，《东北日报》以格外积极的态度投身到地方建设之中。正如它在发刊词中所言，代表着人民，誓为人民发声，是它不变的使命。《东北日报》每日一刊，每刊分为四版，附设灵活的《增刊》与《副刊》，关注当地群众日常生活的同时，更不忘积极宣传党的各项方针和政策。

或许在许多人心目中，机关党报意味着庄重严肃，《东北日报》既有这样的一面，也有活泼生动的另一面。它特意开辟第四版作为“文艺版”，不仅刊登各种文艺作品，还有对革命音乐的生动描述。

東北日報
創刊號
國共商談獲重要成就
毛澤東飛返延安

《东北日报》创刊号

歌剧、舞剧、话剧……不必怀疑你的眼睛，这些时尚都曾出现在20世纪40年代的《东北日报》第四版上。其中，文娱报道、演出宣传和刊物推荐是《东北日报》的常见话题。如1949年11月12日，报纸刊载了《延安语言广播》和《张家口新华社广播时间与节目》，对广播类节目进行提前报道；11月14日刊载了与演出相关的评论《东北人民大翻身》；等等。此外，当时的东北艺术剧场云集了一大批表演艺术家，《东北日报》详细记录了程砚秋、荀慧生、童葆苓等戏曲名家在东北的演出盛况。从1952年起，《东北日报》的文化娱乐性渐渐减弱，这是由于《东北文艺》《说说唱唱》《群众文艺》等一批专业的文艺期刊开始蓬勃孕育。

中华人民共和国成立后，《东北日报》依然活跃在东北大地，见证了东北地区的土地改革、抗美援朝等重要历史时刻。直到1954年8月31日，为将地方权力收归中央，促使资源优化配置，尽快实现社会主义工业化，东北大区被撤销，作为东北大区“代言人”的《东北日报》才最终退出了历史舞台。

峥嵘岁月中，《东北日报》凭借“一张报纸”之力，以党提出的“和平民主团结的建国方针”为目标，扛起了东北地区的宣传大旗。作为党的强大的精神武器，《东北日报》在动员和鼓舞东北人民革命斗争中发挥了举足轻重的作用，成为东北人民为打碎旧中国、建设新中国而努力奋斗的力量源泉。

红刊档案

彭真（1902—1997），山西省共产党组织的创建人之一。中华人民共和国成立后，历任北京市市长、全国政协副主席、全国人大常委会委员长等职。

《北方文化》有佳文

中国的新文化运动中，北方曾有过伟大的“五四”，在中国近代史上，它放出了长远的光辉。

这个刊物的各种著作，力求合乎科学真理，态度务求客观切实。我们愿意与全国文化界携手并进，为人民、为中国的民主事业而奋斗。

——成仿吾：《创刊的话》

新华书店，人人都不陌生。但如果时间倒回 1946 年的某一天，当我们推开新华书店晋察冀分店的大门时，会购买到哪些杂志呢？当时的张家口，正值文化刊物与文化丛书蓬勃发展的新时期，光是出版的大型文化刊物就有八种。不过，在琳琅满目的书刊之中，最亮眼的还是一本于 1946 年 3 月 10 日创刊、名叫《北方文化》的综合性半月刊。

创刊伊始，《北方文化》主编成仿吾就指出，“力求合乎科学真理，态度务求客观切实”，这是杂志最核心的灵魂。身为一本抗

成仿吾

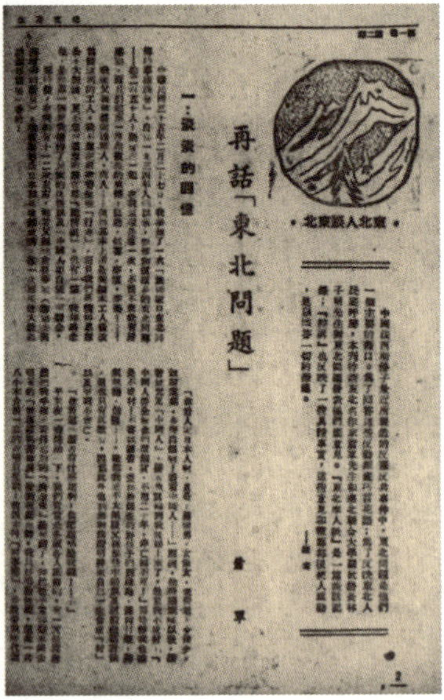

再話「東北問題」

一、說來的回憶

《北方文化》

战后出版的杂志，它为自己找到了崭新的定位："努力巩固国内和平"以及"为全国各方面的民主改革尽我们最大的努力"。除成仿吾以外，张如心、周扬、丁玲、艾青等许多耳熟能详的文化名流亦是它的主要编者。

既然以文化为名，期刊自然关注一切与文化有关的事物，它设有"时论""讲座""通讯报告""诗辑"等日常栏目。

值得关注的是，《北方文化》不曾忘记自己扎根的土壤，开辟了"北方画页"与"东北人谈东北"等当地文化栏目。这种地方化的栏目新鲜感十足，引得读者讨论热烈。如 1946 年 3 月 16 日版"东北人谈东北"上刊登了萧军的《再话"东北问题"》、林子明的《东北人民都"知道了"》，1946 年 6 月 16 日版"北方画页"刊登了李锐的《热河的土地关系概况》、杨之秋的《声援东北民主联军》；等等。

充足的高质量稿件是确保杂志高效运转的基础。《北方文化》除了固定的供稿人群之外，还特别注意与同行之间展开合作，希望收到同行撰写或推荐的稿子，而且常常会在别的期刊中发现适合自己杂志的好文章，在征得同意之后进行转载。不同于一般的商业报纸，《北方文化》不关注行业内部的销量竞争，而是希望能在全行业中凝聚起一股共同的力量，扎根边区，携手推进文化事业的发展。这或许是杂志编辑部最朴素的心愿之一。

作为党指导的大型文化刊物，《北方文化》紧随党的号召，又好又快地宣传党在解放区的建设事业。它在团结群众过程中发挥了号召作用，在解放区开展的土地改革、文艺运动中彰显出重要影响力，是一份弥足珍贵的红色刊物。

红刊档案

成仿吾（1897—1984），革命家、教育家、社会科学家、文学家、翻译家，著名的文学社团“创造社”的缔造者之一。中华人民共和国成立后，历任东北师范大学、山东大学、中国人民大学校长等职。

《联合晚报》低调斗争

同人等始终不移的职志是为人民服务，我们唯一的依靠是广大的读者。一张真心真意为人民服务的报纸，当然要讲人民要讲的话，报道人民要知道的事实。

——《联合晚报》“复刊小言”

上海思南路 73 号的周公馆旧址，曾是周恩来在上海的故居，它留下了无数共产党人并肩战斗的历史。创刊于 1946 年 4 月 15 日的《联合晚报》也在这里记录了峥嵘过往。

《联合晚报》实际上由上海市工委主办，但一直成功地隐藏了自己的真实身份，直到停刊之前才公开了这一秘密。《联合晚报》由 1945 年 9 月创办的《联合日报》发展而来。《联合日报》名义上是美国人办的报纸，但实际上由中共秘密党员刘尊棋主导，在上海地区非常畅销。由于过高的关注度，《联合日报》渐渐成为国民党当局的“眼中钉”，欲拔之而后快。1945 年 11 月被国民党当局勒令停刊。不过，

周公馆旧址

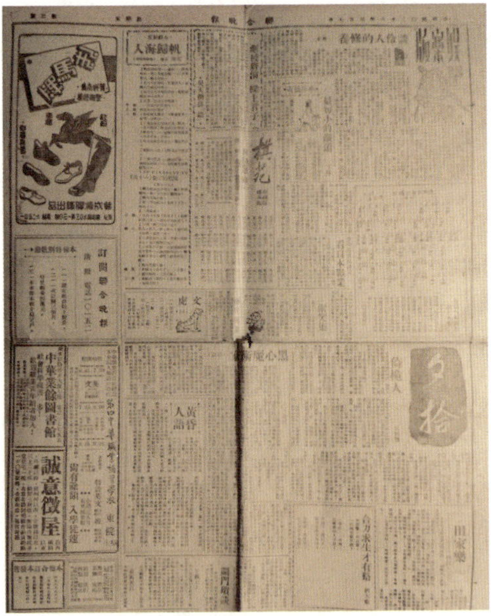

人海歸帆

中華業餘圖書館

誠意徵屋

《联合晚报》

编辑部的原班人马并未解散，而是默默地等待时机，直到半年后又创办了《联合日报》晚刊，出版三天后更名为《联合晚报》。

令人诧异的是，《联合晚报》既然是上海工委主办的报纸，为何要在周公馆秘密出版呢？这是因为国民党当局严格限制中国共产党在上海的活动，甚至不允许设立公开的办事处。在这般情况下，周恩来的居所便成为开展革命活动的根据地。周恩来一再强调，要让《联合晚报》尽可能长时间地办下去，切记不要暴露身份，要低调斗争。据报社工作人员回忆，周恩来十分重视《联合晚报》在国统区的宣传作用，时常与编辑们谈话，教导他们“既要坚持政治原则，又要善于灵活作战，在新闻工作中，切实做到掌握事实，掌握真理”。对于报社工作的不足，他也会提出批评和建议，期待着报纸在宣传党的政策方面有更大的进步。

《联合晚报》的诞生是时代的选择。抗战胜利后，万众期待和平与自由，但国民党撕毁“双十协定”，发动内战，摧毁了和平建国的可能性。记录、揭露、斗争，成为《联合晚报》被赋予的特殊使命。它像一颗坚韧的种子，生长在民众心中，关心他们渴望倾吐的一切：和平、民主、民生。除此之外，为了增强可读性，它还有《夕拾》与《宵夜》两份副刊，内容丰富，既有影剧圈的奇闻逸事，也包括颇具实用性的股票座谈。正因为副刊的生活性，《联合晚报》才能隐于国民党当局严苛的审查与打压环境之下。

无论版面内容如何变化，《联合晚报》始终坚持内在的办报精神。1947 年 5 月 24 日，《联合晚报》因如实报道五二〇运动，再一次被国民党当局勒令停刊。在最后一期里，总编辑陈瀚伯写道：“我们想当民间的喉舌，报道真实的新闻，诉说人民的痛苦。我们将永远这样说，直到内战停止，民主自由完全实现的时候；我们将永远这样说，直到我们的口被塞住，笔被拿下，不许我们这样说的时候！”

《联合晚报》应时代召唤而生，始终追随党的步伐，以一支进步力量的姿态，活跃在上海新闻事业的最前沿，为引导上海群众反抗国民党专制独裁、争取和平建国发挥了积极作用。

红刊档案

刘尊棋（1911—1993），新闻家、出版家。中华人民共和国成立后，历英文《人民中国》总编辑、英文《中国日报》总编辑等职。

陈瀚伯（1914—1988），新闻家、出版家。中华人民共和国成立后，历任商务印书馆总经理、文化部出版局局长、中国出版工作者协会主席等职。

《冀东日报》的前世今生

创办敌前敌后各种地方性的通俗报纸，提高人民的民族文化与民族觉悟。

——毛泽东：《论新阶段》

说起1946年5月15日创刊的《冀东日报》，不能不提一段血与火的悠悠过往。

《冀东日报》的前身，最早溯源于1940年1月1日在遵化西南的芦各寨创刊的《救国报》。当时冀东地区正处于抗战艰难时期，但中共冀东地委坚决按照中共中央发出的“从中央局起一直到省、区党委，以及比较带有独立性的地委、中心县委止，均应出版地方报纸”的指示，创办了冀东抗日根据地的报纸——《救国报》，用来宣传贯彻党的抗日路线和方针、政策，团结、组织、教育人民抗日救国。最初的《救国报》只是一张8开2版的油印小报，一般一周出版一期，每期也只能发行1000多份。但是这份报纸一经问世，就成为鼓舞军民斗志、坚定人民信心的不可忽视的力量，成为冀东党组织联系广大抗日群众的重要纽带、激励抗战的号角。一期又一期的《救国报》，不

《救国报》

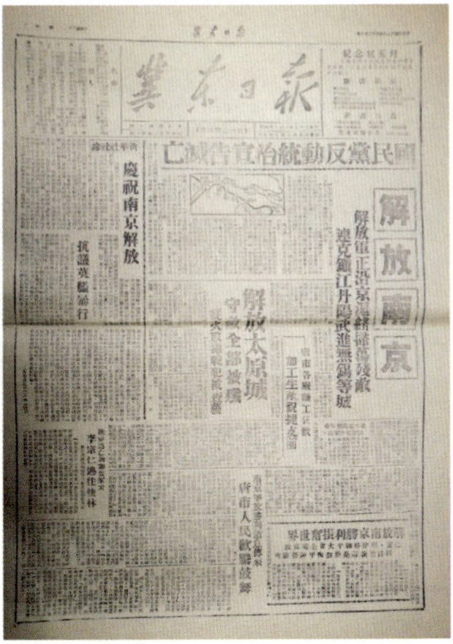

《冀东日报》

《冀东日报增刊》

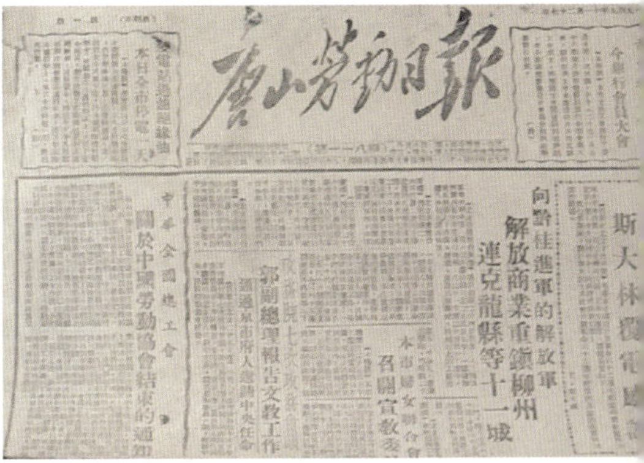

《唐山劳动日报》

间断地送到冀东抗日游击区的各个角落，送到广大抗日军民手里，有些甚至还被送到敌人的据点里，起到很好的瓦解敌人的作用。

1942年4月，由于日寇对冀东抗日根据地进行空前残酷的“扫荡”，《救国报》被迫停刊。6月后复刊。浴火重生的《救国报》与敌人周旋在群山万壑之中，坚持不脱期地出报，及时传播党的声音，让广大军民看到报纸就如同看到党一样，增强信心，坚持革命斗争。

1945年日寇无条件投降后，《救国报》走完六年多的艰难历程，完成了其历史使命，先后更名为《冀热辽日报》《长城日报》，继续服务于冀东人民。

到了1946年5月，为了让冀东人民及时了解解放战争的情况，中共冀东区党委决定把《长城日报》更名为《冀东日报》。

《冀东日报》刚创立时，被定为日刊，但因敌人经常袭扰，报纸往往不能如期发行，故1947年年底以前，为双日刊发行。直到战局发生逆转，从1947年12月26日起，报纸才基本能保证每日发行。报头由毛泽东亲自题写，版面分为四部分：一版刊载国内外要闻；二版是冀东地区新闻；三版是通讯，常报道前线战情；四版灵活机变，有时会转载敌占区新闻，从1947年4月4日起，四版固定为“副刊”，围绕生产、卫生、教育、文艺等主题展开讨论。

与党在其他解放区创办的刊物一样，《冀东日报》也以宣传党的方针、政策和团结群众为宗旨，以争取和平为方向。值得注意的是，报纸尤其关注“党风建设”和“土地改革”两大问题，并刊载过多篇相关文章，如《批评与自我批评精神是共产党员必备的品质》《松江民岭区分地运动形成高潮，先整干部后撒大网》等，这些文章深刻地揭露了冀东解放区所面临的党组织内部腐败问题，关注到内战时期发动人民群众开展自卫斗争的任务，反映出了党宣传方向的因地制宜与顺时应势。

围绕《冀东日报》，冀东党组织还在1948年10月创办了不定期发行的杂志——《冀东日报增刊》，它内容多样，每期有不同的主题，“青运专号”中设有“清算蒋介石”“英雄人物”“工作通讯”“工作研究”“文艺”等栏目，既刊载理论性的文章，如《人民无权，独夫集权》，也发布新闻通讯如《新年战地速写》《苏北宿大围歼战经过》等，矛头直射国民党和蒋介石。“春节文娱专号”则是专门为 1949 年春节宣传的一期，其中围绕“春节”主题登载了多种形式的文艺作品，广大群众阅读后，既丰富了知识，又拓宽了眼界，对杂志爱不释手。

1949 年 8 月 1 日，由毛泽东题写报头，《冀东日报》更名为《唐山劳动日报》，并以唐山市委机关报的身份延续至今。

最有趣的是，《冀东日报》的前身，虽数易其名，但报纸发行的期号从 1940 年 1 月 1 日《救国报》创刊顺延下来，并未中断。虽然《冀东日报》已成为过往，但它印证的党和人民军队的顽强意志与斗争精神，党领导人民、人民拥护党的“鱼水之情”，永远镌刻在历史的丰碑上。

晋冀鲁豫《人民日报》做“领头羊”

我们的口号是毛主席昭示我们的“全心全意为人民服务”，这就是本报的方针和宗旨。

——晋冀鲁豫《人民日报》发刊词

提起《人民日报》，可谓无人不知，无人不晓。作为中共中央机关报的《人民日报》，是当代中国最具影响力的报刊，读者众多，发行量大，是党与广大人民群众沟通的重要桥梁。不过，很少有人知道在大名鼎鼎《人民日报》之前，还曾有另一份报刊，以同样的名字，活跃在晋冀鲁豫根据地，这就是晋冀鲁豫《人民日报》。

晋冀鲁豫《人民日报》是中共晋冀鲁豫中央局的机关报。它的前身是 1939 年元旦创刊的《新华日报》华北版。几年后，华北版更名为太行版。抗日战争胜利之后，晋冀鲁豫中央局将《新华日报》太行版一分为二，剥离出的那部分作为机关报继续存在，这就是 1946 年 5 月 15 日创刊的晋冀鲁豫《人民日报》。

说起“人民日报”这四个字的由来，大有一番考究。在机关报创立之初，晋冀鲁豫中央局原本希望将它命名为《晋冀鲁豫日报》或《太行日报》。毛泽东听到这个消息后，提出应当尝试打破地域之见，不如以“人民日报”为名，更能体现党的精神。有趣的是，《人民日报》最初的刊头是以毛泽东在别处写下的四个字拼凑而成。直到 1946 年 6 月，毛泽东才专门为《人民日报》重新题写了报头。

由于编印条件有限，初创时报纸仅设两版：一版关注国内外要闻；二版报道解放区新闻。总编辑杨放之在创刊号《鸣谢启事》中深情地写道：“本报筹备仓卒，力薄人鲜，承党政军首长，太行、冀鲁豫、冀南、太岳各地报社及各方同志诸多赞助，得以如期出版，感荷良深！”短短一行字，既道出了出版的不易，也让我们得以一窥革命者在那个年代的彼此支撑与帮扶。随着报社的发展，后来又增设了以刊登敌占区消息为主的三版和综合版四版。

晋冀鲁豫《人民日报》，肩负的是领导地方、关注民生的责任，它从创刊起就承载这一使命与担当。所以，报纸着力介绍晋冀鲁豫全区大事，如国共两党关于黄河问题的斗争，报纸在创刊号上就登载了《国民党当局破坏菏泽协议，蓄意放水淹我解放区，不顾七百万人民生命，图逞内战阴谋，中共中央发言人表示坚决反对》一文，洋洋洒洒的文字，精辟透彻的分析，将晋冀鲁豫地区当时面临的局势与主要任务阐述得淋漓尽致。

邯郸市火磨街东口的一栋二层小楼里，记录了晋冀鲁豫《人民日报》的办报历程。社长张磐石带领报社的 100 多名编印人员在这里校对稿件、编辑排版、印刷样稿……报社建立之初，甚至没有一块能够使用的铅印版，印刷设备老旧，编印工们只好木刻排版，耗时又费力。就是在这样艰苦的环境中，晋冀鲁豫《人民日报》每日清晨按时出版，一份份报纸被送到了解放区人民的手中。

闷热的夏天来临之际，中原战情更加严峻。随着党政部门的转移，

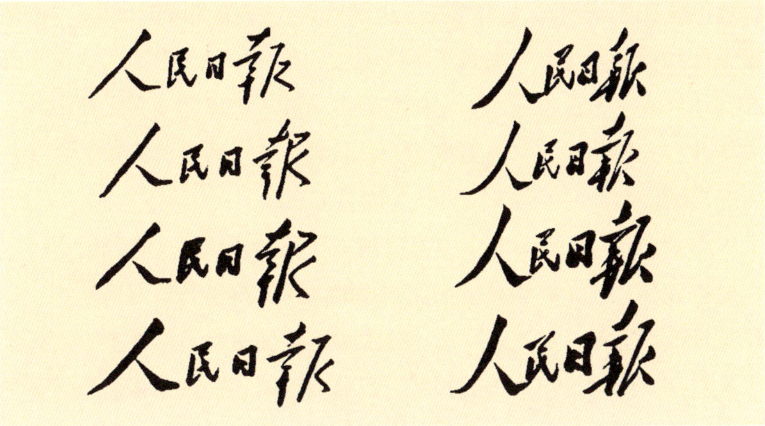

毛泽东题写的报头

人民日報

發刊詞

蓄意放水淹我解放區

力争和平民主团结
反对内战独裁分裂
乃人民呼声
人民日报出版
刘伯承

晋察鲁豫《人民日报》发刊号

晋冀鲁豫人民日报社旧址（邯郸火磨街）

报社也跟着进入迁移，最终落在了武安一地。短短的两年时间里，746 期报纸如约与读者见面，书写了那段艰难的革命岁月。很快，这份报纸在到达终点之际，也迎来了崭新的历史一页。1948 年 6 月，在中共中央华北局的指示下，晋冀鲁豫《人民日报》与《晋察冀日报》合并，新的报纸仍然沿用了《人民日报》的名字。

晋冀鲁豫《人民日报》是党在解放区坚持出版的大型刊物之一。在发行期间，它始终认真贯彻党中央的政策，报道解放战争情况，宣传土地改革运动，在党领导晋冀鲁豫地区人民进行革命斗争中发挥了引导作用。同时，作为机关报纸，晋冀鲁豫《人民日报》还是党在华北地区新闻事业的“领头羊”，为其他报刊的发展提供了积极的借鉴和参考。

红刊档案

张磐石（1905—2000），《人民日报》重要创始人之一。中华人民共和国成立后，历任中共华北局宣传部部长、中宣部副部长、全国政协文史委员会副主任等职。

杨放之（1908—2003），《人民日报》创建时期的重要人物。中华人民共和国成立后，历任政务院财经委员会副秘书长，计划局副局长，国务院副秘书长，国务院外国专家局党组书记、局长等职。

《挺进报》与《红岩》的故事

成岗专心一意地在蜡纸上熟练地刻写着：“美蒋妄图在西南大量征兵的阴谋，现已肯定必将以失败告终，而且，敌分布在川、康、滇、黔四省的第二线全部兵力，已被西南各地游击队拖住，难以向内战前线抽调……”写完以后，成岗揉了揉略感麻木的指头，一字一句地校对了一遍，又把《挺进报》这一期的标题抽读了一遍：“为挣扎在死亡线上的穷苦同学伸出援助之手，大中学生开展争温饱、争生存运动……”读完了，成岗伸了伸腰，站起来，倒杯开水喝了。时间还早，他丝毫没有睡意，又在桌边坐下，开始思索那尚未完成的新式油印机的设计。

——长篇小说《红岩》第五章

地下党，一个在现代青年眼里只存在于小说、电视、电影中的词汇，却是历史上真实存在过的一群人。他们的生活并不像我们想象中的那样神秘光鲜，往往用极为平淡的身份做掩护，鲜血喷涌而出的镜头并非虚拟的杜撰，命悬一线的革命斗争时时上演。对重庆的中共地下党组织而言，1948年的春天黑暗至极——130多名地下党员被捕。这一切，都与一份报纸密切相关。

1947年7月，《挺进报》创刊。它的出现，与同年2月《新华日报》被查封有关。当时，内战日趋白热化，国民党当局对宣传领域的控制也愈发加强。《新华日报》被查封后，编辑部全体成员以及中共四川省委不得不撤回延安，国统区的思想宣传工作陷入低谷。为了及时向重庆人民传达党的声音，中共重庆市委决定排除万难，创立一份新的报刊——《挺进报》。

《挺进报》是秘密出版刊物。它主要对国内战情、党的重要公告、国内外要闻进行报道。除消息类内容外，还会针对某一事件展开

彭咏梧

陈然

评论，揭露国民党独裁和压迫真面目，反映党的政治主张。刘容铸、陈然等报社负责人都是中共秘密地下党员，但从表面上看，他们都是普通的平民百姓。报刊负责人之一陈然的公开身份是中国粮食公司修配车间一名普通的管理员。《挺进报》的真正负责人彭咏梧（小说《红岩》彭松涛原型）更是隐匿在黑暗之中，只有很少人知道他。从一百份到一千份，这群年轻的共产党员以坚强的意志品质支撑着报刊的运作和发行。

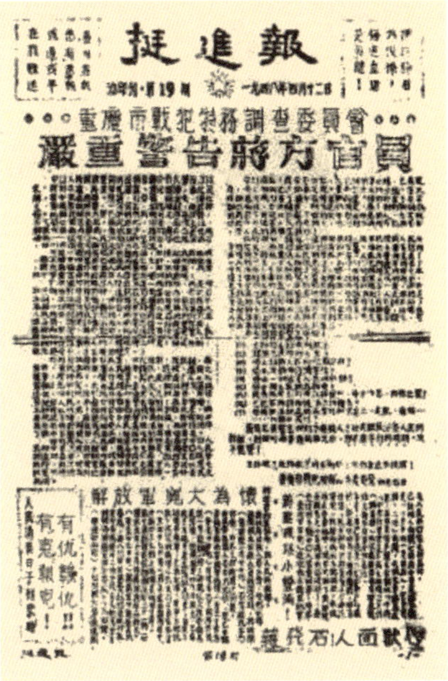
挺進報
第19期
重慶市戰犯特務調查委員會
嚴重警告蔣方官員
解放軍寬大為懷

《挺进报》

当陈然于夜幕降临后来到机器厂时，总会用厚纸将木板墙的缝隙全都糊上，挂上毯子，遮上灯罩，遮掩所有光亮。即便是他身边最亲近的人，也不知道他在为一份小小的报纸殚精竭虑。他夜以继日地工作，就这样，一份份《挺进报》从这间小屋子里被印刷出来，分发到国统区地下党员的手中。

然而，陈然不会想到，1948 年年初《挺进报》会猝不及防地暴露在敌人面前。4 月 22 日，陈然被捕。在严刑拷打之下，他依然咬定这是自己办的私人报纸。遗憾的是，革命队伍中有人叛变，造成了川东、川西、南京、上海等地的中共地下党组织遭到严重破坏。一长串人名被写在了屠戮名单上，陈然的名字赫然在列。这个 26 岁的青年身戴镣铐，宁死不屈。在生命的最后时刻，他面向天空大声呼喊道：“从正面，向我开枪！”

陈然牺牲一个月后，重庆解放。虽然陈然没有看到新中国的朝阳，但他生得光荣，死得壮烈！

《挺进报》在白色恐怖盛行的年代里始终坚持秘密发行，凝聚了革命报人的血与泪。作为重庆党委机关报，《挺进报》真实报道解放区的战争情况，给予重庆人民以必胜的信念，使党和人民建立起牢固的纽带，成为重庆地区强有力的舆论宣传阵地。

1961 年，由罗广斌、杨益言创作的长篇小说《红岩》出版。这部小说描写了 1948 年到 1949 年重庆解放前夕，中共地下党员不顾黎明前黑暗的白色恐怖，不屈不挠地坚持斗争。面对国民党反动派的残酷镇压，他们以大义凛然的英雄气概，在白公馆、渣滓洞与敌人展开了殊死较量，以鲜血和生命去迎接新中国灿烂的曙光。小说一推出，立即引起轰动。而《挺进报》以及陈然的故事，也广为大众知晓。尤其是书中成岗（陈然原型）面对国民党特务的利诱和劝降，疾笔挥写下的《我的“自白”》，更成为革命者坚强不屈的豪言流传于千万人心中。

> 任脚下响着沉重的铁镣，任你把皮鞭举得高高；我不需要什么自白，哪怕胸口对着带血的刺刀！
>
> 人，不能低下高贵的头，只有怕死鬼才乞求“自由”；毒刑拷打算得了什么？死亡也无法叫我开口！
>
> 对着死亡我放声大笑，魔鬼的宫殿在笑声中动摇；这就是我——一个共产党员的自白，高唱凯歌埋葬蒋家王朝！

今天，盛世已如英雄所愿，英雄可以笑慰。那为山城历史上最黑暗的时候送去一道曙光的《挺进报》，那些在黎明曙光来临时倒下的英烈们，永远活在人民的心中。

红刊档案

彭咏梧（1915—1948），革命烈士。解放战争时期曾参与领导重庆大中学校学生进行反美军暴行大游行。1948 年 1 月 16 日，在领导游击队与国民党反动派作战时牺牲。

刘容铸（生卒年不详），新闻工作者。解放战争时期曾在重庆组织党的宣传工作，《彷徨》杂志和《挺进报》的创办者之一。

陈然（1923—1949），革命烈士。曾任中共重庆市委机关报《挺进报》特别支部书记，并负责《挺进报》的秘密印刷工作。1948 年 4 月 22 日被国民党特务逮捕，1949 年 10 月 28 日牺牲。

新中国第一大报《人民日报》

中国人民将要在伟大的解放战争中获得最后胜利，这一点，现在甚至我们的敌人也不怀疑了。

……

这些就是中国人民、中国共产党、中国一切民主党派和人民团体在一九四九年所应努力求其实现的主要的具体的任务。我们将不怕任何困难团结一致地去实现这些任务。

几千年以来的封建压迫，一百年以来的帝国主义压迫，将在我们的奋斗中彻底地推翻掉。一九四九年是极其重要的一年，我们应当加紧努力。

——毛泽东：《将革命进行到底》

《人民日报》，这简简单单的四个大字却有千钧的重量。

它是中国人再熟悉不过的党媒大报，它生活在我们中间，无论是

《人民日报》创刊地旧址（平山县里庄）

人民日報

發刊詞

蔣意放水淹我解放區

中共中央發言人表示堅決反對

力爭和平民主團結
反對內戰獨裁分裂
乃人民呼聲
人民日報出版
劉伯承

《人民日报》创刊号

弹出的微博，翻开的报纸，还是最熟悉的新闻播报，处处都有它的影子。但很多人都不知道人人熟知的《人民日报》的前身与另外两份报纸有关，即《晋察冀日报》与晋冀鲁豫《人民日报》。

1948 年 5 月，《晋察冀日报》的编辑们收拾好行囊，在社长邓拓的带领下赶往平山县里庄村。与此同时，晋冀鲁豫人民日报社长张磐石也带领编辑部的工作人员马不停蹄地向相同的地方奔去。不久后，两支编辑队伍胜利会师。他们之所以在里庄会合，是为了同样的一个目的：中共中央决定创办一份大型的党报。在《晋察冀日报》终刊启事上，这样解释两报合并的原因："这是由于晋冀鲁豫与晋察冀两大解放区的内部与外部条件完全成熟而形成了统一的华北解放区的结果"，在解放战争一片大好的形势下，《晋察冀日报》与晋冀鲁豫《人民日报》合并，由张磐石担任社长的新《人民日报》诞生了。

创办大型党报是中国共产党深思熟虑的结果。1947 年 3 月《解放日报》停刊之后，中共中央机关报就一直处于空缺状态。当时国内形势瞬息万变，大型党报既是宣传需要，又是党的灵魂。于是在 1948 年 3 月的会议上，毛泽东提出，不妨合并两区报纸，沿用"人民日报"四字，创办中央党报。无论是出于人力还是财力方面考虑，这都是当时最好的选择。5 月底，不仅两家报社的编辑走到一起，晋察冀与晋冀鲁豫两大解放区也进行了合并。毛泽东在西柏坡再次题写"人民日报"四字，这便是我们今日最熟悉的那份报纸刊头的由来。

在硝烟弥漫的解放战争中，《人民日报》正如同自己的名字一样，始终与人民站在一处。作为中共中央最具权威性的报纸，它关注战事，协调民生，"社论"之中妙语连珠，也成为一大批文艺工作者发表作品的平台。1948 年 12 月，人民日报社进驻北平（今北京）。不久之后，《人民日报》"北平版"正式面世。"北平版"与"平山版"两个版本的《人民日报》同时发行，成为当时新闻界的一大景观。直到 1949 年 8 月 1 日，《人民日报》正式成为中共中央机关报，历史在此画上了一个短暂的句号。但所有人都知道，这并非终结，而是开始。

历史为人们留下了宝贵的财富，可我们常常身处其间而不自知。此时此刻，不妨再次重看那熟悉的四个大字，透过它们，看见过往逝去的悠悠岁月。《人民日报》，既是中国共产党成长的缩影，也是中华民族走向复兴的见证。

人民日報
RENMIN RIBAO

习近平：关于《中共中央关于制定国民经济和社会发展第十四个五年规划和二〇三五年远景目标的建议》的说明

习近平将在第三届中国国际进口博览会开幕式上通过视频发表主旨演讲
中央广播电视总台现场直播

中共中央关于制定国民经济和社会发展第十四个五年规划和二〇三五年远景目标的建议
（2020年10月29日中国共产党第十九届中央委员会第五次全体会议通过）

海纳百川 共扬帆
——党的十九大以来以习近平同志为核心的党中央引领中国高水平对外开放纪实

栗战书主持召开第七十五次委员长会议
决定十三届全国人大常委会第二十三次会议11月10日至11日在京举行

《人民日报》2020 年 11 月 4 日

“雄关漫道真如铁，而今迈步从头越。”无论过去还是现在，《人民日报》始终坚持与党和国家的发展同心同德、同向同步，忠实履行党的新闻舆论工作职责和使命，始终不渝地坚持正确政治方向，始终不渝地坚持党性和人民性相统一，始终不渝地贯彻政治家办报要求，努力当好新闻战线的排头兵，当好推进媒体融合发展的排头兵，当好改进文风的排头兵，为巩固壮大主流思想舆论发挥“中流砥柱”“定海神针”重要作用。

《人民前线》壮写东南

因为我们处在面临全国胜利的伟大时代，一方面要统一意志，集中全力，坚决战胜垂死挣扎的顽敌；另一方面又必须加紧建设自己成为军政工作坚强、政策纪律严明的人民军队，以便更好地完成解放中国的历史使命。

——华东野战军前委：《关于出版〈人民前线〉报、〈人民前线〉杂志的决定》

对于山东军民而言，1948 年 9 月 16 日是一个特殊的日子，济南战役的枪声在这一天打响了，这意味着山东解放指日可待。为配合战争形势、发挥新闻宣传功能，华东军区政治部迅速筹办了《人民前线》。9 月 19 日，《人民前线》便以华东野战军前委机关报的身份在曲阜创刊了。

当翻阅《人民前线》时，会发现这份报纸有两种风格迥异的报头。同一份报纸中报头“改头换面”的情况并不少见，或是因为报纸改版

毛泽东题写的报头

舒同

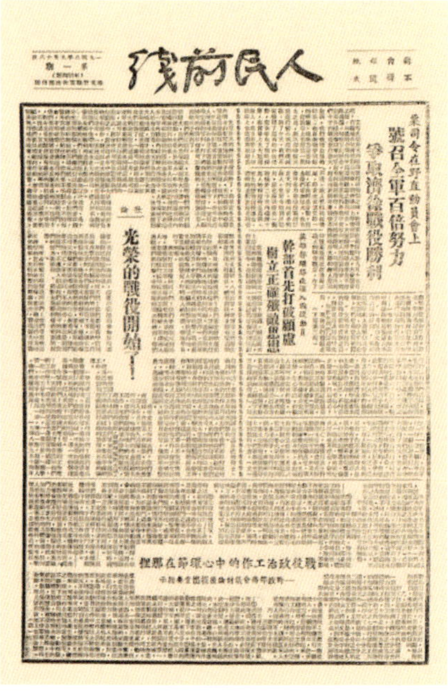
人民前線

號召全軍百倍努力

社論

光榮的戰役開始了！

幹部首先打破顧慮

《人民前线》第一期

便于区分，或是知名人物为报纸重新题字……《人民前线》则属于后一种情况。最初报头“人民前线”几个字是由华东军区政治部主任、著名书法家舒同所题，后来华东军区司令员陈毅请毛泽东题写新报头，毛泽东欣然应允，一连写了四个不同的版本，并告知人民前线社自行挑选使用。于是，自1950年元旦起，读者一拿到《人民前线》，毛泽东所撰写的几个笔力遒劲的大字便会映入眼帘。

从报纸涵盖的信息来看，分为四版的《人民前线》布局合理：一版重点强调当前工作的中心内容；二版、三版、四版分别刊载军事、政治、思想教育内容，包括党中央的大政方针、军事理论和实际经验、军政知识和时事问题等，版面合理排布，内容时而交错。此外，与其他军事类报刊相比，《人民前线》尤其重视军事文化教育，所辟的不定期专栏“军事文化”特色鲜明，其中登载小说、诗歌等多种文艺体裁作品，常以感人至深的文字表现部队官兵英勇无畏和舍身为国的精神，为树立军中模范、凝聚部队力量提供了动力。

作为一份军区机关报，《人民前线》自始至终都担负着重要使命。从解放战争时期报道中国人民解放军势如破竹的胜利战役，到中华人民共和国成立初期宣传“抗美援朝，保家卫国”的军事方针，再到发布不同时期党对军队建设的决策部署……正如报纸的名字——“人民前线”一样，战争年代，它报道前线讯息；和平时期，它就站在军队的最前沿，牢牢把握时代脉搏，遵从党中央的指令，与部队同呼吸、共命运。

2016年1月15日，由于国防建设和军队整编的新需要，已历68载的《人民前线》退出了“前线”，停止纸质发行。不过，它摇身一变，继续以“人民前线”公众号的形式活跃在新兴的互联网媒体大营之中，完成了华丽转身。《人民前线》并未在时间的流逝中同行走过的车辙印记般越来越模糊，反而历久弥新。

根植热河的《群众日报》

到一个地方必须首先把报纸办起来，这是最先重要的工作。

——李锐：《回忆热河办报》

1948年12月26日，内蒙古自治区宁城县高家杖子村格外热闹。在这个小小的村庄里，一份名为《群众日报》的报纸诞生了。两个月后，它走出村子，来到承德市东兴街，就此安营扎寨，一待就是六年。它在热河的土地上，留下了属于自己的历史印迹。

报纸名曰群众，自然心系群众。《群众日报》直属于中共热河省委，用社长李锐的话来说：这不仅仅是普通的报纸，更是一份强大的武器。解放战争的胜利号角吹响，社会主义新中国的建设也迫在眉睫，在这一关键时间点上，如何宣传马列主义思想，阐明党的政策，鼓舞教育群众，成为报纸最重要的任务。

与其他报纸不同，《群众日报》有蒙语和汉语两个版本。汉文版为日刊，蒙文版为周刊。编辑部的工作十分明确，划分为编辑、采通、人事等诸多部门。在实际工作中，报社与中共热河省委的宣传工作紧

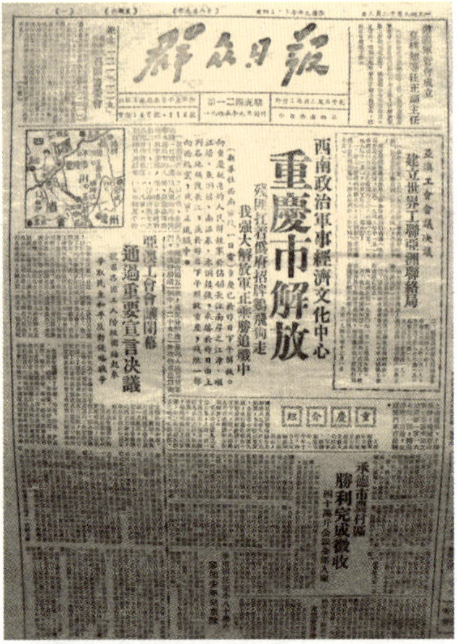
群众日报

西南政治军事经济文化中心

重庆市解放

我强大解放军正乘胜追击中

亚澳工会会议闭幕

通过重要宣言决议

建立世界工联亚洲联络局

胜利完成征收

群众日报

毛主席回信感谢

保护耕畜

《群众日报》

密相连。值得一提的是，《群众日报》的编辑部还设有机关中学，为的是提升报社工作人员的文化素养，进一步提高编纂内容的水平。这在当时非常罕见，也反映出报社对理论和知识学习的重视。

《群众日报》的发行量从最初的8000份发展到终刊时的4万份。相比其他报纸，《群众日报》的读者群较为固定，既面向有一定文化程度的工农群众，又兼顾各个领域的基层干部。《群众日报》的文风简洁明快，文章短小精悍，通俗是它的灵魂，思想是它不忘的追求。

《群众日报》非常注意和群众之间的互动。比如，在“社会服务”专栏中，报社就曾多次邀请群众积极参与问题讨论。据史料记载，1951年该栏目曾专门探讨“打退堂鼓思想”，群众广泛参与讨论，影响深远。报社不仅注意搜集关乎民生的大事小情，还注重培养教育基层干部，专门设置“读者意见”，刊发他们对工作的自我反思，如浦安修的《主动组织群众展开批评，克服工作中的官僚主义》等。“读者来信”则是在“社会服务”专栏基础上发展起来的。在“读者来信”中，群众能够发出自己的声音，报社成员则对群众问题予以回应，如《定阶级成分中的几个问题》《杀虫药六六六施用方法》等，每信必复，来稿必回，是《群众日报》的一大特点。

这份五六角人民币就能订阅一个月的报纸，默默地在热河大地上生根发芽。当时生活在热河地区的百姓，无论处于城市，还是乡镇街头，抬眼一看，《群众日报》就在眼前。

1955 年年底，随着中央撤销热河省建制，中共热河省委机关刊物《群众日报》也最终停刊。《群众日报》实事求是地记录下了党与热河群众密切联系的故事，见证了党对热河省发展的领导作用。它所作出的种种努力和卓越贡献，深切符合“党报”这一身份，并被镌刻在历史丰碑之上。

红刊档案

李锐（1917—2019），毛泽东研究专家，作家，曾任群众日报社社长。中华人民共和国成立后，历任湖南日报社社长，水利电力部副部长，兼任毛泽东的秘书，中组部常务副部长，中共十二届中央委员，十二届、十三届中顾委委员等职。

《察哈尔日报》三春秋

必须从思想上明确报纸必须通俗的重要意义，必须把报纸的通俗化工作，当作一个政治任务，当作一个地方报纸的根本方向和永久方向，必须系统地具体地认真地加以实现与贯彻。

——《关于加强〈察哈尔日报〉通俗化的决定》

历史不断演进，时间来到了关键的1949年，近代中国的百年屈辱即将画上句号，历史开始书写崭新的篇章。1949年1月，伴随着新希望的凯歌，《察哈尔日报》诞生了。

《察哈尔日报》的创办与行政区划的演变有着密不可分的关联。1949年，原北岳区与冀热察区合并，察哈尔省在张家口重建。新的行政区划意味着与之相对应的宣传工作必须同步展开。中共察哈尔省委决定着手创建自己的机关报纸。当时，《北岳日报》《冀热察导报》与《张家口日报》均发展良好，中共察哈尔省委决议在这三份报纸的基础上进行整合，原各报社成员也纳入新报社之中，《张家口日报》

北岳日報

《北岳日报》

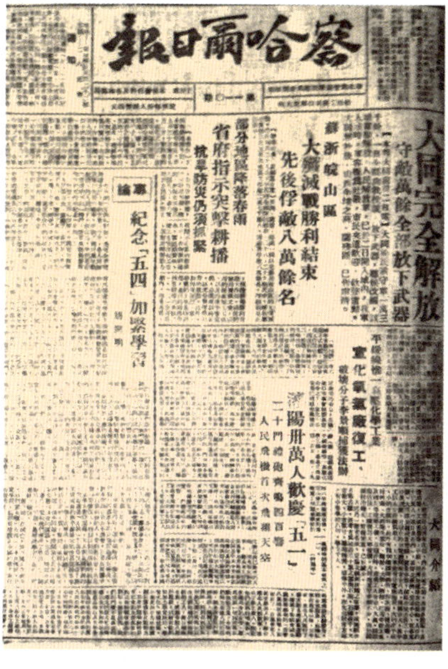
察哈爾日報

大同完全解放

守敵萬餘全部放下武器

大殲滅戰勝利結束

先後俘敵八萬餘名

省府指示突擊耕播

紀念「五四」加緊學習

《察哈尔日报》

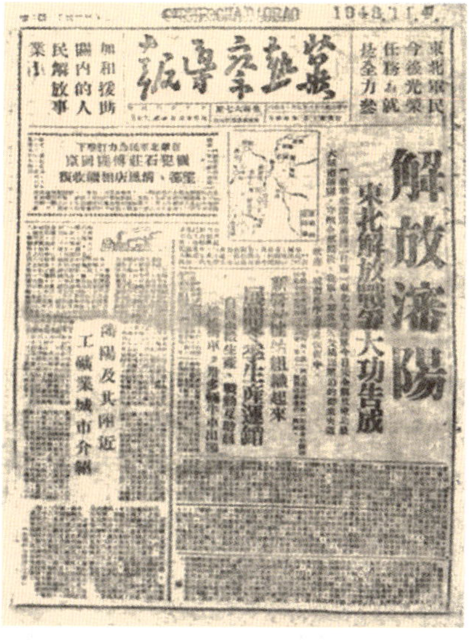
冀熱察導報

解放瀋陽

《冀热察导报》

社长丁原继续担任新报社的社长一职。

《察哈尔日报》4开6版，内容广泛，有如今我们已经习以为常的“国内外要闻”“地方新闻”“副刊”“广告”等版面。与此同时，它呈现出很强的灵活性，不断对报纸进行改版。从1949年创办开始，它至少经历了五次改版。翻阅不同时期的《察哈尔日报》，很容易发现每个时期的报纸都非常关心民生，时刻关注着普通百姓。例如，多次改版中“物价”始终是它关心的要点。1949年7月23日改版时，特意在第三版上开辟一栏刊载关于物价行情的消息。1952年，《察哈尔日报》还会在每月28日发布依照物价、劳动量、资历等建立起来的“工资分值”，以此作为群众所享受的津贴、补助的标准。报纸对物价的如实报道，既有效监督了政府稳定物价的工作时效，又能够稳定民心。

生动通俗是《察哈尔日报》的办报风格。无论是社长丁原，还是编辑何辛、范源、屈飞等，都为此进行了不懈的努力。综观当时中国共产党各地方人民政权的办报风格，不难发现，通俗明了始终是它们共同的追求，力图做到“全心全意为人民服务”，让人民读懂报。

宣传党的方针政策也是《察哈尔日报》的重要议题。如1949年10月，正值中华人民共和国成立之际，报纸刊载了《中国人民政治协商会议共同纲领》《中华人民共和国中央人民政府公告》等文件，从而帮助人民群众理解党的思想，跟党前进。由此可见，《察哈尔日报》是党为察哈尔省人民群众普及有关党的理论与政策的重要平台。

《察哈尔日报》因察哈尔省的建立而诞生，也随察哈尔省的消失而终结。1952年12月，中央再次调整行政区划，撤销察哈尔省，《察哈尔日报》也随之走入历史。多年之后，散落各处的编辑们再度聚首，回顾往日时光，都能感到那一份欣喜与朝气：七八十人的编辑部，拥挤的小平房，下乡徒步，忙碌异常。夜班的灯光常明，那里有深入工厂与农村回来的编辑们埋头写稿的身影。

《前进》上征程

今后东北军区的任务，将主要是建军、练兵（包括二线兵团）、海防、卫戍、培养干部、加强部队与机关学校及后勤等部门的思想领导和政治工作建设，以积极支援前线，争取全国解放战争的早日胜利。面对着这一光荣而艰巨的任务，军队政治部认为有出版全东北部队报纸的必要，因此决定创办《前进》报。

——《前进》“创刊的话”

“军队向前进，生产长一寸，加强纪律性，革命无不胜”，这一段鲜红的题词印在报头，熟悉的手迹正是出于毛泽东笔下，草书遒劲，意蕴绵长，而其中的“前进”二字，特意被报人细细选出，镶嵌在报纸的中央。

1949 年 2 月，在辽沈战役硝烟弥散之际，在东北军区政治部的一次会议上，出版《前进》事宜被提上议事日程。经过一个多月的紧张

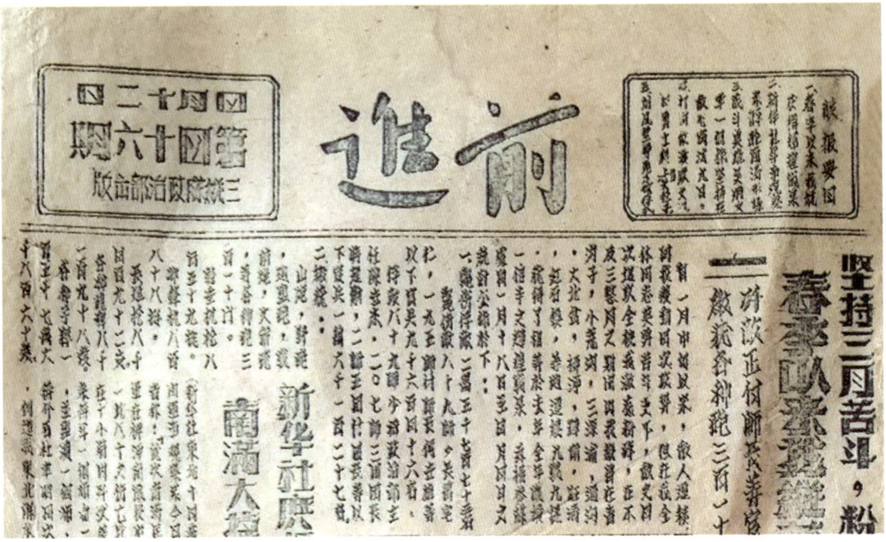

第四十六期
四月十二日
三纵队政治部出版

前进

坚持三月苦斗，粉

《前进》

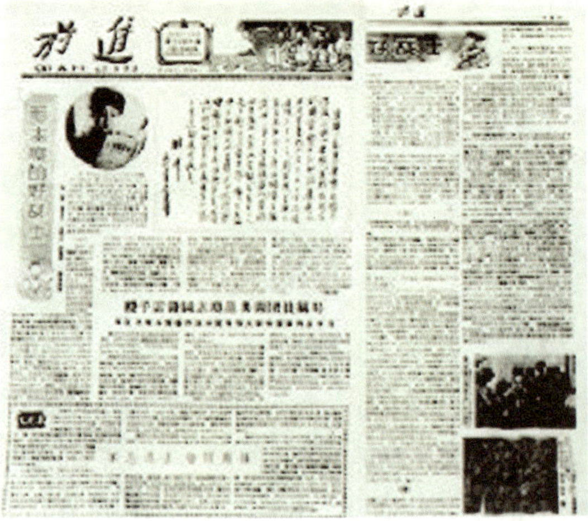

前进

20 世纪 60 年代的《前进》

筹备，1949 年 3 月 10 日，《前进》创刊，成为东北军区的机关报。而以东北军区为名的上一份报纸是 1948 年创办的《自卫报》。东北军区对《前进》给予了高度重视，几乎同时成立了《前进》党报委员会。周桓、伍修权、王央公、谢甫生等人参与了报纸的编纂工作，也都在军区内部担任要职。

与注重通俗性的报纸不同，《前进》面向的主要读者是连级以上的军队干部，因此特别强调引领作用。创办《前进》的历史背景是东北地区即将解放。东北地区的解放牵一发而动全身，无论是抗日战争时期，还是解放战争时期，东北地区都具有至关重要的战略地位。在这一背景下，思想引领尤其重要。对于军队而言，“前进”二字或许是军魂精神的最好概括。诚如毛泽东所言，军队需要前进，只有这样，革命才会取得真正的胜利。

中华人民共和国成立后，《前进》依旧在东北军区的部队建设中发挥着重要的作用。一代一代的“前进人”，高唱前进的凯歌，在白山黑水中求索不止，“咬文嚼字作嫁衣看灯花瘦尽，舞文弄墨写春秋凭赤胆忠心”，先后推出了雷锋、刘英俊、苏宁、郭明义、向南林、郃忠利、降巴克珠以及“红三连”“红八连”“红九连”“神枪手四连”等一大批在全国全军有影响的重大典型，书写了东北大地最绚丽的历史画卷。

2016 年 1 月 15 日，伴随着我军历史性改革的大潮，作为沈阳军区党委机关报，《前进》演奏完最后一部“乐章”，完成使命任务，终刊。

红刊档案

《前进》与《雷锋日记》首发。1960 年 11 月 26 日，沈阳军区《前进》用两个整版的篇幅，发表了《毛主席的好战士》的长篇通讯，报道了雷锋的先进事迹。12月1日，《前进》又以《听党的话，把青春献给祖国》为题，摘发了雷锋从1959年8月30日至1960年11月15日间的15篇日记，并加了热情洋溢的编者按，这是最早见诸报端的雷锋日记。雷锋牺牲后，1963年1月20日，《前进》又用了将近一个半版的篇幅，摘录发表了32篇雷锋日记，其中包括1960年发表过的15篇。此后，《人民日报》《解放军报》《中国青年报》等发表的雷锋日记，均来自《前进》。

《光明日报》传递光明

团结一致，建设民主新中国，这是光明日报所要向全国人士提出的一点希望……光明日报虽然由中国民主同盟负责创办，却主要是为各革命阶级服务，为各民主党派服务，为各人民团体服务。为人民服务是人民的报纸应有的精神。

——《光明日报》创刊社论

有这样一份报纸，它以中国民主同盟机关报的身份问世，更是将报纸文字改革为横排版模式的先行者。现如今，它的名字可谓无人不知、无人不晓，它就是《光明日报》。但是，人们或许仅仅只是知道它的名字，却不知晓它伴随着新中国走过的七十多载风雨岁月的故事。

《光明日报》是一份因历史需要而诞生的报纸。1949 年 4 月，在亟须团结一致来争取解放战争最终胜利的关键时期，作为华北地区颇具号召力的大报《世界日报》，却时常刊载一些有着负面影响的新闻。因此，改革迫在眉睫，斗争一触即发。就在此时，中共中央指示中国民主同盟负责接收并改造《世界日报》，使之成为统一战线下的机关

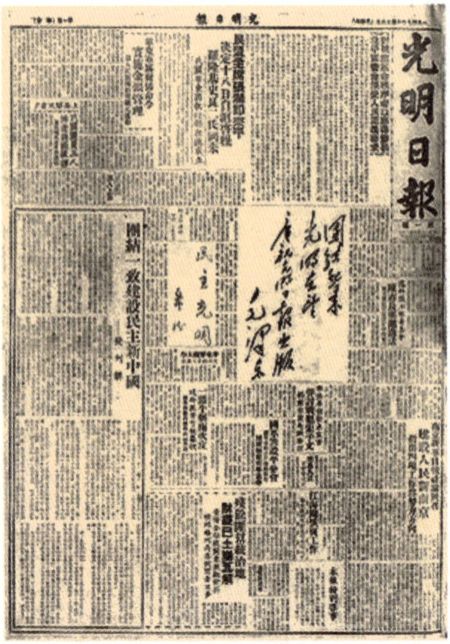
光明日報

《光明日报》创刊号

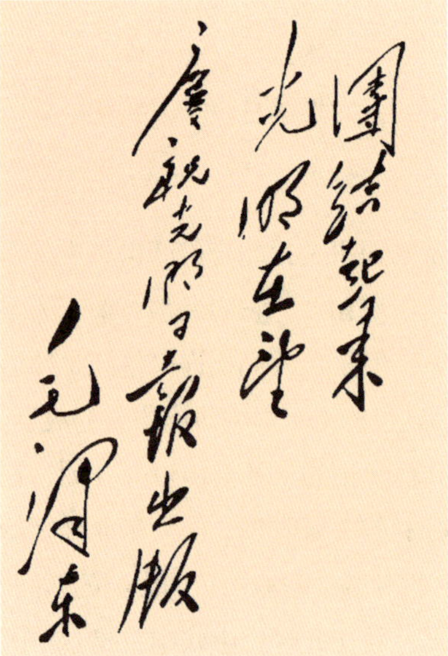

毛泽东为《光明日报》创刊题词

刊物。

接到指示后，报社很快便完成了改组，由中国民主同盟副主席章伯钧担任社长，全权负责报纸的统筹工作。总编辑则由以民主人士身份长期活跃于新闻界、实则是中国共产党党员的胡愈之来担任。1949年6月16日，这个原本普通的日子因《光明日报》而不再平凡，报纸开始了崭新的起点。“光明”二字饱含希望，正符合中国革命事业的伟大前景。除此之外，这个名字也缘于对历史的传承，它是《光明报》的延续。而《光明报》正是中国民主同盟的前身中国民主政团同盟所创办的、在全民族抗战中发挥一定作用的报刊。

在《光明日报》创刊号的头版上，中栏偏右是毛泽东庆贺《光明日报》创刊的题词“团结起来，光明在望。”此外，周恩来和朱德也分别为《光明日报》题词，可见党中央领导人对这份报纸的高度关切与重视。不仅如此，报纸的读者定位也源自毛泽东的设想。1948年，毛泽东在西柏坡曾与胡愈之商谈，设想“办一个以知识分子为主要对象的报纸”，作为党联系知识分子的桥梁。《光明日报》的出现，便是对这一构想的践行。

创刊初期，一方面，报纸需要履行中国民主同盟中央机关报的职责，对各民主党派的情况进行详细报道；另一方面，既然要面向知识分子，文化教育便成为《光明日报》的重心所在。不同主题的专刊版面，成为各领域专家大显身手的舞台。例如，学者费孝通主持《大学》周刊、著名经济学家沈志远主持《经济周刊》、中国民俗学家钟敬文主持《民间文艺》，这些专家带动各自领域学术问题的探讨，推动了学术界的争鸣和发展。自此，探讨理论问题成了《光明日报》的一大特色。

20世纪50年代中期，《光明日报》作为活跃思想界的有力推手，引发了一系列关于新中国发展问题的理论探讨。1978年5月11日，《光明日报》又率先发表《实践是检验真理的唯一标准》的特约评论员文章，点燃了全国上下一场关于真理标准的大讨论的导火索。这场大讨论冲破了“两个凡是”的严重束缚，实现了党在思想路线上的拨乱反正，为具有划时代意义的党的十一届三中全会做了重要的思想准备。

实践是检验真理的唯一标准

本报特约评论员

检验真理的标准只能是社会实践

理论与实践的统一，是马克思主义的一个最基本的原则

《实践是检验真理的唯一标准》

这也从一个侧面彰显了《光明日报》刻在骨子里的独特基因——重视对问题的探讨。

1952 年，《光明日报》改为各民主党派共同主办，成为各民主党派发表意见和交流经验的重要媒介之一。1957 年，报社调整了办报方针，《光明日报》由中共中央宣传部和统战部接管。直至今天，它依然是中共中央主办的重要新闻媒体。

历史长河奔涌。一份报纸，几代报人，七十多年光阴，《光明日报》自觉坚持党的领导，坚持与真理同行、与时代同步，团结、联系、引导、服务知识界，在政治建设、理论创新、道德引领、教育启迪、文化传播、科学普及等诸多领域，发挥了重要作用。站在新时代的新起点，这张与共和国同龄的报纸正以一个勇立互联网时代潮头的新型全媒体集团的姿态，向着自己的新使命与新目标迈出坚定的步伐。

《人民军队》强军历程

今天，全军大会合，向残存的敌人胜利大进军，为了交流全军战斗与工作的经验，办这样一个报纸，是非常迫切的需要了！而办这样一个报纸的条件又都成熟了！因此我们决心出版这一报纸，并要把它办好！

——甘泗淇：《代发刊词》

1949 年 7 月，解放战争已接近尾声，中国人民即将彻底从被奴役和被压迫的牢笼之中挣脱出来，迎来充满希望的新生活。与此同时，军队报刊的发行也步入繁荣期，各大军区的机关报纸普遍创办起来。

西北第一野战军党委机关报《人民军队》正是在这样的背景下诞生的，它于 1949 年 7 月 15 日正式问世，开启了西北地区军事新闻宣传工作的崭新征程。报纸自创办伊始就承担起“西北解放战争号角”的责任，目标明确地报道西北地区大小战役情况，宣传重点落在“解放大西北”和“建设大西北”上，四个版面所开辟的“党的工作”“青年工作”“政治工作”“政治、思想教育”等多个栏目都紧紧围绕这

朱德所题的报头

两点展开。

中华人民共和国成立后，根据各时期军队建设的不同需要，《人民军队》的主题适时而变，但内容万变不离其宗：报道党中央的决策部署和军委的指示方针，确保政令能有效上传下达；表彰优秀士兵，以榜样的力量带动部队整体勇攀高峰；刊载军事理论和时事评论，提高官兵思想理论水平；探讨工作经验、问题和建议，给予官兵军事、政治、生活方方面面的指导。

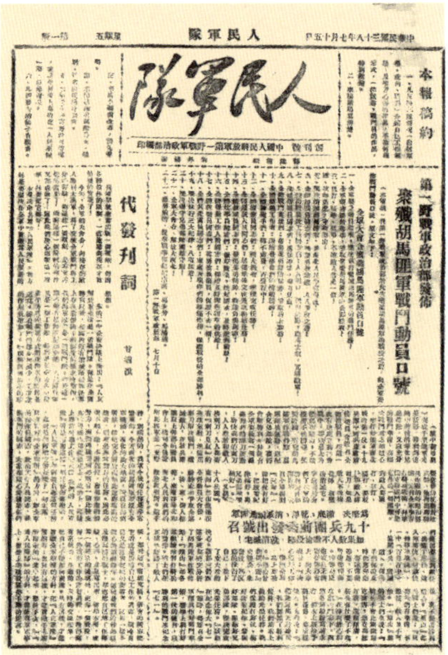
人民軍隊

本報稿約

代發刊詞

第一野戰軍政治部發佈

剿殲胡馬匪軍戰鬥動員口號

十九兵團首長發出號召

《人民军队》创刊号

随着军队组织架构调整，《人民军队》在 1950 年、1985 年先后与西北军区的《战斗报》和乌鲁木齐军区党委机关报《战胜报》合并。在这一过程中，《人民军队》博采众长，内容和编印水平都愈加精湛，并且始终沿用“人民军队”这个名字。谈到报名还有这样一个故事，1950 年 4 月，《人民军队》副社长方唯若赴京参加全国新闻工作会议，肩负着同事们的共同期待，想请毛泽东为报名重新题字。因为毛泽东事务繁忙，转而将此事托付给了朱德。朱德听闻报名后，称赞道：“《人民军队》这个报名起得好！”于是，方唯若带着朱德的赞誉和亲笔题写的“人民军队”四个大字回到报社，社员们受到极大的鼓舞。

《人民军队》是西北军区一张镶嵌着金边的名片，一提到它，战士们就满心自豪。报纸办得好，得益于报社成员们在报纸上一笔笔的努力刻画。西北军区的少数民族战士很多，为适应这部分读者的特殊需求，报社成员们想方设法，采用汉字和维吾尔族文字两种版本来编印，这在各军区报纸中是独一份的。

步入新时代，在人民军队改革的新形势下，《人民军队》落幕，永远定格在了 2016 年 1 月 15 日。但它曾提供了源源不断的养分，塑造了一代代奋勇争先的战士，这些战士扎根在中国的西北边疆，以青春奏响时代强音，将富国强兵的“中国梦”照进了现实。

红刊档案

甘泗淇（1903—1964），中国人民解放军上将。历任红二方面军政治部主任，八路军第一二〇师、晋绥军区、陕甘宁晋绥联防军政治部主任，中国人民志愿军副政委兼政治部主任，中国人民解放军总政治部副主任等职。

中国工人阶级的喉舌《工人日报》

《工人日报》出版了，它是中华全国总工会的机关报，也就是全中国工人的报纸。因此：

《工人日报》要成为中国工人阶级的指南针……

《工人日报》要成为中国工人阶级的组织者……

《工人日报》要成为中国工人阶级的警钟……

《工人日报》要成为中国工人阶级的自我批评的武器……

《工人日报》要成为中国工人阶级的鼓舞者……

《工人日报》要成为中国工人阶级的喉舌……

《工人日报》要成为中国工人阶级的顾问……

《工人日报》要成为中国工人阶级的俱乐部……

《工人日报》的出版对我们工人阶级的好处是多

得很，所以每一个工会干部、每一个劳动英雄与模范工作者、以至每一个职工都要像关心自己的身体、爱护自己的眼睛那样关心工人日报、爱护工人日报。

——《工人日报》发刊词（节选）

1949 年的夏天，夏日的风带着丝丝暑气，吹过北京的大街小巷。天空一望无际，碧蓝如洗。七月过半，所有人都在等待一个重要时刻的到来：《工人日报》创刊。

这是一份我党发行的全国性综合报纸。创办之初，该报以经济宣传为重心，毛泽东曾两次为其题写报头。《工人日报》的诞生，对中国工人阶级来说，意义是十分重大的，正如中华全国总工会在 1949 年 7 月 1 日关于出版《工人日报》的决定中所指出的那样："是中国工人阶级的历史上破天荒的一件大事！"

回望《工人日报》的发展历史，最早可追溯至晋冀鲁豫边区政府创办的《新大众报》。《新大众报》创刊于 1948 年 1 月，是一份以农民为主要群体的革命宣传报纸，深受边区群众的喜爱。

北平解放后，《新大众报》改名为《大众日报》，工人阶级成为新的主要阅读群体。1949 年 6 月，为避免内容重叠，《大众日报》停

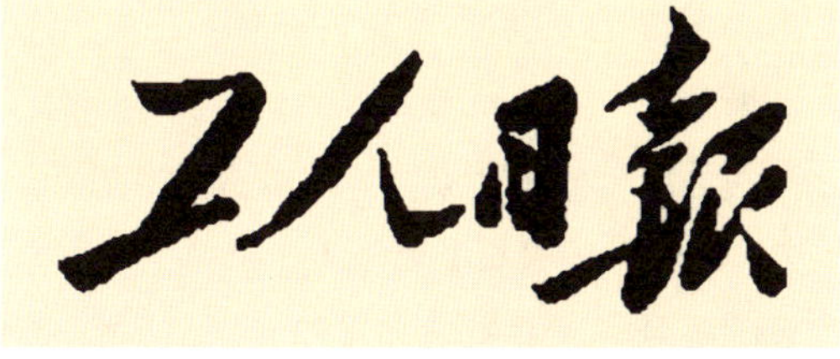

1949 年创刊时，毛泽东第一次题写的报头

1964 年，毛泽东第二次题写的报头

刊，部分功能由《人民日报》代行。巧合的是，在《大众日报》停刊前的 1949 年 2 月，中华全国总工会由东北来到北平。当时主持全国总工会工作的副主席李立三等领导深刻地意识到：中国工人阶级，需要一张专属于自己的报纸。李立三向毛泽东提出，北平及各大城市只办一份报的这个原则基本上是对的，但有必要“办一份群众报、办一份工人报纸”。它的编辑方法、新闻内容、新闻来源、发行办法，都应该与大报不同，专门以工人读者为对象，根据工人群众的要求对工人群众进行教育……

毛泽东听了李立三的意见后说：“如果真正能够办成这样，我就同意！”

经过毛泽东同意，《大众日报》被接过来改为全国总工会的机关报。

之后，李立三把大众日报社的正副社长王春、冯诗云请到全总，详细听了关于大众日报社情况的汇报。此后，全总领导多次开会，进一步讨论创办《工人日报》的事宜。

正当全总和大众日报在紧张筹备的时候，毛泽东首次题写的报头——“工人日报”四个字，就转到报社来了。全国总工会领导和报社全体人员，看到毛泽东的亲笔题字，深受鼓舞和鞭策。经过一个半月的紧张筹备工作，《工人日报》就诞生了。

毛泽东等党中央领导人非常重视《工人日报》的创办，他不仅亲自题写报名，还直接给编辑部写了一封信，大意是说，他同时写了几

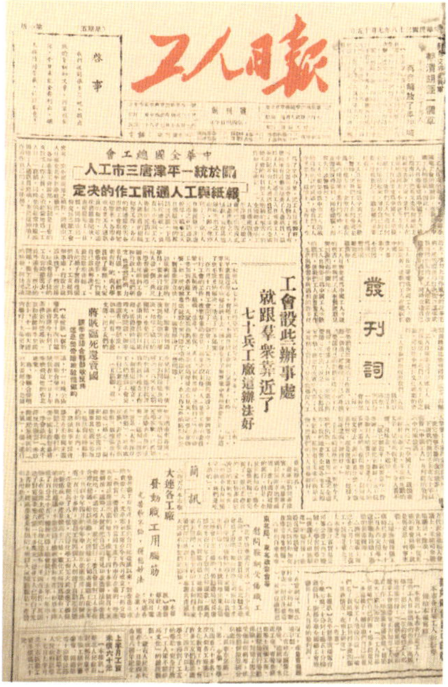

工人日報

中華全國總工會
關於統一平津唐三市工人報紙與工人通訊工作的決定

發刊詞

工會設些辦事處
就跟羣衆靠近了
七十兵工廠這辦法好

簡訊

《工人日报》创刊号

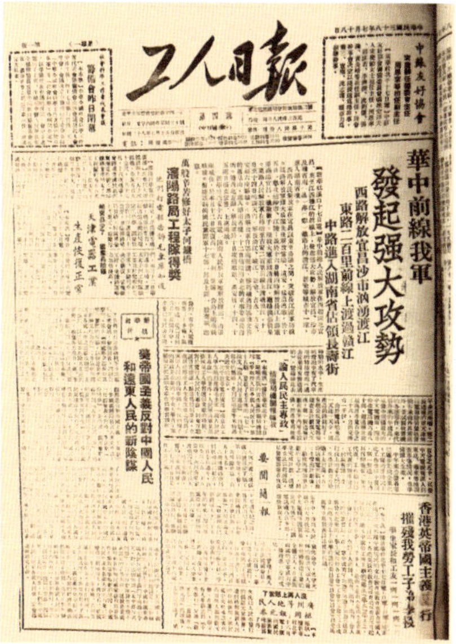

工人日報

華中前線我軍
發起强大攻勢
西路解放宜昌沙市渡湖渡江
東路二百里前線上渡過贛江
中路進入湖南省佔領長壽街

瀋陽路局工程隊得獎

美帝國主義反對中國人民
和遠東人民的新陰謀

《工人日报》1949 年 7 月 18 日

个报名，让编辑们选择。毛泽东还在有些字旁边画了小圈，表示也可以把这些字选排起来作为报名。《工人日报》的发刊词中，引用了毛泽东在《中国工人》发刊词中的两段话："我希望这个报纸好好地办下去，多载些生动的文字，切忌死板老套，令人看不懂，没味道，不起劲。"

《工人日报》创立之后，从未忘记自己初心使命，始终走在为工人发声、促进理论通俗化的道路上。与人们印象中严肃刻板的形象不同，《工人日报》在版面设计上十分活泼，不仅有工人之间的诗歌交流，还有最新的电影介绍、影评以及戏剧观后感，甚至还开辟了专门栏目让工人交流工厂发生的趣事。

《工人日报》的广告别具一格。新中国成立之初，普及文化教育是工人文教宣传工作的重点。为此，《工人日报》推广了一本名为《学文化》的书籍，其广告言简意赅："咱们职工，老早需要，图画不少，应有尽有，热热闹闹。"这样的广告词，如今读来，也是朗朗上口，颇有趣味。

《工人日报》的"批评与自我批评"工作颇有特色。翻开当年的报纸，竟能看到当年工人们刊登的检讨书！例如，有的人写道，"自己在发稿费的时候贪污了五十元钱""平谷轧花厂工会主席也来稿检讨自己在工作中的错误行为""有人因为浪费而羞愧不已"，等等。一封封检讨信的背后，折射出工人阶级理性自觉的自省精神。

创刊以来，《工人日报》作为当代中国政治、经济、文化、社会生活中具有重大影响力的一张中央大报，主要报道全国职工群众和工会组织活动的新闻，同时向职工宣传共产党和人民政府的方针、政策，注意发挥职工群众的"喉舌"作用，在代表职工讲话，反映职工意见、呼声与要求方面，发挥了重大作用，特别在维护职工民主权利和合法利益方面，在职工中享有特殊的信誉和权威。

作为一家中央主流媒体，《工人日报》长期密切关注职工、工厂、工会，贴近企业，贴近职工，关注工会、企业的发展和改革进程，推出了很多有影响力、时代感和建设性的新闻报道。吴运铎、王进喜、时传祥等曾激励了一代代劳动者的名字，从《工人日报》上走下来，影响了几代中国人，掀起了一浪高过一浪的建设热潮；今天，有更多的大国工匠和劳动模范，如包起帆、郭明义、巨晓林、高凤林等，从《工人日报》向人们走来，激励广大读者，在奔跑中奋力追梦。

进入新时代，《工人日报》牢牢把握正确政治方向，深入学习贯彻习近平总书记关于宣传思想工作的重要思想、关于工人阶级和工会工作的重要论述，不断增强“四个意识”，坚定“四个自信”，做到“两个维护”，始终在思想上政治上行动上同以习近平同志为核心的党中央保持高度一致，加强对职工的思想政治引领，唱响主旋律，传播正能量。

在日常工作中，《工人日报》坚持以社会主义核心价值观引领职工，大力弘扬劳模精神、劳动精神、工匠精神，坚持贴近基层、贴近职工、贴近生活，推动形成健康文明、昂扬向上、全员参与的职工文化，持续推进改革创新，加快融合发展，做大做强工会宣传舆论工作。在此基础上，《工人日报》形成了报、网、端、微、刊全媒体传播矩阵，中工网成为三工资讯发布的权威平台，《工人日报》客户端、微博、微信成为连接亿万职工群众的新纽带，其融媒体影响力不断提升。

《工人日报》自诞生起，一纸风行70余年。时代虽在不断变迁，但《工人日报》为中国工人阶级鼓与呼的初心从未改变，一张张报纸，穿过历史的尘埃，投影出它的情怀与担当。从铅与火到光与电，再到数与网，《工人日报》砥砺前行、与时俱进；从西总布胡同30号院到北新桥骆驼胡同，再到现在的安德路，《工人日报》与共和国一起成长，以笔为戈，以纸为荣，成为组织、引导、动员全国职工的一面旗帜，更在中国新闻史上留下了浓墨重彩的一笔。

红刊档案

李立三（1899—1967），原名李隆郅，曾用名李能至、李成、柏山、李明、李敏然等，湖南醴陵人。无产阶级革命家，中国工人运动的杰出领导人。1921年加入中国共产党，先后在地方和中央担任工人运动领袖，是安源路矿工人大罢工和五卅运动的主要领导人。大革命失败后，为中央临时常务委员会5名成员之一，参与领导指挥了南昌起义。1930年，一度实际主持中央工作，其间犯下“立三路线”错误。但他勇于承认错误，继续为党工作。新中国成立后，历任劳动部部长、党组书记，中华全国总工会副主席、党组书记，中华全国总工会干部学校（现中国劳动关系学院）首任校长等职务。他不仅为中国人民的解放事业作出了重要贡献，而且作为新中国工会工作和劳动事业的开创者，对我国工会理论与实践的探索和创新产生了深远的影响。

图书在版编目（CIP）数据

红刊：穿透纸背的力量 / 牛贯杰，秦天骄，王启睿著.
—北京：中国工人出版社，2021.4
ISBN 978-7-5008-7650-2

Ⅰ. ①红… Ⅱ. ①牛… ②秦… ③王… Ⅲ. ①报刊 – 新闻事业史 – 研究 – 中国 – 1914–1949 Ⅳ. ①G219.296

中国版本图书馆CIP数据核字（2021）第070107号

红刊：穿透纸背的力量

出 版 人　王娇萍
责任编辑　刘广涛
责任印制　黄　丽
出版发行　中国工人出版社
地　　址　北京市东城区鼓楼外大街45号　邮编：100120
网　　址　http：//www.wp-china.com
电　　话　（010）62350006（总编室）（010）62005039（印制管理中心）
　　　　　（010）62379038（社科文艺分社）
发行热线　（010）82029051　62383056
经　　销　各地书店
印　　刷　三河市万龙印装有限公司
开　　本　880毫米 × 1230毫米　1/32
印　　张　12.5
字　　数　332千字
版　　次　2021年8月第1版　2025年9月第3次印刷
定　　价　78.00元